U0674555

Key Technologies and Applications of
Autonomous Underwater Vehicles

自主潜航器
关键技术及应用

任 勇　王景璟　杜 军　胡泰龙◎著

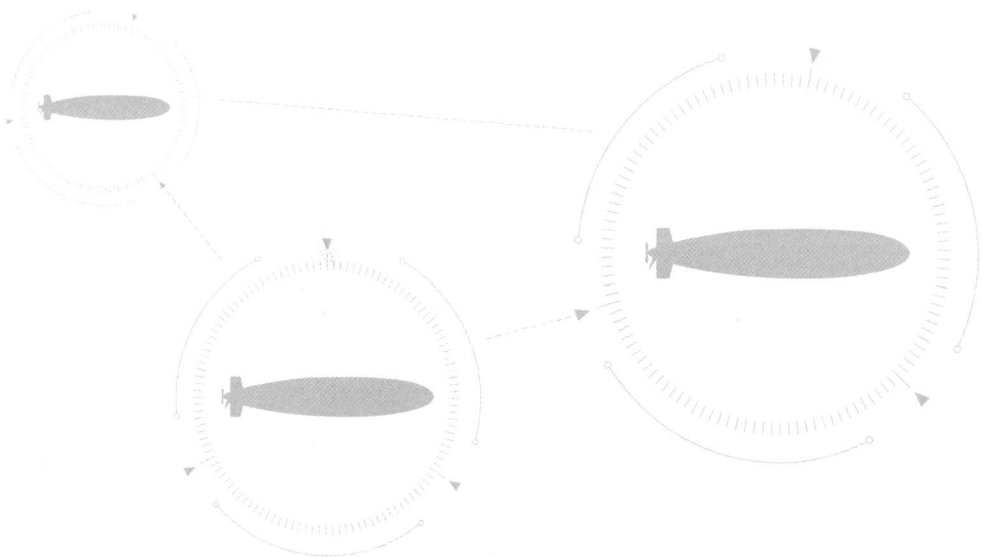

人民邮电出版社
北 京

图书在版编目（ＣＩＰ）数据

自主潜航器关键技术及应用 / 任勇等著. -- 北京：
人民邮电出版社，2021.9
ISBN 978-7-115-56631-7

Ⅰ. ①自… Ⅱ. ①任… Ⅲ. ①可潜器－研究 Ⅳ.
①U674.941

中国版本图书馆CIP数据核字(2021)第106647号

内 容 提 要

本书围绕自主潜航器关键技术及应用，探讨了自主潜航器的设计制造、水下组网与通信、水下定位技术、群体智能与任务协作等核心问题。基于现有的自主潜航器组网技术，提出了基于 Leach 与强化学习的接入控制算法和一种基于 Q-learning 的功率分配算法，该方法能够延长网络的生命周期，同时实现负载均衡。基于现有的自主潜航器的定位技术，提出了一种自主潜航器群体协同定位算法，实现了自主潜航器系统在水下航行的误差校准，提高了定位精度。针对自主潜航器的水下路径规划的复杂系统，提出了一种基于蚁群算法的自主潜航器路径规划机制和一种基于强化学习的轨迹追踪算法，在点到点路径规划和所有点遍历两种水下场景中验证了算法的有效性。本书所提出的自主潜航器的相关技术为多水下自主潜航器的智能协同场景提供了新的方法与思路。此外，本书总结了无人潜航器的国内外研究现状，并展望了无人潜航器的未来发展趋势。

本书可供高等院校通信与网络、水声工程等专业的师生作为教学与学习参考书，也可供信息类相关领域的研究工作者和实践工作者参考。

◆ 著　　　　　任　勇　王景璟　杜　军　胡泰龙
　　责任编辑　代晓丽
　　责任印制　陈　犇

◆ 人民邮电出版社出版发行　北京市丰台区成寿寺路 11 号
　　邮编　100164　电子邮件　315@ptpress.com.cn
　　网址　https://www.ptpress.com.cn
　　大厂回族自治县聚鑫印刷有限责任公司印刷

◆ 开本：700×1000　1/16
　　印张：15　　　　　　　　　　2021 年 9 月第 1 版
　　字数：276 千字　　　　　　　2021 年 9 月河北第 1 次印刷

定价：149.80 元

读者服务热线：(010)81055493　印装质量热线：(010)81055316
反盗版热线：(010)81055315
广告经营许可证：京东市监广字 20170147 号

前　言

　　海洋作为人类赖以生存和发展的重要空间，一直是全球竞争的主战场。进入 21 世纪以来，世界海洋强国不断强化海洋战略，争夺海洋的战略制高点。我国拥有约 300 万平方千米的管辖海域，3.2 万千米的海岸线，有着丰富的海洋资源和战略发展利益。习近平总书记在党的十八大报告中明确提出了建设海洋强国的宏伟蓝图，并在党的十九大报告中再次明确要求要加快建设海洋强国的步伐。这充分说明，经略海洋，挺进深蓝，建设海洋强国，已经成为习近平新时代中国特色社会主义事业的重要组成部分，也是实现中华民族伟大复兴的必由之路。党的十九大以来，在党中央的领导下，我国海洋事业取得了全面的发展，实现了海洋机械化到信息化的全面升级，海洋信息基础设施已经初具规模，形成了空、天、地、海、岸，以及水下的立体综合信息网络基础架构，实现了对海洋的全方位覆盖、全天候服务和全业务应用。然而，由于水下环境的特殊性和复杂性，水下信息化能力的发展较为迟缓，成为了我国海洋信息化能力明显的短板，这直接导致了我国对深远海、重要战略通道等区域信息支撑能力的严重不足，严重影响了我国在深远海地区的经济、安全和发展利益。尤其是近年来，我国"21 世纪海上丝绸之路"倡议构想的不断推进，对深远海的强效信息支撑能力的进一步发展和升级提出了迫切的需求。

　　自主潜航器（Autonomous Underwater Vehicles，AUV）由于机动能力更强，在民用和军用领域都具有重要意义。尤其在深远海地区，由于其面积广袤，水域环境复杂，难以建设固定观测站和信息接入站点。利用机动灵活的自主潜航器实现水下观测、信息收集、网络承载、救援搜索、侦察打击等任务，是世界各国关注的焦点。自主潜航器可以将人类从艰苦的海洋探索中解放出来，降低可能出现在海洋环境监测、海洋资源勘察、海洋科学研究、水下军事打击等任务中的人力成本，是人类认识海洋、开发海洋的重要工具。本书围绕自主潜航器关键技术及应用，研究新型自主潜航器的设计制造、水下组网与通信、水下定位技术、群体智能与任务协作等主要问题。

本书以清华大学电子工程系任勇教授在"十一五""十二五"和"十三五"期间先后承担的多项与无人潜航器设计制造及其群体智能相关的国家级和省部级项目，以及指导的多名博士、硕士的学位论文相关研究成果为内容基础。全书共分为九大部分：第 1 章对无人潜航器的发展历程和不同类型的无人潜航器进行了概述；第 2 章分析了无人潜航器的应用场景；第 3 章从推进、能源、导航等方面介绍了自主潜航器制造的相关技术；第 4 章介绍了水下通信的特点与目前的常用技术；第 5 章介绍了群体智能算法及其应用；第 6 章研究了自主潜航器组网技术，提出了基于 Leach 与强化学习的接入控制算法和一种基于 Q-learning 的功率分配算法；第 7 章介绍了自主潜航器的定位技术，提出了一种自主潜航器群体协同定位算法并进行了仿真验证；第 8 章提出了一种基于蚁群算法的自主潜航器路径规划机制和一种基于强化学习的轨迹追踪算法，并进行了仿真验证；第 9 章总结了无人潜航器的国内外研究现状，并展望了其未来发展趋势。

本书的撰写汇集了很多人的辛勤劳动。任勇教授负责全书的内容规划和体系架构搭建，以及撰写过程中的组织和协调工作，杜军、王景璟、张凯、侯旭阳、关桑海、胡泰龙、王超等参与了相关章节的初稿编写，杜军、王景璟、胡泰龙、魏维等参与了终稿编写。此外，本书引述了张凯、关桑海、侯旭阳、胡泰龙、王超等的前期工作。全书由王景璟统稿，杜军、王景璟、胡泰龙、魏维、王超、方政儒、黄彬等对全书进行了校对。在此一并表示衷心的感谢。同时，感谢人民邮电出版社对本书的出版给予的关心和支持，也感谢在本书撰写前后的各位前辈、同行对于相关研究的热情参与，以及给予我们的支持和鼓励。

由于作者水平有限，书中难免存在不妥之处，恳请读者批评指正。

作者

2021 年 2 月于清华大学

目　录

第1章
无人潜航器概述

1.1 绪论

无人潜航器（Unmanned Underwater Vehicles，UUV）也可称为无人水下航行器或水下机器人，是指没有人驾驶、依靠遥控或自动控制在水下航行的智能系统[1]，可用于海洋侦察、海洋资源勘探、水下中继通信、反潜等多项任务[2]，具有广泛而重要的民事和军事应用。无人潜航器的研发与应用作为前沿科技，其军民应用领域空间巨大——用于海洋经济领域前途无量，用于国防、军事及海洋防御布控意义重大。虽然无人潜航器的发展前景较好，但是各国无人潜航器的发展普遍受到缺乏高能长效电池、指挥控制技术障碍以及布放回收困难等问题的困扰而速度缓慢[2]。然而，毋庸置疑，随着相关技术的不断进步，未来无人潜航器将集成更多的功能、实现更强的续航、完成更复杂的任务。

自20世纪中叶以来，由于人类科技发展、生活水平提高而对陆地油气资源和矿物资源过度开采，使有限的陆地资源迅速走向枯竭，这时人们不得不把目光转向占据地球表面积约71%的海洋。海洋不仅决定着地球的气候条件、物质循环，还具有调节地球温度的作用，同时为地球上大部分生命提供栖息地。海洋蕴藏着丰富的矿物、生物以及能源资源，比如多金属结核和富钴锰结壳、石油、天然气、可燃冰等。而对于拥有约300万平方千米海域的中国来说，如何有效地开发海洋资源、维护海洋权益、建设成为海洋强国，已经成为我国实现综合国力全面发展的重要问题。2018年6月12日，习近平总书记在青岛海洋科学与技术试点国家实验室考察时强调："发展海洋经济、海洋科研是推动我们强国战略很重要的一个方面，一定要抓好。关键的技术要靠我们自主来研发，海洋经济的发展前途无量。"

尽管海洋探测和开发的战略地位非常重要，但是目前人类仅开发了5%左右的海洋。这在一定程度上是由于海洋环境具有危险性和复杂性，以及缺乏足够的资金和先进的勘探技术。因此人类认识和开发海洋需要借助高科技手段的辅助。无人潜航器作为海洋研究和开发的重要技术手段和设备已经被广泛运用于油气资源勘探等领域。无人潜航器可以在危险的环境中代替人工进行作业，搭载多种传感器和作业设备，更加高效地执行水下任务[3]。具有一定人工智能水平的无人潜航器可以在几乎不需人为干预的情况下进行指定海域的勘探作业，如完成水下救援搜寻、海底石油管道维修等人类难以完成的特殊任务。无人潜航器不仅可以使人类不必亲自完成海洋勘探任务，而且可以减少在海洋探测等任务中可能出现的人员伤亡事故。但是在进一步对海洋资源进行开发利用的过程中，无人潜航器工作平台局限性日渐显著，多自主式水下机器人系统（Multiple Autonomous Underwater Vehicle System，MAUVS）由于能适应更加纷繁复杂的海洋科学考察工作，得到了科学家们的高度重视。

如今世界各国都在加紧开展探索海洋、开发海洋资源的活动，而作为重要的运载作业装备，无人潜航器的重要性毋庸置疑。目前主流的无人潜航器有两种，分别是自主式无人潜航器（Autonomous Underwater Vehicle，AUV）（简称自主潜航器）和遥控式无人潜航器（Remotely Operated Vehicle，ROV），下面分别对这两种无人潜航器进行简要的概述。

🔷 1.2 无人潜航器类型

无人潜航器一般由航行器控制系统、动力系统、通信系统和任务载荷系统等组成[1]。其中控制系统和动力系统主要负责无人潜航器的水下运动控制；通信系统主要负责与母船或其他设备的信息联络和数据传输[4]；任务载荷系统指无人潜航器根据执行任务的不同搭载不同的任务载荷模块，任务载荷可配备探测、侦察、测绘、监视、测量等仪器。无人潜航器种类繁多，功能各异，根据系统、用途的区别有着多种分类方式，主要包括：① 按无人潜航器与母船连接方式分类；② 按无人潜航器布放/回收方式分类；③ 按无人潜航器用途分类等。

1.2.1　按无人潜航器与母船连接方式分类

无人潜航器按与母船间是否通过缆线连接，可分为自主潜航器和遥控式无人潜航器。自主潜航器与母船间无缆线连接，自带能源，采用自治控制方式进行侦察、监视、勘探等水下作业；遥控式无人潜航器通过缆线与母船连接，由母船提供能源，在水面进行控制实现资源勘探、水下清理等作业。

1.　自主潜航器

自主潜航器，自带能源，采用自治控制方式在水下航行。自治是指无人潜航器具有一定的智能，可根据水下作业环境和作业任务自动完成路径规划、障碍回避、巡逻搜索等作业。

自主潜航器通过搭载的各类传感器在水下测量信号，经过机载中央处理器（Central Processing Unit，CPU）进行处理决策，独立完成各种操作，如水下机动航行、定位导航、信息采集和水下探测等。自主潜航器通常采用水声通信与岸基或船基进行通信；或浮出水面，采用无线电通信与陆基或卫星进行通信。自主潜航器的能源完全依靠自身提供，往往携带可充电电池、燃料电池、闭式柴油机等。其优点是作业时活动范围可以不受空间限制，并且没有脐带缆线与母船连接，不会发生脐带缆线与水下结构物缠绕问题，但是其续航能力和负载能力受自身能源的严重制约，此外其能从事的工作复杂程度在很大程度上取决于自身的 CPU 处理能力。

自主潜航器种类很多，可根据其智能程度、动力来源等不同的原则进行分类。

（1）按自主潜航器智能程度分类

自主潜航器按智能程度可分为预编程型自主潜航器和智能型自主潜航器。预编程型自主潜航器是指潜航器在作业过程中完全执行预定的程序，在潜航器进行水下作业前，由操作人员根据任务需求，采用专门的语言编制任务程序，并将程序下装到潜航器的控制计算机中，潜航器在作业时完全执行该任务程序。智能型自主潜航器是指潜航器在作业过程中具有感知环境状态、建立环境模型、根据模型重新决策和规划任务的能力。智能型自主潜航器比较复杂，是当前的研究重点。限于目前的技术水平，特别是机器智能的水平，自主潜航器仅能完全自主地执行简单任务，不能从事复杂作业。

（2）按自主潜航器动力来源分类

自主潜航器按动力来源可分为自推进型自主潜航器和环境动力型自主潜航器。环境动力型自主潜航器大体可分为浮力滑翔器和波浪滑翔器两类。浮力滑翔器是指通过固定翼将浮力转化为前进动力的小型或中型自主潜航器，这种推进方式使浮力滑翔器航速受限,大多数浮力滑翔器可通过小型舰艇布放与回收。波浪滑翔器通常携带类似冲浪板的漂浮板,利用波浪运动产生 1～2 节推进速度,滑翔器的漂浮板表面附着的太阳能板能为滑翔器充电,因而波浪滑翔器能够运行数月,可从岸上或舰上布放与回收。自推进型自主潜航器的运动控制依靠自身运动推进系统实现,典型的水下推进方式有螺旋桨推进和仿生摆尾推进两种,这类潜航器的优点是潜航器可以控制运动方向,动力充足,航速较高,可通过水面舰艇或潜艇布放与回收。现有的螺旋桨推进型自主潜航器大多采用两种形式,一种是驱动部分采用单螺旋桨结合尾舵的方式,另一种是驱动部分采用前后同轴心双螺旋桨反转结合尾舵的方式。前者的缺点是由于采用单螺旋桨推进,在自主潜航器启动或螺旋桨转速突变时整机易产生横滚现象,增加控制困难;后者前后同轴心的双螺旋桨反转,可避免横滚现象发生,但当螺旋桨转速过高时,两个螺旋桨之间的水会被打出空泡形成负压区,导致续航能力下降,同时也会增加噪声,自主潜航器隐蔽性下降。仿生摆尾推进型自主潜航器无螺旋桨,通过摆尾运动推动周围水流获得前进推进力,这类自主潜航器能够对涡流进行精确控制,推进效率高、机动性好、噪声低,能够进行水下复杂作业,已成为当前研究热点。

2. 遥控式无人潜航器

遥控式无人潜航器[5]一般由母船通过脐带缆线向潜航器传输命令、控制信号和动力;同时将潜航器的位置、姿态及传感器数据通过脐带缆线传回母船。遥控式无人潜航器通常由水下潜航器本体、中继器、脐带缆线、水上吊放系统、缆车系统、控制系统和动力系统等组成。因为遥控式无人潜航器的能源和控制指令由母船控制台通过脐带缆线传输给无人潜航器本体,故遥控式无人潜航器能够克服自主潜航器的动力能源不足这一缺陷。遥控式无人潜航器的优点是动力能源充足,可以支撑复杂或大型探测设备,数据采集和数据传输更快更便捷。遥控式无人潜航器的操作控制和信号、数据处理等工作可由母船计算机和工作站完成,其人机交互水平和总体决策能力要高于自主潜航器。遥控式无人潜航器的主要缺点是与母船间连接的脐带缆线限制了其作业范围;此外,在长距离水下作业时,脐带缆线很容易与水下其他结构物发生缠绕,危害无人潜航器的安全。

遥控式无人潜航器种类众多,设计各不相同,功能及复杂程度千差万别,这些都给遥控式无人潜航器的准确分类造成一定困难。遥控式无人潜航器可根据水下运动方式不同的原则进行分类;此外,国际海事承包商协会(International Marine Contractors Association,IMCA)编制了《ROV 安全有效作业实用准则》(现行为 IMCA R004 REV.4),该准则包括了一个关于 ROV

的扩展表单，表单基于全球遥控式无人潜航器系统发展多样化进行了更加明确的分类定义[6]。

（1）按遥控式无人潜航器水下运动方式分类

遥控式无人潜航器按水下运动方式的不同，可分为浮游式无人潜航器、拖曳式无人潜航器、爬行式无人潜航器和附着式无人潜航器。浮游式无人潜航器作业时能够在水中航行，除个别采用喷水推进外，大多采用螺旋桨推进，这类潜航器可用于水下搜索与识别、水下目标探测等。拖曳式无人潜航器由水面母船拖曳，一般作为水下传感器平台，通过母船的控制单元控制其水平和垂直位置，此类潜航器可用于水文地质考察、海洋生物考察、海洋物理考察、海底电缆铺设等。爬行式无人潜航器一般装有履带，作业时在海底、墙壁或其他水下结构物上爬行，这类潜航器可用于对水下管道、水下基础设施的检查、维修、拆除及海洋石油开发等。附着式无人潜航器作业时附着在水下结构物上，该类潜航器可用于船体检修、船底探查、钻井平台水下结构检修等。

（2）按《ROV 安全有效作业实用准则》扩展表单分类

按照 IMCA 编制的《ROV 安全有效作业实用准则》（现行为 IMCA R004 REV.4）中有关 ROV 的扩展表单，可将 ROV 分为表 1-1 所示类别。

表 1-1   遥控式无人潜航器分类

类别	产品
第 I 类	纯观察级 ROV
第 II 类 A 级	带有可配置载荷的纯观察级 ROV
第 II 类 B 级	具有轻度勘察和干预能力的观察级 ROV
第 III 类 A 级	标准型工作级 ROV，整机重量约为 1 000 kg，负载能力小于 200 kg
第 III 类 B 级	加强型工作级 ROV，整机重量约为 3 000 kg，负载能力大于 200 kg
第 IV 类 A 级	拖曳式 ROV
第 IV 类 B 级	履带式 ROV
第 V 类	原型机或项目型无人潜航器

① 第 I 类 ROV

此类 ROV 是一种相对廉价、携带方便的纯观察级 ROV，使用者可使用该类 ROV 对水下目标进行近距离目标检查。此类 ROV 通常设计非常紧凑，无法在大流速下使用，可安装部署在工作级 ROV 上，作为子机系统使用。

② 第 II 类 A 级 ROV

此类 ROV 一般有适当的负载能力，例如可搭载进行调查及无损监测的传感器、安装辅助相机等。相比于第Ⅰ类 ROV，此类 ROV 推重比更大，以保证其能够在近似于更大级别 ROV 的应用场景中工作，如具有一定流速的海洋环境。此类 ROV 同样便携，不需要专门的布放/回收系统支持。

③ 第Ⅱ类 B 级 ROV

此类 ROV 仍然属于观察级 ROV，但已经具有较强的带负载能力，能够搭载轻型的机械手来提供轻度干预作业能力。此类 ROV 需要专用的布放/回收系统和箱式控制基站，但与第Ⅲ类 ROV 相比，其占用船只面积很小，可部署在更多类型的船只上。

④ 第Ⅲ类 A 级 ROV

此类 ROV 整机重量约为 1 000 kg，负载能力小于 200 kg，是水下行业的主要产品类型，能够进行调查、测量、施工、干预等多数类型的水下工作。这类 ROV 需要较大面积的甲板空间来部署布放/回收系统、箱式控制基站、工作车间等，现今的动态定位（Dynamic Positioning，DP）工作船更适合它的部署。

⑤ 第Ⅲ类 B 级 ROV

此类 ROV 整机重量约为 3 000 kg，负载能力大于 200 kg，主要应用于海洋油气领域，该类 ROV 均配备了大型液压动力系统，用于承担关闭防喷器（Blow-Out Preventer，BOP）及在钻井平台施工各阶段的工作。

⑥ 第Ⅳ类 A 级 ROV

此类 ROV 属拖曳式 ROV，其系统从设计和使用上相对简单，只能使用该类 ROV 在海底进行农耕似的犁沟作业。该类 ROV 可用于长距离的水下缆线铺设工程，如跨洋海底电缆铺设。

⑦ 第Ⅳ类 B 级 ROV

此类 ROV 为履带式 ROV，其在水下电缆及管道掩埋的作业中比拖曳式方案会花费更多时间，但该类 ROV 能将缆线在固定深度掩埋的控制实现得更加精准，并且缆线铺设的位置也更加精确；此外，该类 ROV 具有在岩石类海床上铺设缆线的能力。

⑧ 第Ⅴ类 ROV

此类 ROV 为原型机或项目型无人潜航器，通常是制造商为应对特殊使用场景的一次性项目，一个典型例子是 Rock Grabbers 系列的无人潜航器，用于清除西欧海底岩石海床区域，打通海底路径以便埋设海底电缆。

1.2.2 按无人潜航器布放/回收方式分类

进入 21 世纪，世界上已有 10 余个国家的 1 000 余艘各式各样的无人潜航器广泛应用于军事和民事领域，这些无人潜航器功能多样，型号规格、外形尺寸各有差异，这就使得不同类型的无人潜航器需要不同的布放/回收方式。布放/回收系统是无人潜航器的重要配套装备，先进可靠的布放/回收系统能有效提高无人潜航器海洋作业安全性和作业效率。无人潜航器的布放/回收方式，与母船（艇）赋予其的使命任务、母船（艇）配置的起吊装置或甲板机械、无人潜航器的外形/尺寸等多种因素有关。总体而言，无人潜航器按基本布放/回收方式分为两类：水面舰船布放/回收无人潜航器和潜艇布放/回收无人潜航器。

1. 水面舰船布放/回收无人潜航器

大量的无人潜航器，尤其是 ROV，是通过水面舰艇或船舶使用的，随着无人潜航器的形态不断多样化，尺寸体积不断增加，多种水面舰船布放/回收系统被研发出来，下面简要介绍几种逐渐演进的典型布放/回收系统[7]。

（1）早期的布放/回收装置

在无人潜航器研发早期，利用母船上已有的吊车进行吊放，将吊缆和吊钩直接吊挂在无人潜航器的吊环上进行单点吊放，回收时由人员乘坐小船进行回收。

（2）A 形架布放/回收系统

在大型无人潜航器的使用过程中，A 形架是一种被广泛采用的布放/回收装置。A 形架可安装在船尾和船侧，大型 A 形架多安装在母船尾部。

（3）专用单吊臂布放/回收系统

专用单吊臂装置是一种为无人潜航器专门定制的更加专业化和自动化的布放/回收装置。专用单吊臂通常由液压驱动，可以由较少人员操作。

（4）滑道布放/回收系统

滑道布放/回收系统主要用于布放多个设备或异型缆的工作级遥控式无人潜航器。该系统由集成平台、收放绞车、脐带缆绞车、张力控制系统、液压伺服系统、翻转式滑道、控制系统等组成。

（5）集成式布放/回收系统

该系统是一种继承的无人潜航器布放/回收系统，采用一体化、模块化设计思路。该系统可用于无人潜航器的存放、运输和吊装，作业时可对无人潜航器自动布放和回收，母船不需起吊装置。

2. 潜艇布放/回收无人潜航器

潜艇布放/回收无人潜航器隐蔽性好，受海况和天气因素影响较小，但对无人潜航器的尺寸、形状等有一定要求，其回收难度要大于水面舰船回收无人潜航器。美国海军提出了多种潜艇布放/回收无人潜航器的方式，这里简要介绍 4 种有代表性的方式[8]。

（1）背驮方式搭载无人潜航器

背驮方式搭载无人潜航器是指在潜艇上层建筑上通过在指挥台围壳后面安装专用壳体外舱，为搭载无人潜航器和有关布放/回收设备提供空间。背驮方式搭载无人潜航器又可分为直接背驮方式搭载无人潜航器和间接背驮方式搭载无人潜航器两种。直接背驮方式搭载无人潜航器是利用母艇上层建筑附加结构和装置形成的连接固定机构，固定、布放和回收无人潜航器。间接背驮方式搭载无人潜航器是将无人潜航器的专用耐压筒与母艇上层建筑附加结构和装置形成固定连接，无人潜航器的专用耐压筒存储、布放和回收无人潜航器。

（2）坞载方式搭载无人潜航器

坞载方式搭载无人潜航器是指在潜艇艏部或上层建筑部位，设置一个大型透水坞舱，将无人潜航器安放在坞舱内，形成保形搭载。根据无人潜航器搭载部位和形式的不同，坞载方式搭载无人潜航器又可分为上层建筑坞载方式搭载无人潜航器和艏部透水坞载方式搭载无人潜航器。上层建筑坞载方式搭载无人潜航器是指在潜艇上层建筑上开设一个矩形长条的透水坞舱，即形成一个存储无人潜航器的凹槽。艏部透水坞载方式搭载无人潜航器是指在潜艇艏部设置一个透水坞舱，坞舱内设置可升降的搭载装置，在落位平台上布置存储舱，供无人潜航器搭载和存储，无人潜航器的布放和回收通过一套可升降的布放/回收装置完成。

（3）鱼雷发射管方式布放/回收的无人潜航器

此类无人潜航器在布放前存储在可承受海水压力的鱼雷发射管内，操作员可对无人潜航器进行命令预置、数据卸载、更换任务模块和维护修理等；使用时操作员打开鱼雷发射管前盖布放无人潜航器，随后关闭鱼雷发射管前盖并将管内海水排入舱内；回收时可通过母艇上安装的遥控机械臂将无人潜航器引导、入坞、回收到鱼雷发射管内。

（4）弹道导弹发射管方式布放/回收的无人潜航器

在弹道导弹发射管中加装无人潜航器布放和回收模块，可使经过改装的弹道导弹发射管成为通用的布放/回收装置，它由升降桅杆和存储支架构成。存储支架出舱后可与升降桅杆成垂直角度，将固定在存储支架上的无人潜航器由垂直状态变为水平状态，便于无人潜航器出坞。水下回收时需要经过高频水声通信引导无人潜航器入坞、存储支架由水平转为垂直、升降桅杆下降进管、关闭导弹发射管等与布放过程相反的步骤。

1.2.3　按无人潜航器用途分类

无人潜航器的研制工作始于 20 世纪 50 年代，并在 20 世纪 60 年代正式下水，早期的无人潜航器仅能用于民事领域，如可替代潜水员进行沉船打捞、海洋勘探以及水下电缆铺设等任务，直到 20 世纪 90 年代，无人潜航器技术发展相对成熟，其在军事领域的应用价值逐渐被人们重视。如今无人潜航器经过数十年不断发展已形成了一个庞大的家族，形状不同，大小不一，功能各异，用途多样。总体而言，无人潜航器按其应用领域可分为民用无人潜航器和军用无人潜航器。这里仅对应用分类进行简单介绍，更详细的内容可阅读本书第 2 章。

1. 无人潜航器在民事领域的应用

无人潜航器在民事领域的应用主要包括以下几个方面。

① 海洋勘探任务，如海床绘制、海基分析等。

② 海洋资源研究与开发，如海洋石油工程。

③ 水下工程检修，如船体检修、航道排障等。

④ 海洋救援与调查，如水下搜救、沉船搜索、失事飞机打捞等。

⑤ 现代渔业，如深水网箱渔业养殖、人工渔礁调查等。

2. 无人潜航器在军事领域的应用

无人潜航器被视为现代海军的"力量倍增器"，它可以搭载多种传感器、专用设备和武器，执行特定的军事任务。总体而言，现在的无人潜航器大致可以承担 9 大类作战任务[9]，分别如下。

① 监视和侦察：无人潜航器可在高危险度海域工作，利用自身搭载的各类传感器，长时间自主收集和传输各类信息。

② 态势感知：无人潜航器可长时间、大范围收集海洋水文、气象和环境等海洋战场态势数据。

③ 检查与识别：无人潜航器可对码头和可疑船只进行检查，或在港口周边海域巡查，为反恐行动和本土安全提供支持。

④ 军事欺骗干扰：无人潜航器可作为通信干扰器，向敌方发出虚假信号实施干扰，也可以作为潜艇诱饵发布虚假信息。

⑤ 通信中继/导航网络节点：无人潜航器可搭载或投放通信和导航设备，为多种平台提供横向网络连接和导航服务。

⑥ 时敏目标打击：无人潜航器可以自身携带武器，也可以投送浮动导弹发射舱等装置，迅速接近时间敏感目标并快速实施打击。

⑦ 反潜战：无人潜航器可在反潜战中作为潜艇的外部水声传感器平台，执行监视和侦察任务，也可作为潜艇远距离的通信中继节点。

⑧ 反水雷战：无人潜航器可搭载前视声呐、侧扫声呐、海底剖面仪、海底绘图仪等设备，对水雷进行探测和识别。

⑨ 有效载荷投送：无人潜航器可将多种有效载荷秘密投送至指定区域，为反潜战、反水雷站、特种作战等提供支持和保障。

参考文献

[1] 陈强. 水下无人航行器[M]. 北京: 国防工业出版社, 2014.

[2] 魏延辉. 水下无人航行器[M]. 哈尔滨: 哈尔滨工程大学出版社, 2015.

[3] FANG Z R, WANG J J, JIANG C X, et al. AoI inspired collaborative information collection for AUV assisted internet of underwater things[J]. IEEE Internet of Things Journal, 2021.

[4] 段瑞洋, 王景璟, 杜军, 等. 面向"三全"信息覆盖的新型海洋信息网络[J]. 通信学报, 2019, 40(4): 10-20.

[5] ALLEN R. Remotely operated vehicles of the world[M]. 8th ed. Houston: Oilfield Publications, 2008.

[6] 天津深之蓝海洋设备科技有限公司. ROV 行业趋势及新技术[EB]. 2018.

[7] 曾勇. UUV 布放回收技术[J]. 水雷战与舰船防护, 2015, 23(1): 13-16.

[8] 曹和云, 倪先胜, 何利勇, 等. 国外潜载 UUV 布放与回收技术研究综述[J]. 中国造船, 2014, 55(2): 200-208.

[9] 黄亮, 王智勇, 李海岩. 美国海军无人潜航器的发展与应用[J]. 舰船电子工程, 2018, 38(9): 13-15.

第2章

无人潜航器应用

2.1 无人潜航器应用概述

无人潜航器作为一个复杂的水下工作平台，集成了水下目标探测、识别、数据融合、智能控制、导航、通信等多个子系统，能够在复杂的海洋环境中执行各种民用和军用任务[1]。早期的无人潜航器主要用于民事领域，如替代潜水员进行水下救援、深水勘探以及水下设施铺设等作业。20世纪70年代，海洋石油工业得到迅速发展，无人潜航器开始被应用于石油开采领域。此后，随着材料、电子、计算机等新技术的飞速发展，以及海洋研究、海洋开发和军事领域的迫切需求，无人潜航器相关研究领域也逐渐火热起来，从而使无人潜航器技术得到飞速发展。20世纪90年代后期，无人潜航器各项技术开始逐步走向成熟，无人潜航器逐渐被应用于海洋信息获取、海洋资源开发、水下工程施工、地形测绘、反潜作战、水雷反制、情报侦察、巡逻监视等民事和军事领域。

目前世界主要海洋强国相继研制出多种型号、多种功能的无人潜航器，这些无人潜航器被广泛应用于民事和军事领域。

美国蓝鳍机器人公司（Bluefin Robotics Corporation）研制的Bluefin系列自主潜航器可用于近海测量、水文测绘、环境保护和监测等民事领域，也可用于港口搜索、情报、监视和侦察、快速环境评估、水雷反制等军事领域。俄罗斯研制的"波塞冬"自主潜航器可携带核弹头，用于打击敌方大型战舰及重要军事港口和经济区域。法国的Alister系列无人潜航器可用于军事和民事领域的水下管线监视，水下设备、失事飞机、沉船的检查，辅助海底管线铺设、海底调查等任务。德国的"海獭"系列自主潜航器在军事上可担负水雷反制、反潜作战、情报、监视和侦察、快速环境评估、检查、救生、水面情报收集、反恐部队保护、海上安全监测和特种部队协同支持等任务，民事上可担负海上石油和天然气调查、海底矿物勘探、海底通信电缆线路勘察和铺设后检查、搜索和救援、海洋学调查作业等任务。瑞典萨博（Saab）公司研制的水雷探测系统（一种自主潜航器）具有水雷探测、水雷反制、远程作业等多种用途，其研制的多功能无人潜航器具有侦察、干扰、监视、通信以及扫雷等多种功能。挪威开发的"休金"（HUGIN）系列自主潜航器具有广泛的民事和军事应用，其中：HUGIN 1000 主要应用于军事领域，如快速环境评估、水雷反制、反潜作战等；HUGIN 3000 主要用于民事领域，如海洋环境监视、海洋渔业开发、海底管线检查等。日本研制的无人潜航器主要用于民事领域，如：R-one 无人潜航器主要担负海底山脉调查等任务；r2D4 无人潜航器担负三维海底地形构造观察、海底大范围监测等任务。澳大利亚的"海龟"型无人潜航器可用于对海底进行实时勘探。

中国科学院沈阳自动化研究所研制的 CR-01 型自主潜航器可用于矿产资源的勘探和开发、水下摄像和拍照、水文物理测量等，CR-02 型自主潜航器可用于深海水下资源调查、海洋环境测量、海底沉物目标搜索和观察等。中国科学院沈阳自动化研究所等单位研制的"海翼"号水下滑翔机可实现对深渊海域的垂直剖面连续观测。中国科学院沈阳自动化研究所研制的"潜龙"系列自主潜航器可完成海底微地形地貌精细探测、海底水文测量和海底多金属结合丰度测定等任务。综上所述，无人潜航器用途广泛，并且具有广阔的应用前景，本章将对无人潜航器在民事、军事、水下战相关领域的应用进行具体介绍。

🔹 2.2　无人潜航器在民事领域的应用

无人潜航器是一个理想的传感器及观测平台，通过搭载不同类型的载荷设备，无人潜航器可以完成不同类型的任务，这些载荷包括搜索声呐、合成孔径声呐（Synthetic Aperture Sonar，SAS）、前视声呐、侧扫声呐、多普勒计程仪（Doppler Log，DL）、海流测量仪、浅层剖面仪、温盐深（Conductivity Temperature Depth，CTD）剖面仪、压力计、磁力计、热流仪、惯性导航系统、全球定位系统（Global Positioning System，GPS）、视频摄像机、水声通信系统和无线通信系统等[2]。随着无人潜航器及相关技术的成熟，搭载多种载荷设备的无人潜航器越来越多地被应用于海洋研究和海洋开发的各个民事领域。无人潜航器的主要民事应用包括海洋监测、海洋资源勘探、海洋救援、现代渔业应用、水下工程检修、水文地质资料获取和水声信道特性测量等[3]。

2.2.1 海洋监测

目前，国家海洋局建立了全国立体海洋监测网，该网是利用卫星、飞机、船舶、浮标、岸基监测站等手段构成的立体监测系统。该网在近岸、近海和远海监测区域以及主要海洋功能区，全面开展海洋环境质量和海洋生态监测，并对海洋赤潮、风暴潮、海上巨浪、海冰以及海上溢油等海洋环境问题进行监视监测[4]。然而，目前远海生态监测主要依赖卫星观测手段，存在有效信息少、传输时效低、监测不及时的问题，尤其是对水下信息的随需获取和高效传输，缺乏有效的技术手段及解决方案。借助无人潜航器构建新型海洋信息网络[5]，能够提高海洋环境监测能力，完善海域动态监控体系以及海岛监视监测体系。

无人潜航器的应用能够有效实现对海洋生物多样性、海水温盐流、海洋沉积物、二氧化碳和海气耦合的随需监测。同时，无人潜航器能够有效满足对海洋环境灾害及突发海洋污染事件的监测需求，以及环境风险评估和海洋环境风险区划工作对多维探测和高时效传输的需求，有效提高对海洋自然灾害事件的随需观测、精确预报和快速响应，并有助于揭示不同尺度时空关联自然物理过程的发生、发展规律，提高对海洋自然灾害、海洋生态环境变化的掌握和控制。

2.2.2 海洋资源勘探

无人潜航器在海洋资源勘探、海洋科学考察中可以发挥重要作用[6]。海洋资源一般指能源资源和金属矿产资源，能源资源指石油、天然气、甲烷水合物等。将无人潜航器用于金属矿产资源勘探将大大提高在复杂海域的勘探范围，大规模无人潜航器采集是解决海底金属矿物采集问题的有效手段。

海洋资源勘探分为有缆勘探和无缆勘探。遥控式无人潜航器可应用于有缆勘探，自主潜航器可应用于无缆勘探。在海洋石油勘探开发中，无人潜航器可以下潜到潜水员到达不了的水深，克服潜水员在深水工作遇到的困难，大大提高作业效率，水深超过 60 m 的深水项目的开发和实施都离不开遥控式无人潜航器的使用。遥控式无人潜航器在海洋油气钻探、开发作业中发挥导管架安装、海底油气管道铺设和检修以及设施实时监测、监控、检查和修复等作用。

2.2.3 海洋救援

无人潜航器在水下救援与海洋打捞等领域同样发挥了重要作用。在以往水下救援工作中，水域环境复杂、水流湍急以及潜水员水下持续作业时间有限等因素成为搜救阻碍，无人潜航器的出现给水下救援带来新的希望。无人潜航器通过搭载多种搜寻、探测传感器，对水下目标进行精准观测、精确定位并及时传回水下状况。在确定目标后，无人潜航器可通过安装的打捞、救援机械手臂进行水下搜救。基于无人潜航器的水下搜救技术已成为航运与海洋工程领域的研究热点。

1966 年，美国海军一架 B-52 战略轰炸机与 KC-135 加油机在空中相撞，机上携带的一枚 B28 型鱼雷坠落地中海，深达 800 余米，传统的打捞方式无法进行有效工作，美国军方调用缆控水下救捞器（Cable-Controlled Undersea Recovery Vehicle，CURV）型遥控式无人潜航器协助打捞，最终成功将坠落物打捞起来。1973 年，其改进型 CURV-Ⅲ 无人潜航器成功营救了英国的"双鱼座-Ⅲ"型载人潜航器。2014 年，马航 MH370 航班失事后，美国曾用 Bluefin-21 无人潜航器搜索马航 MH370 失事客机。

2.2.4　现代渔业应用

当前，我国渔业尤其是远洋渔业信息化水平严重不足，存在的主要问题有：探测、监测手段落后，无法实现鱼群资源探测的全天候、全海域覆盖；探测精度低，无法实现鱼群种类的精准鉴别；数据处理水平低，无法实现对水下探测数据的实时处理，而且缺乏小时空尺度水文信息；养殖技术落后，无法实现海洋牧场的自动化管理。无人潜航器的应用可以在一定程度上解决上述问题，无人潜航器助力现代渔业，主要应用包括以下几个方面。

① 无人潜航器可以用于新型智能渔场、智能化养殖网箱的建设和管理，实现海洋牧场喂养、捕捞、清洁、保养等的自动化作业。

② 无人潜航器可以用于渔场水文条件监测，通过无人潜航器声学探测调查，可快速获得鱼类种群的大小和时空分布信息，同时还能获得浮游生物、大型植物的覆盖度等信息，从而了解水质的营养化程度，实现水文条件的有效监测。

③ 无人潜航器可以用于鱼群资源探明，利用安装在其上的回声探测仪直接、迅速调查广阔区域，在不破坏海洋资源的同时评估鱼类资源量。此外，使用多个无人潜航器进行协同探测可使探测结果更加准确。

④ 无人潜航器可以用于鱼群种类鉴别，利用先进的双波或裂波技术、宽波多频技术以及狭波回声信号分析技术实现智能鉴别鱼群的种类。

2.2.5　水下工程检修

由于海洋资源开发的需求，各式各样的水下工程相继建立，为保证水下工程的持续稳定运行，需要定期对水下工程进行监测和检修。水下工程的监测与检修通常有两种方式：依靠潜水员检修或使用水下机器人检修。依靠潜水员对水下工程进行监测属于被动监测方式，潜水员无法在水下工程出问题的第一时间探知问题所在；此外，潜水员在水下作业时，能见度低且工作人员易疲劳，难以保证作业效率和质量。

通过在水下工程的关键部位常态化部署无人潜航器并安装监测传感器，可以实时监测水下工程的运行状况，化被动巡查为主动监测，能够在问题出现的第一时间发现问题，并且可以避免潜水员潜入水底进行工程检修的危险。目前，无人潜航器已经被广泛应用于水下工程检修的多个领域，如：修船厂使用无人潜航器对船舶水线以下部位进行清洗、除锈和涂装，对故障部位钢板的焊接、切割和切换，对水下装置的修理和更换等多个方面；水利部门使用无人潜航器对水电站、船闸和大坝等进行检查；无人潜航器协助建设钻井平台、进行钻井平台的检修、海底输油管道的检查等。

2.2.6　水文地质资料获取

海洋水文信息包括海岸地形、海底地形、地貌、底质、障碍物、海水温度、盐度、密度、海冰、海流、海浪、潮汐、海面风、海雾、气温、气压、重力、磁力、水声传播、噪声和混响等多种海洋要素，其获取主要依靠卫星、无人机、气象站、科考船、浮标、无人潜航器、潜标等天基、空基、岸基、海基、潜基设备[7]。

天基、空基、岸基设备的海洋信息获取能力仍有欠缺，对深远海快速信息获取能力有限，无人潜航器可以用于扩展水文信息获取的深度。通过搭载合成孔径声呐、前视声呐、侧扫声呐、海水取样器、摄像机、海流测量仪、浅层剖面仪、温盐深剖面仪、压力计、磁力计、重力计、密度计和热流仪等多种载荷，无人潜航器可以大大提高深水水文信息获取速率。通过天基、空基、岸基、海基、潜基设备联合组网、协同配合组成"立体观测系统"，并且向着智能化、无人化方向发展，无人潜航器最终可以实现水文地质信息的自动探测和自动绘制[8]。

2.2.7　水声信道特性测量

水声通信是实现水下信息远距离传输、支撑海洋信息系统以及智慧海洋、智慧海防应用必不可少的关键技术。然而，迄今为止，广域深远海水声信道特性的时空变化、演化规律，既没有准确模型，又缺乏实测数据库，成为制约水下通信、组网乃至探测的关键瓶颈。准确地测量指定海域水声通信信道的基本参数及其时变特性，在海洋信息网络的研究和应用中起着至关重要的作用。

水声信道具有显著的时变特性，受到水体温度、盐度、深度、流速、水底地表起伏、风浪、洋流和界面反射等诸多动态、立体、多尺度、非均匀时空分布因素的影响，传统船载设备测量方式难以实现长时间测量作业、获取不同时间尺度的水声信道特征；另外，传统基于一发一收通信系统的测量方式难以充分全面获取立体水声信道特征。目前，水声信道测量仍主要采用船只拖曳或固定悬挂信号源及水听器建立一发一收通信系统，通过对接收信号的分析，实现对水声信道传输的时频干扰、多普勒频移、传输时延、信道衰减等特性的估计。这种测量方法存在4个弊端：① 对信道特征采集的时间覆盖能力极为有限；② 对信道特征采集的空间覆盖能力有限，且缺少对空间覆盖的控制灵活性；③ 机动性受限，无法支持对水下通信节点移动性导致的多普勒特性分析；④ 传统测量设备复杂繁多，测量效率低。

以无人潜航器为代表的移动性平台是实现对任意海域可变时空尺度水声信道测量的有效途径。由多个自主潜航器平台搭载高灵敏度水听器阵列可以组成移动式网络化的多尺度水声信道测量系统，通过分布式多平台协同组网测量实现动态多尺度水声信道特性获取，从而实现对水声传播特性的实时、准确定性定量描述。水声通信的实际应用如潜航器的目标定位、数据传输等往往基于一个或者多个移动平台，因此移动性本身就是水声信道应用中的基本特性，考虑移动性的立体水声信道检测能更实际地支撑当前以及未来的水下应用。

2.3 无人潜航器在军事领域的应用

无人潜航器作为海上"力量倍增器"，有着广泛而重要的军事用途，在未来海战中将发挥不可替代的作用[9]。无人潜航器及相关技术的进步将为海战带来革命性变化，极大增强水下行动能力。目前无人潜航器被广泛应用于水雷反制、侦察、情报搜集等任务，在未来海战中，无人潜航器还可以作为水下武器平台、后勤支持平台等装备使用[10]。本节对无人潜航器未来在军事领域的应用进行总结，具体表现为以下领域。

2.3.1 情报、监视和侦察任务

情报、监视和侦察（Intelligence, Surveillance and Reconnaissance，ISR）任

务是海军的一项基本要求[11]。情报、监视和侦察任务不仅对情报搜集意义重大，而且是水雷反制和反潜作战等高阶任务的前期必要因素。情报、监视和侦察任务包括收集和提供多种类型的战场环境数据，如各种类型的情报收集、水下目标探测和定位、海洋地图绘制等。无人潜航器载荷种类多、活动范围大、功能复杂多样，因此具备其他系统无法提供的特殊能力，无人潜航器能够将母艇（水面舰艇或潜艇）平台的覆盖范围拓展到有争议或其无法到达的区域，非常适合战场环境信息的隐蔽收集。此外，无人潜航器可通过协助水下传感器组网，实现海军力量的倍增，在许多军事应用场景中，无人潜航器可以在军事封锁区域内开展工作，为人员和高价值军事资产提供无风险信息，是持续隐蔽收集战场环境信息的首选手段。总体而言，无人潜航器可执行的情报、监视和侦察任务包括以下几项[12]。

① 持续的、战术性的战场情报收集。

② 海洋表面以上和海洋表面以下化学、生物、核能、放射和爆炸等环境的监测与定位。

③ 滨海检测和港口检测。

④ 部署留存性的监视传感器或传感器阵列。

⑤ 对象检测、定位等任务。

2.3.2　检查和识别任务

无人潜航器可以在港口内外、船只周围进行巡逻，以搜索船只、码头和港口基础设施的水下威胁，如蛙人、远程部署的水雷和水下爆炸物等。无人潜航器可以替代工人完成巡逻、检查任务，从而有效减少巡逻港口所需人员，进而节省成本。

在国土防御、反恐怖主义和作战部队保护等任务的许多场景都需要有效检查船体和码头是否存在爆炸物和其他异物[13]。目前，船体和码头的检查由专业的爆炸军械处理潜水员团队负责，属于费时且人力密集型工作。船体和码头检查中的典型目标是未爆炸的军械，如水下爆破弹或其他特殊类型的攻击手段。潜水员检视一艘船可能需要花费数小时，美国自"9·11"事件后对码头和船体周围的安全检查需求增加了 6 倍以上，有效满足这些额外的检查要求所需人力远远超出爆炸军械处理潜水员团队可用的人手。此外，寻找定时爆炸物对潜水员来说也特别危险。无人潜航器可以提供可疑物体的精确位置，提高检查、识别和排爆效率；同时降低冗长的检查过程给潜水员的巨大压力，降低排爆技术人员和潜水员的安全风险。

2.3.3　水雷反制

水雷反制是在舰队需要快速建立大型安全作业线路和区域的背景下形成的，这些区间的典型特征是长距离海上通信线路、离岸海上舰队行动区域（如航母作战区域、两栖作战区域）和口岸渗透作战地区（如突破点打击、港口渗透等）[14]。一般来说，水雷反制的操作重点是离海岸较近位置，远海大面积作业不像滨海作业那样明确暴露舰队意图，因而军事作战上无人潜航器也越来越多地被应用于欺骗性排雷，即通过无人潜航器假意将作战范围扩展到非常大以使对手无法辨别我方真实目标的战术。为应对多种类型的水雷威胁和操作环境，无人潜航器全面的水雷反制类型满足以下要求。

① 侦察——探测、分类、识别和定位。

② 清除——消灭和清除。

③ 保护——欺骗和干扰。

无人潜航器可以在敌人布雷行动之前收集海洋环境信息，以提供有关风、水深、水能见度、海流、海床、海浪、沙坝等地球物理参数以确定可能布雷的区域，同时将当前的海床调查结果与先前海床调查结果进行比较，以确定疑似水雷位置。无人潜航器执行的水雷反制任务可分解为探测、分类、识别和打击几种，根据执行水雷反制类别，无人潜航器可搭载不同功能的声呐系统，如：用于避障和搜索的声学透镜前视声呐或多波束前视声呐；用于水雷探测和识别的360°旋转双频扫描声呐；用于导航的惯性导航设备或多普勒声呐等。无人潜航器也可搭载光电装置进一步提高探测带宽和速度,如激光线性扫描成像装置、彩色/黑白摄像机、微光电视或蓝绿激光等装置。

2.3.4　反潜作战任务

无人潜航器反潜作战有战略反潜和战术反潜两种方式[15]。无人潜航器更适合战略反潜，通过设置无人潜航器监控点，监视离开港口或通过关键点的敌方潜艇。无人潜航器战术反潜，可采用鱼雷、火箭深水炸弹或者直接撞击等方式杀伤敌方作战力量；无人潜航器也可采取软杀伤方式，放置水声诱饵、干扰器或气幕弹等，模拟母舰辐射噪声和应答鱼雷主动寻找的舰艇回波信号。在战略反潜中，无人潜航器可在最接近敌方潜艇潜入点的安全位置进入港口的出口或瓶颈处等拦截水域，与其他监控设施（如其他无人潜航器或预先部署的传感器系统）建立联系，以能量消耗较低的模式保持与自身放置或其他装备放置的跟踪传感器的相对位置，当确认目标后向决策机构进行报告。同时为避免敌方探测到无人潜航器，无人潜航器在跟踪任务结束时中断跟踪，航行到指定的集合地点，进行能源补充和恢复，以便执行下一次反潜任务。

　　无人潜航器在反潜战中的应用主要体现在 3 个方面：一是无人潜航器可以作为己方潜艇的外部水声传感器平台，进行区域性搜索或侦察，或部署在敌方潜艇水域，进行水下监视、跟踪和情报收集，并将收集的情报提供给其他反潜平台；二是无人潜航器可以作为诱饵把敌方潜艇引诱至己方活动范围，然后在其他作战平台的协同下围歼敌方潜艇；三是无人潜航器还可以作为大型潜艇远距离航渡时的通信中继站，通过无人潜航器中继通信，潜艇不用再为通信联络浮出水面，从而大大提高潜艇的隐蔽性。

2.3.5　海洋勘探任务

　　对战场环境的了解程度对于战略和战术推进至关重要。无人潜航器非常适合海洋勘探任务。常规海洋学数据采集很大程度上采用水面船舶或拖曳系统，这些系统需要大量的水面船舶支持，并受到拖缆的限制。在诸如声学或光学成像等应用中，传感器与拖曳平台的运动分离时，数据质量将显著提高。无人潜航器能够以更低的成本对更大的区域进行勘探，提供了以更经济实惠的方式获取所需采样密度（时间或空间）下实时数据的机会。无人潜航器可以在近岸浅水区进行海洋侦察，与此同时母舰仍处于安全隔离区。无人潜航器可以自动收集环境信息，并将收集的环境数据与传统的调查数据和模型相结合，为联合作战人员提供关于海洋战场的更详细、更准确的信息，以备后续信息交付以及战备空间的准备和分析，或者直接输入战术决策辅助工具。

　　总体而言，无人潜航器能够担负的海洋勘探任务包括：海床绘制、深海测量、声学图像与光学图像获取、海基分析和水体表征等[16]。

2.3.6　通信/导航网络节点

　　无人潜航器可以作为海上平台、海中平台、岸上平台甚至空中平台和太空平台之间的关键通信和导航连接点[17]。无人潜航器可以用作海底平台和传感器阵列之间的信息通道，或者秘密到达海面并提供具有隐蔽性的天线。作为导航的辅助，无人潜航器可以作为备用浮标，将无人潜航器定位在指定位置并在适当时机弹出到水面，为军事演习或其他操作提供视觉或其他参考。无人潜航器还可以提供水下平台与 GPS 或其他导航系统之间的联系，并且不会使其他平台面临不必要的风险。无人潜航器还可以放置预置信标以在常规手段失效或不期望使用的情况下提供导航参考。

　　总体而言，无人潜航器在通信方面的功能包括：用于数据传输的水下网络节点、用作水下连接器、用作卫星通信或 GPS 的低仰角天线等。无人潜航器在导航方面的功能包括：部署转发器或移动转发器，转化执行 GPS 的功能、请求回应式路径标记以支持两栖攻击等。

2.3.7 载荷运输任务

无人潜航器可以将需要的各种有效载荷秘密投放到指定区域，为水雷反制任务、反潜作战任务、特种作战和海洋勘探任务等提供支持和保障。总体而言，无人潜航器潜在的有效载荷包括以下几类[18]。

① 特种作战部队或潜水员任务的用品。

② 跟随蛙人输送器作为货运舱。

③ 部署用于情报、监视和侦察，水雷反制，反潜作战等任务所需载荷。

④ 部署海洋勘探、通信和导航任务的有关载荷。

⑤ 部署需要预置的武器装备等。

2.3.8 军事干扰、欺骗任务

无人潜航器能够在信息战中扮演两个重要角色：一是作为阻塞敌方的通信网络或计算机网络，或向敌方网络注入虚假数据的平台；二是作为潜艇的诱饵。无人潜航器的小尺寸和隐身性使其能够在其他平台难以到达或不可能到达的区域执行任务，无人潜航器可将天线和发射器等携带到支持电子攻击的位置，从而对敌方通信进行干扰，阻塞敌方计算机网络或向其注入虚假数据。

长期以来，无人潜航器扮演潜艇和作为反潜训练目标的用法一直存在。无人潜航器可有效用于信息作战，目前已经可以通过延长无人潜航器的航行距离、持续时间和自主性提供改进的欺骗能力，使敌方认为潜艇实际上不在其附近区域运行，从而阻止敌方的海上行动。此外，无人潜航器还可以通过欺骗、诱导敌方反潜作战部队前往己方潜艇不运行的区域，来提高己方潜艇的安全性[19]。

2.3.9 时敏目标打击任务

无人潜航器能够为时敏目标打击提供必要的作战能力，如秘密进行武器传送、远程发射武器或迅速接近目标并实施快速打击。隐蔽性好、能够长距离航行和滞留在战场环境，使得无人潜航器成为时敏目标打击任务有效的武器平台或武器存储、投送工具。从无人潜航器发射武器可使武器发射点更加靠近目标，从而减少武器发射所需的燃料并缩短启动时间。

2.4　水下战

2.4.1　水下战概述

水下战（Underwater Warfare）指的是在军事作战中在水下区域部署潜艇和其他水下系统，执行进攻性以及防御性任务，包括但不限于监视、部署特种部队以及破坏或抵消敌人的军事力量和水下设施等[7]。现代新型水下战体系包括水下预警监视系统、指挥通信系统、攻防作战系统和综合保障系统。

传统水下战的主要形式是潜艇的攻防战，但随着各国潜艇在数量和性能方面的提升，反潜作战的难度逐渐增大。潜艇可根据动力分为常规动力（柴电）潜艇、不依赖空气推进型（Air-Independent Propulsion，AIP）潜艇、核动力潜艇，或根据用途分为攻击型潜艇、弹道导弹潜艇、巡航导弹潜艇，且功能越来越集成、复杂。声呐仍旧是当今主要的探潜手段，另外，非声信号的探潜手段如磁异探测等也有应用。

2.4.2　新型水下战装备

美国试图使用新型的技术装备来占据战场的主导地位，其中就包括自主潜航器。自主潜航器是一种可在水下移动、具有视觉和感知系统、通过遥控或自主操作方式、使用机械手或其他工具代替或辅助人去完成水下作业任务的装置。其关键技术包括电池技术、定位技术、材料技术、声学技术和回收技术。

在无人潜航器的基础上，水下无人作战平台也在发展中。水下无人作战平台可被视为一种"高端"自主潜航器，配备有各种传感器和武器负载，可以根据预设程序进行远程控制或自动执行侦察、监视和打击任务。新型的水下无人作战平台配备举升平台以及通用载荷发射系统，适用于各种载荷，例如无人机、中继炸弹和侦察自主潜航器[20-24]。它可以由船舶、飞机或潜艇部署到一定深度，并在极端的深水环境中待命数年，可以随时接收远程命令，在收到命令后迅速升至发射高度，并完成部署导弹和装载其他有效载荷。水下无人作战平台面临的挑战是长时间的海底潜伏和远距离实时通信，需要解决长时水下定位、抗高压、抗腐蚀问题和远程实时操控的问题，并对可靠性、可回收性、环境无害性提出了较高的要求。此外还有水下母艇类新型水下无人作战平台，其主要任务为将各种载荷运输、部署到需要的地方。这种平台的关键挑战在于功能与性能的平衡、多种载荷装载能力和作战概念及样式的设计。

美国还在发展水下战术通信网络体系的构建，在海上联合作战中构建潜艇、潜标、无人潜航器等水下作战平台之间的通信网络并与其他通信网络（天基、空基战术通信网络）协作，以避免在强对抗环境中，通信中继设施遭到攻击和压制而丧失网络化、体系化作战的优势。美国战术级水下网络体系结构（Tactical Undersea Network Architecture，TUNA）项目计划通过多个浮标和光缆接力的方式，形成规模为数百上千千米的有线链路，通过水声换能器等设备，与水下平台及系统进行水声通信并为其他海上传感器、无人系统等提供电能，已经在浮标供电、轻质高强韧光缆材料和深水定位方面有了技术突破。

2.4.3　水下战关键技术

水下战关键技术主要包括水下通信技术、非声探测技术和水下充电技术。常用的水上无线通信模式由于电磁波在水下衰减很快，难以用于水下远距离通信。微波通信在水下传输距离约为 10 m，虽然有较大的传输速率与隐蔽性，但无法满足远距离通信的要求。

水声通信是水下通信的主要方式。其传输速度为 1 500 m/s，传输距离可以达到数千米，但速率只能达到每秒千比特（kbit/s）的水平，并且容易受到水温、水压、盐度、多普勒效应和水下噪声等各种因素的影响，难以适应复杂的战场情况。水下光通信在水声通信的基础上使用可见光作为载体来提高传输速率，但是信号难以解码。美国军方已在一些无人战斗机上安装了短距离光通信终端。传输速率可以达到每秒兆比特（Mbit/s）的数量级，并且传输距离可以达到大约 100 m。但是，水下光通信易受光污染的影响，由于散射和背景光污染的影响，通信的隐蔽性很差。磁感应通信是近两年来研究的一种新的通信方法。它使用磁场作为载体，并通过改变磁场强度来传输信息。它结合了光通信和电磁波通信的优点。其传输距离可以达到 100 m，速率可以达到每秒兆比特的数量级，并且具有很强的隐蔽性，难以被现有设备发现。

由于安静型潜艇和无人潜航器等削弱了声学探测的优势，非声探测技术受到重视并应用于潜艇探测，如磁异探测和激光探测。潜艇在水下活动时，不可避免地要在地磁作用下形成艇体磁场，其效果就如同浮动在水下的一块庞大的磁铁一样，引发过往周边水域地磁场分布异常。异常的磁信号可以被探测仪捕捉并计算出潜艇的位置。激光探测适合在浅水区域、环境复杂的海洋区域、声波不易接近的区域等作为声呐的补充执行探测任务。

潜标、浮标、水下平台、自主潜航器等均需要高效的能量供应技术，美国海军空间与海战系统司令部太平洋中心于 2017 年 8 月表示正在研发可以在水下为自主潜航器无线充电的技术。该技术以共振无线充电为基础，利用共振的方式传递能量，可以为一个拥有相同频率接收器的物体充电，不过在水下充电需要考虑海水传导能力较弱的问题。

2.4.4　水下战发展趋势

随着自主潜航器技术的发展，潜艇可能退出作战一线，转而在二线作为水下战指挥中心和协同平台。自主潜航器性价比高、隐蔽性好，不会造成人员伤亡，将取代潜艇在作战一线执行情报侦察、反潜、反舰等任务。随着无人机发射与回收、负载小型化、新型动力技术的进步，潜艇或自主潜航器也将能够在敌方近岸发射和使用小型无人机完成作战任务。水下作战模式也将发生根本性变化，对潜艇的探测会逐渐以非声探测为主，水下远程协同作战网络也会产生，由远程控制装备指挥自主潜航器或其他在场装备执行联合协同监视或打击任务。

参考文献

[1] 陈强. 水下无人航行器[M]. 北京: 国防工业出版社, 2014.

[2] 魏延辉. 水下无人航行器[M]. 哈尔滨: 哈尔滨工程大学出版社, 2015.

[3] 青岛罗博飞海洋技术有限公司. 民用水下机器人的主要用途[EB]. 2019.

[4] 何希盈, 毛柳伟, 陈庆元, 等. 自主潜航器海洋环境监测发展及运用[J]. 科技导报, 2018, 36(24): 48-52.

[5] 段瑞洋, 王景璟, 杜军, 等. 面向"三全"信息覆盖的新型海洋信息网络[J]. 通信学报, 2019, 40(4): 10-20.

[6] NIU H, ADAMS S, LEE K, et al. Applications of autonomous underwater vehicles in offshore petroleum industry environmental effects monitoring[J]. Journal of Canadian Petroleum Technology, 2009, 48(5): 12-16.

[7] 高茜, 王翔. 基于水下机器人的海洋环境监测应用探索[J]. 科学技术创新, 2020(17): 92-93.

[8] WANG J J, JIANG C X, ZHANG H, et al. Thirty years of machine learning: the road to pareto-optimal wireless networks[J]. IEEE Communications Surveys and Tutorials, 2019, 22(3): 1472-1514.

[9] 陈和彬. 无人潜航器未来作战运用[J]. 新锐兵器, 2015(3): 28-31.

[10] 李德远, 吴汪洋, 李晓晨. 军用 UUV 的发展与应用前景展望[J]. 舰船电子工程, 2012, 32(4): 22-24.

[11] 申淼. 美国海军报告分析 2025 年自主潜航器需求[J]. 防务视点, 2016(7): 60-62.

[12] United States Navy. Autonomous undersea vehicle requirement for 2025[R]. 2016.

[13] 黄亮, 王智勇, 李海岩. 美国海军无人潜航器的发展与应用[J]. 舰船电子工程, 2018,

38(9): 13-15.

[14] 王强. 大型无人潜航器的发展与军事用途[J]. 数字海洋与水下攻防, 2019, 2(4): 33-39.

[15] 吴吉伟, 徐先勇, 陆文俊. 浅谈无人潜航器在反潜作战中的应用[J]. 军民两用技术与产品, 2014(7): 52-53.

[16] DAVID R A, NIELSEN P. Defense science board summer study on autonomy[R]. 2016.

[17] FANG Z R, WANG J J, JIANG C X, et al. AoI inspired collaborative information collection for AUV assisted internet of underwater things[J]. IEEE Internet of Things Journal, 2021.

[18] United States Navy. The navy unmanned undersea vehicle master plan[R]. 2004.

[19] FANG Z R, WANG J J, JIANG C X, et al. QLACO: Q-learning aided ant colony routing protocol for underwater acoustic sensor networks[C]//2020 IEEE Wireless Communications and Networking Conference (WCNC). Piscataway: IEEE Press, 2020.

[20] WANG J J, JIANG C X, HAN Z, et al. Taking drones to the next level: cooperative distributed unmanned-aerial-vehicular networks for small and mini drones[J]. IEEE Vehicular Technology Magazine, 2017, 12(3): 73-82.

[21] WANG J J, JIANG C X, WEI Z X, et al. Joint UAV hovering altitude and power control for space-air-ground IoTnetworks[J]. IEEE Internet of Things Journal, 2019, 6(2): 1741-1753.

[22] WANG J J, JIANG C X, QUEK T Q S, et al. The value strength aided information diffusion in socially-aware mobile networks[J]. IEEE Access, 2016, 4: 3907-3919.

[23] LI X W, YAO H P, WANG J J, et al. A near-optimal UAV-Aided radio coverage strategy for dense urban areas[J]. IEEE Transactions on Vehicular Technology, 2019, 68(9): 9098-9109.

[24] LI X W, YAO H P, WANG J J, et al. Rechargeable multi-UAV aided seamless coverage for QoS-guaranteed IoT networks[J]. IEEE Internet of Things Journal, 2019, 6(6): 10902-10914.

第3章
自主潜航器的设计与制造

❖ 3.1 自主潜航器设计与制造概述

　　自推进型自主潜航器作为众多水下智能装备的一种，以其高自主性、深广的活动范围、可执行多任务及可协同作业等特点，越来越多的研究机构或企业将自推进型自主潜航器视作重点开发的产品，相信未来除个别特殊任务需要ROV或浮力滑翔器外，自推进型自主潜航器将如同空中飞机、路上汽车一样占据整个水下智能世界。因此，本章着重介绍自推进型自主潜航器的设计与制造相关内容，帮助从事自主潜航器研究的读者了解自推进型自主潜航器实际设计与制造所需考虑的事项。除此之外，自主潜航器的设计除必要的非标设计外，应遵循相关设计标准，例如中国船级社发布的2019年版《无人潜航器检验指南》等。

　　本章内容围绕自主潜航器系统设计、推进系统、导航系统、能源系统、外形设计优化与制造、密封与防腐等内容进行描述，重点在于设计以及整体系统的考量；对于制造相关内容，由于其属于自主潜航器的上游工业部分，尤其是在设计结构及选定材料之后，加工制造方式基本已经确定，因此对于制造相关内容，本书不进行重点研究，而在介绍设计的同时融合一些制造相关内容。

　　自主潜航器的设计与制造内容是庞大且复杂的综合性体系，且某些核心内容将触及知识产权保护问题。因此，本书删繁就简，就一些共性问题做系统性分析与描述，其目的是帮助读者建立直观的设计思想架构，针对某一具体科学问题，还需读者自行深入了解和学习。

3.2 自主潜航器系统设计

本节主要介绍自主潜航器系统设计应考虑的整体性规划问题，包含自主潜航器的功能确认、各功能模块的选型以及整体结构设计。由于自主潜航器整体结构设计的重要性，特单独一节进行分析。对于自主潜航器而言，无论其动力方式如何，对设计者来说都需要对整体系统进行把握。自主潜航器作为复杂的水下智能系统，不仅考验设计者的水下装备总体设计知识架构及水下装备制造专业技能，更考验团队的多任务协调及设计能力。总而言之，自主潜航器的设计制造属于多领域（机械、材料、电机、通信、导航、计算机、电路、控制、力学、化学、光学、流体仿真等相关领域技术）融合过程，涉足门槛相对较高。

3.2.1 自主潜航器功能设计

面对不同的用户，自主潜航器的功能需求会有一些区别，例如有水体环境监测需求的用户更需要的是温盐深、溶解氧、pH 值以及电导率等数据，而对考古或水下地貌探测领域有需求的用户则更需要侧扫声呐和多波束声呐扫描以及地层剖穿透功能。因此，事先与用户进行充分的需求沟通，才能对自主潜航器功能进行确认，这也是自主潜航器设计中十分重要的基础环节。

自主潜航器作为智能化及功能丰富的水下航行器，不仅可以按标准化的需求设计为标准产品，还可以是很理想的水下设备载体，即可以按需求进行功能定制，比如搭载某些特定的水下设备，如武器弹药、激光成像、声呐、机械手或救援舱等。本书对于特定功能不做具体介绍，读者可以在具体设计过程中参照标准化功能设计过程，由此得到启发，本节仅对标准化功能进行简要描述。

对于通用型自主潜航器主要考虑的功能有以下几项。

1. 推进动力

自推进型自主潜航器配备推进动力系统，最为常见的是螺旋桨推进，也是当今技术最为成熟、品牌及参数选择最多的动力配置。随着自主潜航器和遥控式无人潜航器的不断应用，市场上所售的螺旋桨推进器产品也大放异彩，有开放式螺旋桨推进器（如图 3-1 所示）和整流式螺旋桨推进器（如图 3-2 所示），有电机直驱型螺旋桨推进器也有减速机过渡型螺旋桨推进器，有传统实心轴螺旋桨推进器也有空心轴螺旋桨推进器（如图 3-3 所示），选择合适的螺旋桨除了依据推力及效率需求外，还要考虑电机质量、驱动器稳定性以及供期、价格、维护成本等诸多因素。（图 3-1～图 3-3 由天津瀚海蓝帆海洋科技有限公司提供。）

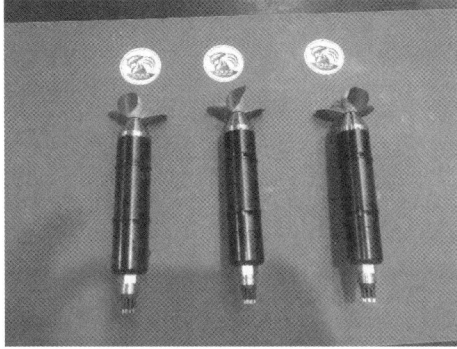

图 3-1　开放式螺旋桨推进器

图 3-2　整流式螺旋桨推进器

图 3-3　空心轴螺旋桨推进器

2. 避障

避障是自主潜航器实现自主规划作业的重要功能，这关系到能否保证自主潜航器的安全航行，当前应用较为广泛的是基于超声波原理制造的避障声呐（如图 3-4 和图 3-5 所示），除此之外还有图像识别避障方法，但应用以研究为主，水下成像也是技术难点之一，因此首选的应为前视避障声呐和多波束避障声呐。无论是势场法避障还是人工智能避障控制，避障声呐仅仅作为一个测距型传感器，具体的避障动作实现还要依靠一系列的控制策略。

图 3-4　基于 SeaKing 声呐电子技术的 Tritech PA200 高度计

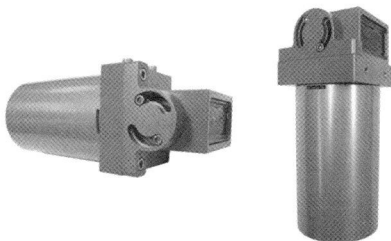

图 3-5　Imagenex 避障声呐

3. 导航

导航作为自主潜航器的核心功能之一，起到定位定向、姿态信息输出、加速度信息输出等作用。自主潜航器的推进系统控制离不开姿态信息，推进控制器根据姿态情况调整自主潜航器推进动力元件，如各个螺旋桨转向、转速或舵转角等，进而控制自主潜航器向预定航向运动。自主潜航器的自主路径规划功能也离不开导航，导航犹如地图一样，指示自主潜航器控制系统按目标航向和轨迹行驶，导航的精度决定了自主潜航器运动轨迹的精确度，以及能否按既定规划完成任务。除此之外，导航还能够报告自主潜航器自身位置，这对群体智能以及失踪打捞起着至关重要的作用。

　　水下信息传播与空中通过电磁波或光波进行的信息传播有着天壤之别，电磁波或光波在水下衰减极大，因此水下导航不能单纯依靠卫星导航系统（如GPS、北斗卫星导航系统、伽利略卫星导航系统）进行定位和导航；并且水下环境属于三维立体空间，不同于地面的二维导航，这更增加了水下导航的难度。一般而言，水下导航的标准技术方案采用惯性导航系统（Inertial Navigation System，INS）（如图 3-6 所示）、GPS、多普勒计程仪（如图 3-7 所示）、压力传感器（深度计，如图 3-8 所示）组合导航方式。

图 3-6　惯性导航系统

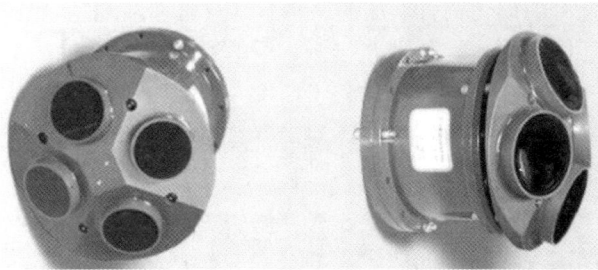

图 3-7　多普勒计程仪

图 3-8　压力传感器（深度计）

4. 通信

水声通信是水下设备使用的主要通信方式，也是当前水下最可靠的通信手段。但水声通信速率很低，即使采用正交幅度调制（Quadrature Amplitude Modulation，QAM）等多载波调制技术，通信速率也只有 1～20 kbit/s，当工作于复杂的环境中，通信速率可能会低于 1 kbit/s。因此自主潜航器通信功能一般用于指令信息发送或位置信息、采集数据信息的发送[1]，无法用于音像等大文件的传输。目前水声通信产品已经十分成熟，集换能器与水听器功能于一身（如图 3-9 所示）。

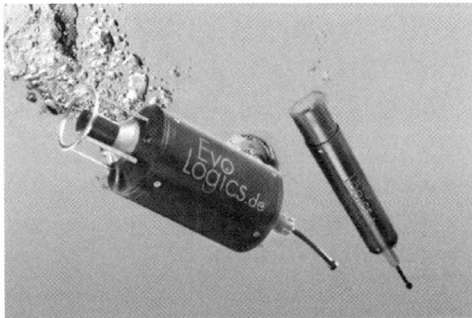

图 3-9　一种水声通信产品（S2CR 声学通信仪）

5. 海洋测绘[2]

海洋测绘是一门研究海洋、江河、湖泊以及毗邻陆地区域各种几何、物理、人文等地理空间信息采集、处理、表示、管理和应用的学科，是测绘学的一个重要分支，是一切海洋军事、海洋科学研究及开发和利用活动的基础。

海洋测绘是以海洋为研究对象，对海洋地理空间要素的几何性质和物理性质进行准确测定和描述的综合性学科，主要包括海洋大地测量学、海道测量学、海底地形测量学、海洋重力测量学、海洋磁力测量学、海洋工程测量学等。

海洋测绘在工程应用方面的主要细分专业包括：海洋遥感、水深测量、海洋重力测量、海洋磁力测量、海洋导航定位、海岛礁与海岸带地形测量、侧扫声呐测量、海洋底质探测、合成孔径声呐（SAS）探测、海洋水文测量、海洋地理信息系统及其他海洋工程测量等。下面就应用在自主潜航器上的主要测绘仪器分别说明。

（1）水深测量

水深测量是海道测量和水下地形测量的基本手段。水深测量与水下地形测量有所不同，水深测量获取的深度是指在理论深度基准面上的水深，属于海道测量的重要内容，水深测量以保障船舶航行安全为目的，水深也是海图制图的要素；水下地形测量获取的深度是以多年平均海平面或 1985 国家高程基准为起算面，着重于海陆域基准的统一，用于海洋工程建设的需要，一般用在海洋工程的施工图中。目前水深测量的主要方法为单波束水深测量、多波束水深测量和机载激光测深。

（2）海洋磁力测量

海洋磁力测量是海洋地球物理探测的重要内容，它以岩石的磁性差异为前提，根据磁异常场的特征及其分布规律，了解海底岩石磁性不均匀性，进而推断地壳结构和构造、洋底生成和演化历史，以及勘查大陆边缘地区的矿产分布。同时磁法探测不受空气、水、泥等介质的影响，能准确检测出铁磁物质引起的磁异常，因此也被广泛应用于水下小目标尤其是泥下磁性目标的探测，及光电缆、海底路由管线、沉船、铁锚等的探测。

（3）海洋导航定位

海洋导航定位包括海上位置服务与水声定位[3]。海上位置服务目前主要借助全球导航卫星系统（Global Navigation Satellite System，GNSS）定位来进行，已基本取代了地基无线电导航、传统大地测量和天文测量导航定位技术，美国 GPS、俄罗斯格洛纳斯全球卫星导航系统（GLONASS）、欧盟伽利略卫星导航系统（Galileo）和中国北斗卫星导航系统四大卫星定位系统共同组成 GNSS。水下导航定位多采用水声定位系统，是指用水声设备确定水下载体或设备位置的声学技术，可分为长基线（Long Baseline，LBL）、短基线（Short Baseline，SBL）、超短基线（Ultra-Short Baseline，USBL)和组合定位 4 种，长基线和短基线水声定位系统需要分别在海床和船体上安装固定接收基阵，超短基线水声定位系统则将水听器组件装在一个精密的容器里。相对而言，超短基线水声定位系统更具有便携性和独立性，因此成为目前水声定位设备发展的一个研究热点[4]。

（4）侧扫声呐测量

侧扫声呐系统是常用的条带式海底成像设备，借助拖鱼上左、右舷换能器阵列发射的宽扫幅波束，并在走航过程中对海底进行线扫描，形成可反映水体、海底目标分布和地貌特征的条带图像，是现在比较常用的扫海测量手段。目前侧扫声呐系统正向多频段、多脉冲、多波束、深拖及同时具备测深及成像功能方向发展，广泛应用于海底障碍物探测、扫海测量及裸露海底管线调查和各种水下目标探测。

（5）海洋底质探测

海洋底质探测是进行海洋动力学研究、海洋矿产资源开发、船舶锚地选择、海底管线铺设、水下潜器坐底、海洋工程建设等项目实施的基础，海洋测绘中的海洋底质探测主要针对海底表面及浅层沉积物性质进行。一般采用表层采样、柱状采样、浅地层剖面测量和单道反射地震等方法实施。表层采样和柱状采样借助采样器取样或钻孔取芯，通过实验室分析获得分析结果，存在效率低、成本高等不足。浅地层剖面测量借助声波回波特征与底质的相关性实现海洋底质探测，具有探测底质效率高和分辨率高的特点，是传统底质取样探测的一种很好的补充方法。单道反射地震可为地质构造调查研究、海上基建项目选址、填海及航道疏通工程可行性研究等提供依据，也被应用于海底管线、隧道和各种掩埋物等的调查研究。

（6）合成孔径声呐探测

合成孔径声呐是一种新型高分辨率的水下成像声呐，其原理是利用小孔径基阵的移动来获得移动方向上较大的合成孔径，从而得到移动方向的高分辨率。合成孔径声呐图像具有更高的径向分辨率，且与距离无关，其设备由高、低频换能器组合而成，可同时获得高、低频声呐图像，能清晰地呈现海底地貌及海床下一定深度的目标。鉴于此，合成孔径声呐探测能用于水下军事目标、海底地形测量和水下考古等探测和目标识别，在海底管线调查及泥下小目标探测上也有广泛的应用前景。

（7）海洋水文测量

海洋水文测量是为了解海洋水文要素分布状况和变化规律所进行的观测，主要观测的水文要素包括：水深、水温、盐度、海流、泥沙、波浪、水色、透明度、海冰、海发光等。海洋水文测量可以分为大面观测、断面观测和连续观测 3 种方式，可以利用卫星遥感、机载遥感、海洋浮标、岸基监测及船基测验等方法实施。海流、泥沙等水文要素观测可用于码头和航道区的选划、海洋环境评价、滩涂演变分析等；多水文要素的观测被广泛应用在海洋溢油调查、危险化学品污染监测、赤潮监测、海岸侵蚀调查、海洋倾倒区选划、海洋自然保护区选划、海水养殖区监测和陆源污染物排海监测等工作中。

6. 抛载

抛载一般用于科研或民事应用产品，其作用是防止水下突发状况下（如干舱进水、电子电源故障、长时间待机等）自主潜航器的丢失。自主潜航器作为技术集成密集型产品，造价通常不菲，动辄上百万元，因此自主潜航器绝对是所属单位的贵重财产。自主潜航器中存储的试验数据更是千金难求，因此自主潜航器自救或自我暴露的技术手段显得格外重要。

抛载是较为简单直接的自救方式，其原理为当系统接收设备异常信号时，触发抛载命令，原固定于自主潜航器上的压载自行脱落，此时自主潜航器因浮力大于重力而浮出水面，浮出水面后发射定位信号。抛载按电信号指令可分为得电抛载和失电抛载，需格外指出的是在设计得电抛载系统时，最好优先考虑独立的供电电源；按动力源可分为电动和气动，两种方式需根据实际情况进行选择，二者各有利弊。

示例如下[5]。2000 年研制的"探索者"号自主潜航器设计的安全抛载机构原理如图 3-10 所示。这一机构的可动芯轴由电爆管或电磁铁驱动，当芯轴上移时，原本被顶住的滚珠由于没有阻挡而向轴心滚动，此时吊环轴不能被卡住，故连同抛载物一起被抛出。同时，"探索者"号自主潜航器拥有一套完整的抛载策略，为其自救后的回收工作提供了方便与保障。该自主潜航器的紧急自救措施为抛掉铅蓄电池组，以此获得大约 75 kg 的正浮力。当自主潜航器不能完成抛载或抛载后不能上浮时，安全抛载系统还拥有一套释放信标浮球装置；当系统抛出信标浮球后，浮球立即浮到水面，而信标浮球与自主潜航器相连，信标浮球拥有频闪灯、无线电通信设备和卫星定位系统，工作人员通过寻找信标浮球就能成功回收发生故障的自主潜航器。

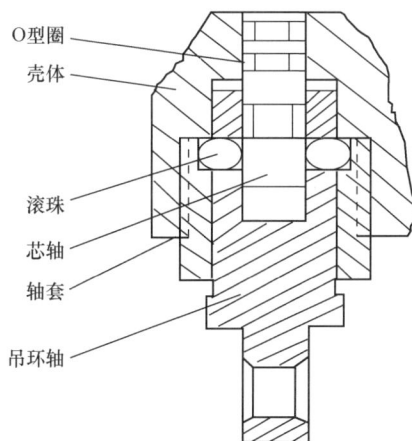

图 3-10　安全抛载机构原理

7．浮力调节

浮力调节应与抛载功能区分开来，抛载是一次性的应急自救措施，而浮力调节是自主潜航器能够反复使用的基础功能。海洋中不同范围的密度和温度是变化的，除此之外随着深度越来越深，压强也会越来越大，自主潜航器的结构形变会变大，浮力会变小，因此浮力调节在深海中显得至关重要。尽管有的自主潜航器依靠螺旋桨推力变化抵消浮力变化，但在空间条件允许下，尽可能地配置浮力调节的功能，可有效降低能耗，减小后台计算或人工智能方面的工作量。

常用的自主潜航器的浮力调节装置可分为可调体积式和可变压载式两种[6]。可调体积式浮力调节系统，其工作原理为通过改变载体排水体积的方式来改变浮力，其实质为在维持重量不变的条件下改变浮力。该系统常用的方式是气囊、双向排油、活塞等，该浮力调节系统常用于调节范围较小的场合，易于实现浮力的精细化控制。

可变压载式浮力调节系统的工作原理是保持体积不变，通过改变自身重力来调节浮力，该浮力调节方式的浮力调节能力较强，常用在大型水下设备中，实现方式主要包括两种：可抛承载物式以及承重水舱式。可抛承载物式浮力调节系统，其工作原理是通过安装或卸下承重物体，使系统能够重新达到平衡，这种浮力调节系统结构相对单一，制造成本不高，但是其不足之处为当在水下扔掉承重物体后，就无法实现重新承重，不能对浮力进行多次调节，导致其使用范围受到很大的限制。可变压载式浮力调节方式的一种应用是承重水舱式装置，通过调节水舱内承重水量的多少改变水舱的重量，进而达到改变系统浮力的目的。由于其重载物是水，所以可以源源不断地在水下获得，当要求潜航器上浮时，向出水舱充入高压气体，当要求潜航器下潜时，可以向水舱中注水。与可抛承载物式相比，这种方式可以实现重复调节，广泛应用于各种大型的水下设备。

8. 水下视频采集

实时记录水下环境和自主潜航器工作视角无疑是最具吸引力的功能，甚至有专门进行水下视频采集的自主潜航器，因此水下视频采集系统一般都会在自主潜航器中搭载。但是普通的摄像头和探明系统是很难达到要求的，即便现在出现微光摄像头，但对于水下专业视频采集应用也相去甚远。这是因为水介质的特性是强散射效应和快速吸收功率衰减，直接将摄像机运用到水中，图像的噪声很大，且水下视频采集距离有限。光作为电磁波的一种形式，其能量在水中的传播是按"指数"式衰减的，一般情况下水下 200 m 以下可见光的照度不足水面照度的 0.01%，而在 1 000 m 以下深海中，周围环境更是一片漆黑，因此几乎所有的深海光学成像系统都是主动式成像系统，需要深海照明系统（灯阵）作为支撑，目前采用发光二极管（Light Emitting Diode，LED）灯阵较为广泛[7]。

激光器的运用从某种程度解决了成像的距离问题，在过去的几年中，成像距离和图像质量得到了很大程度提高，这些进步都是因为采用了非传统成像技术和激光成像技术。激光成像技术主要有常规水下成像技术（包括激光扫描水下成像和距离选通激光水下成像）、条纹管水下激光三维成像技术和偏振成像技术。

3.2.2　自主潜航器舱段配置设计

当充分了解自主潜航器的功能需求后，可以说自主潜航器的结构设计工作已经完成了一半、后续的工作多数是重复性的设计工作，如结构尺寸的调整、连接及密封设计、外购件安装孔位的设计和外购件选型等。自主潜航器舱段配置一般在确认功能需求后便可形成，比如：艏舱段布置水下视频采集、前视避障、垂（侧）推螺旋桨；舯舱段依次布置抛载、通信机、多波束底部声呐、多普勒计程仪、电池电子控制系统；艉舱段布置推进器等。图 3-11 所示为一种典型的螺旋桨自主潜航器舱段配置。

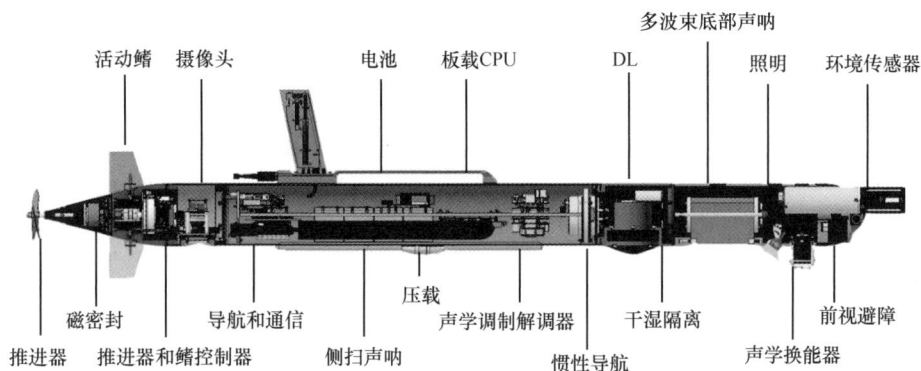

图 3-11　一种典型的螺旋桨自主潜航器舱段配置

3.3　自主潜航器推进系统

自主潜航器推进系统有多种形式，主要分为喷流式（如螺旋桨推进、水泵推进等）和仿生式（如摆尾推进、水翼法推进、喷射式推进等），本节主要围绕应用最为广泛的螺旋桨推进及研究热度非常高的仿生摆尾推进（波动推进）两种动力方式进行阐述及探讨。

3.3.1　螺旋桨推进

1. 螺旋桨推进基本特征

自主潜航器的推进系统是自主潜航器的重要组成部分，它可以保证自主潜航器顺利完成各项任务[8]。为了保证自主潜航器以一定速度行驶，就必须给自主潜航器足够推力，用以克服此速度下自主潜航器受到的阻力。将能源转换为推力并作用于自主潜航器上，可以有效保证自主潜航器的航行，螺旋桨推进器是可以实现这一转换过程的一种方式。推进器是随着科技的进步及人类文明水平的提高而一步步发展的，其最初始结构形式为橹、蒿、帆以及明轮，当今已经发展到了螺旋桨和喷射推进器、磁流体推进器等特种推进器。在1850年，船舶的推进器已基本沿用螺旋桨。至今为止，由于螺旋桨的高效率和水动力性能，其仍然用于大多数船舶的推进。并且，对于不同类型的船舶，基于原始螺旋桨的导管螺旋桨、可调距桨及串列桨等也应运而生。

螺旋桨推进器的原理与空气螺旋桨相同，它通过旋转运动使桨叶对流体做功，进而产生反作用力，从而推动载体产生位移；除螺旋桨推进器外，在化工反应釜设备中也不乏类似螺旋桨推进器，如搅拌叶，只是产生的反作用力由搅拌器自身承受；除此之外，螺旋桨原理被广泛应用于风机风电、水泵水轮等领域。因此，螺旋桨推进器的发展已有深厚的基础和成熟的理论。

螺旋桨工作的最基本特征是边界层、尾部流动（尾流）状态以及涡流。在船舶的尾流中工作时，螺旋桨将不可避免地与船舶尾流场和舵周围的流场互相影响。精确预报螺旋桨的水动力性能是目前船舶研究方面的主要课题，它具有十分重要的意义。只有准确预报螺旋桨的水动力性能、空泡性能、噪声性能等可以对船舶产生影响的因素才可以进行精确研究。通常情况下，一个水动力性能俱佳的螺旋桨会有效克服空泡以及振动问题，可以看出，研究螺旋桨的水动力性能具有重要意义。

2. **螺旋桨设计方法**

分析螺旋桨周围流体流动的变化规律通常采用以下 3 种方法[8]：一是以试验为研究手段的试验研究；二是理论分析方法，通过对较为简易的流动模型进行假设分析，并以此为基础解决所求问题；三是数值模拟方法，此种方法通过计算机对基于理论及试验的方法进行了拓展。以往主要通过试验方法来研究螺旋桨的水动力性能，但商船螺旋桨的尺寸较大，使得试验方法面临很大的困难。故需要采用相似定律，制造一个与原桨成比例的桨模型进行敞水试验。用试验方法研究螺旋桨性能十分准确，但同时也会消耗大量费用。

随着计算机技术的发展，国内外学者通过计算流体动力学（Computational Fluid Dynamics，CFD）的方法在螺旋桨的水动力性能预报方面取得了很高的建树。由于 CFD 方法可以有效代替费用高昂的试验，其在实践中的应用也越来越广泛，有利于小型自主潜航器的螺旋桨的高效设计。因此，自主潜航器螺旋桨推进器基本采用流体仿真设计形式，其仿真结果与实际性能的吻合度已经远超传统设计方式。

3. **螺旋桨的材料与制造**

螺旋桨的桨叶数量一般为 2～7 片不等，随着桨叶数量增加，螺旋桨的稳定性增强，振动减小，但效率会随之下降，制造成本将升高。因此选择适合工况要求的螺旋桨结构，不仅要考虑应用场景，还需要进行效率、振动影响程度、工期、制造难度、成本等的综合评估。

螺旋桨的制造离不开材料属性，传统大型螺旋桨一般采用铜合金进行铸造，随着技术的发展，目前已经采用五轴大型加工中心进行整体减材制造，加工不仅精确，整体材料性能也得以保障。自主潜航器螺旋桨的桨叶一般较小，因此无论通过何种方式进行加工，如精密铸造、注塑、数控机床或 3D 打印，只要积累一定数量，价格通常会便宜很多。总之，螺旋桨的制造方式更多地取决于材料的选用。

螺旋桨的材料分为金属、非金属以及复合材料 3 种[9]。金属材料主要包括铜合金材料（锰铁黄铜、铝青铜）、铸钢（普通铸钢、镍合金钢、不锈钢）、铸铁（普通铸铁、球墨铸铁）、铝合金及钛合金等；非金属材料包括玻璃钢、尼龙、高分子聚合物等；复合材料主要包括碳纤维复合材料、混合玻璃/碳复合材料等。

铜合金材料是螺旋桨的主要材料，也是应用最广、使用性能最好的材料。铜质地柔软，表面光滑，阻水性好，耐腐蚀，韧性好，海船主要采用铜质螺旋桨。铜质螺旋桨材料主要分为锰铁黄铜及铝青铜。铝青铜螺旋桨材料耐腐蚀性能好、强度高，性能远优越于锰铁黄铜，是一种很受欢迎的螺旋桨材料。

铸钢材料有普通铸钢、镍合金钢和不锈钢。新的不锈钢螺旋桨材料，机械强度高，抗冲击性能好。2007 年，美国 Mercury Marine 公司开发出一种具有高抗冲击强度的船螺旋桨用新型铸造合金，命名为 Mercalloy。将这种 Mercalloy 合金与铝合金 AA514、AA365 进行比较研究，结果表明，Mercalloy 合金比铝合金具有更好的可铸造性能，且还具有最佳吸收性能和在负载下的更高抗挠曲性能。

复合材料是螺旋桨制造材料的研究热点。2006 年，瑞典 Propulse AB 公司提出了复合螺旋桨设计的全新概念，所制作的螺旋桨由金属轴和可替换的复合桨叶组合而成。德国艾尔（AIR）公司研制出一种碳纤维环氧的螺旋桨，比金属桨推进效率提高 3%～10%，减轻重量 25%～35%，有利于快艇加速，且该螺旋桨阻尼性好，可降低噪声约 5 dB。

4. **螺旋桨电机**

电机推进器是自主潜航器的核心部件之一，自主潜航器必须依靠电机推进器才能在水中以一定速度航行。此外，自主潜航器应具有充足的能量储备以确保其完成预定的任务。目前绝大多数自主潜航器都以蓄电池作为能源存储装置，利用电机将电能转变为推进用的机械能。过去由于电机设计、电池容量等因素的制约，自主潜航器的航程和航速都受到了很大的限制。随着新型电池和新型电机的出现，电机推进器的性能大为提高。电机推进器具有噪声小、隐蔽性好、不受深度影响等优点，而且调速方便，可以实现无级调速，更好地满足自主潜航器的工作要求。

电机推进器一般是由电机本体、推进螺旋桨和电机控制器等部分构成。与普通电机相比，在设计电机推进器时应注意以下 5 个方面的要求[10]。

① 密封性。海水具有很强的导电性，因此电机必须有严格的密封措施，不仅有静密封，在电机转轴伸出端也要有动密封装置。

② 耐压性。海底几千米深度会产生几十兆帕的高压，对电机形成严峻的考验。目前常用措施是采用充油式压力平衡器来消除电机内外的压力差。

③ 耐腐蚀性。海水具有强腐蚀性，电机结构上与海水相接触的部分必须采用抗腐蚀材料，如钛合金等。

④ 高功率密度。电机推进器的高功率密度可以减小自主潜航器的重量与体积，有利于减小其在水中航行的阻力，也有利于提高续航能力。

⑤ 控制性能。自主潜航器在水底作业时需要完成前进、后退、快速与慢速等推进动作，因此电机推进器必须具有极佳的控制性能。

在深海电机推进器中，根据电机与推进装置相对安装方式的不同，可以划分为分离式与集成式电机推进器。分离式电机推进器包括电机本体、压力平衡装置、行星减速器、螺旋桨与导流罩，结构复杂，效率较低。集成式电机推进器将螺旋桨安装于转轴所在的位置，使其与电机转子成为一体，定子则被安装在导流罩的壳体中，不需要动密封、减速器与压力平衡装置，能够使电机推进器外形最佳、结构最简单，同时还提高了电机的输出效率，实现了电机的高转矩输出。

目前广泛采用的水下推进电机为永磁无刷直流电机，与其他类型的电机相比，永磁无刷直流电机具有以下特点：使用电子换向取代机械换向，无磨损，无电火花与电磁干扰，可靠性高，可工作于较高的转速；重量轻，体积小，功率密度高；气隙磁场由永磁体产生，功率因数高，转子的损耗低，电机有较高的效率；电枢绕组位于电机的定子，利于散热；转子上无绕组和换向器，转动惯量小，动态响应快；电机输出转矩和绕组电流成正比，具有良好的控制特性，便于实现控制策略。

5. **螺旋桨电机功率估算**

自主潜航器在水下运动的直航阻力大小取决于其形状、表面粗糙度及上面的附着部件。其中,壳体的阻力是自主潜航器阻力中最为关键的,包括以下 3 种[11]:摩擦阻力、兴波阻力及黏压阻力。

(1)摩擦阻力

通常采用平板假定计算的方法:平板的摩擦阻力与由于表面粗糙度所引起的摩擦阻力相加,计算步骤如下。

① 计算湿表面积 S。

② 计算雷诺数 $R_e = VL / v$。其中:L 为特征长度(单位为 m);V 是航速(单位为 m/s);v 是水的运动黏性系数。

③ 根据公式 $C_f = 0.075/(100R_e-2)^2$ 计算阻力系数 C_f。不同边界层的流动状态对应不同的阻力系数,根据雷诺数的不同,流动状态分为:层流、过渡流和湍流状态。

④ 决定粗糙度补贴系数的数值 ΔC_f。

⑤ 根据公式 $R_f = \dfrac{1}{2}(C_f + \Delta C_f)\rho V^2 S$ 计算摩擦阻力。

(2)兴波阻力

兴波阻力大小与自主潜航器在运动时的实际情况有关。当作业水深大于潜航器 1/3 主体长度时,兴波阻力大小可以忽略。一般情况下自主潜航器的设计水深大于 50 m,而且自主潜航器的工作水深也远超其主体长度,故可以不用考虑兴波阻力的影响。

(3)黏压阻力

黏压阻力也被称为黏性压差阻力。在计算自主潜航器耐压壳体的黏压阻力时,其阻力系数与壳体的长度 L 和最大横截面的直径 D 有一定的关系。其计算步骤如下。

① 计算雷诺数

$$R_e = VD / v \tag{3-1}$$

其中:D 为特征长度(单位为 m),取自主潜航器耐压壳体的最大横截面(即中间体)的直径;V 是航速(单位为 m/s);v 是水的运动黏性系数。

② 确定流态,然后根据表 3-1 得出阻力系数 C_v。

③ 根据公式 $R_v = \dfrac{1}{2}\rho V^2 C_v A$ 计算出黏压阻力。其中,A 是特征面积,即自主潜航器耐压壳体的最大横截面的面积[11]。

表 3-1　黏压阻力系数 C_v

L/D	层流时系数	湍流时系数
0.75	0.50	0.20
1	0.47	0.20
2	0.27	0.13
4	0.25	0.10
8	0.20	0.08

（4）一般性估算

对于自主潜航器推进器初步选型，计算推进器需求功率可采用以下方法估算。

当自主潜航器以恒定速度前进时，它所受的推进力为

$$F = \frac{1}{2}\rho v^2 C_D A \tag{3-2}$$

其中：ρ 为水的密度（单位为 kg/m^3）；v 为自主潜航器速度（单位为 m/s）；A 为自主潜航器最大横截面积（单位为 m^2）；C_D 为拉力系数，一般取 0.8。

进而推进器功率为

$$P = Fv = \frac{1}{2}\rho v^3 C_D A \tag{3-3}$$

3.3.2　波动推进

1. 波动推进应用背景

为适应未来自主潜航器技术发展的要求，人们在开发具有大范围转移能力和高机动性的新型自主潜航器的同时，也正在为传统自主潜航器寻找更优良的推进和操纵系统。此外，水生动物经过上亿年的演变和进化，早已在优胜劣汰中将其在水中的运动能力发挥到了极致，其中鱼类和鲸类等的游动方式具有高速、灵活、低噪等特点，其游动和控制姿态的能力是任何目前装备传统的操纵与推进系统的潜航器所无法比拟的。

水下仿生技术日益得到人们的重视并已成为自主潜航器的重要研究方向之一。它基于仿生学原理，通过对鱼类游动机理的研究，利用机械结构、电子设备和功能材料来开发模仿鱼类的操纵和推进方式，并将其应用于自主潜航器。这种新型自主潜航器在战争时期，可用于水雷战和反水雷战、军事侦察，也可作为潜艇的配套武器；在和平时期，可用于复杂海洋环境下的海底测量、海洋

观察、水下救生等，具有十分重要的意义。利用仿生学原理，开发类似海豚或金枪鱼等鱼类的操纵与推进技术，可以降低能耗、提高推进效率，是非常有意义的研究课题之一。欧美、日本等在探索生物的操纵与推进原理和仿生自主潜航器的研发方面已经进行了多年的研究，取得了一系列重要的研究成果。

与传统螺旋桨推进器相比，将仿鱼鳍推进器应用于自主潜航器，成为新型的仿生自主潜航器，将具有如下特点。

① 高机动性。当自主潜航器航速较高时，采用传统螺旋桨的自主潜航器回转半径较大，航速也会降低。采用仿鱼鳍推进器则可以较好地克服这些缺点，增加自主潜航器启动、加速和转向的能力，提高机动性。

② 更优化的流体性能。鱼类尾鳍摆动产生的尾流具有推进作用，可对仿鱼鳍推进器的尾涡进行控制，使其具有更加完善的流体力学性能。同时，研究表明鱼类通过游动可以有效地减小其阻力，自主潜航器也可以利用这一点降低能耗。

③ 噪声低、隐身能力强。仿鱼鳍推进器运行时的噪声比螺旋桨推进器运行时的噪声低得多，不易被对方声呐发现和识别；且鱼类的游动充分利用并控制了尾涡，有利于隐身和突防，具有重要的军事价值。

④ 推进系统与操纵系统统一。传统自主潜航器用螺旋桨作为推进系统，用舵或者侧推桨作为操纵系统，结构庞大、机构复杂。仿鱼鳍推进器的使用，使舵与桨功能合二为一，精简了机构，提高了自主潜航器的有效容积和负载能力，具有重大的现实意义和实用价值。

可以看出，鱼类游动具有高速、高机动性和低噪声等特点，将鱼类推进和操纵方式用于自主潜航器，替代传统的桨舵系统，对于未来的海洋开发与海洋军事发展具有十分重要的意义。

2. 鱼类推进方式分类

鱼类形态学分为：波动推进鱼类和摆动推进鱼类[12]。波动推进（身体/尾鳍推进，Body and/or Caudal Fin Propulsion，BCF）游动中，波浪沿着提供推进力的身体部分或鳍的长度传递下去。摆动推进（中央鳍/对鳍推进，Media and/or Paired Fin Propulsion，MPF）游动中，推进依附其基部前后运动，摆动推进方式多为附属于身体上的短鳍。波动推进方式具有高速、高效和优越的加速性等优点，而摆动推进方式则具有更好的机动性。

根据鱼类产生推力的身体机构和运动类型[13]，波动推进方式又分为鳗鲡、鲹科和鲔科/鲹科加月牙尾推进（或称金枪鱼式）及箱鲀科等模式；摆动推进方式分鳐科、刺鲀科、弓鳍目、裸背鳗、鳞鲀科等模式，如图 3-12 所示。图 3-13 所示为波动推进方式身体波动特征。

(a) 波动推进方式

(b) 摆动推进方式

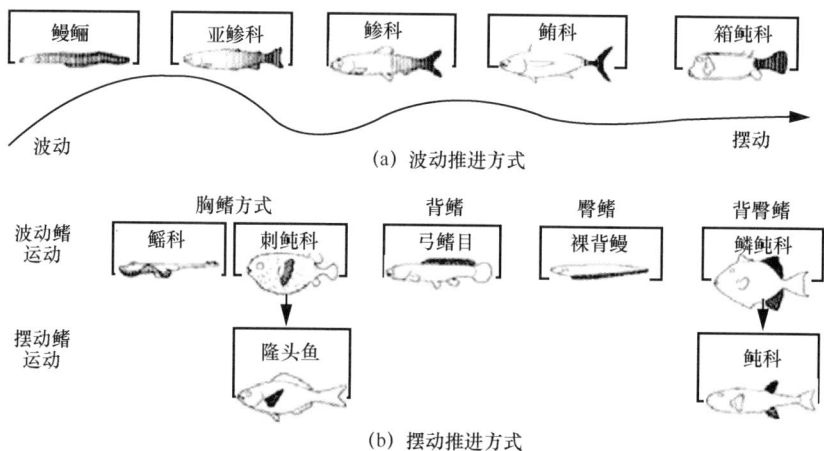

图 3-12　鱼类推进方式（阴影部分为推进器，产生推力）

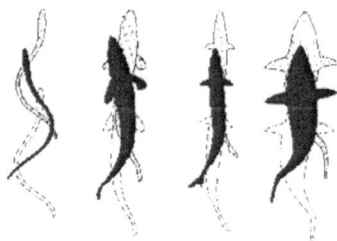

图 3-13　波动推进方式身体波动特征

3. 波动推进动力机理

生物学家对鱼类的研究已经有较长历史，但是从 19 世纪才开始从力学的角度解释水生动物游动的机理，其中影响比较大的几个理论是"二维波板理论""细长体理论""波动推进理论""三维波板理论"等。作者认为，对波动推进力学原理概括比较全面的应该是童秉纲提出的三维波板理论。

波动推进所产生的推力主要来源于以下几个方面[14]。

（1）惯性力作用

当单位长度的一段鱼体在其横截面（y-z 平面）内左右摆动时（如图 3-14 所示），也带动了鱼体周围的一部分流体一起改变动量。因此，流体对鱼体的反作用力，除了由鱼体本身的动量变化引起的反作用力以外，还要考虑被带动的流体的这部分附加质量（或称虚质量）的动量变化引起的侧向力 F，这就是非定常流动中特有的附加质量效应，是一种惯性力，即

$$F = -\frac{\mathrm{d}}{\mathrm{d}t}(mV) \tag{3-4}$$

其中：V 表示鱼体横向摆动的速度；m 表示附加质量；侧力 F 与鱼体表面正交，它在游动方向的投影就是这段鱼体对推力的贡献。

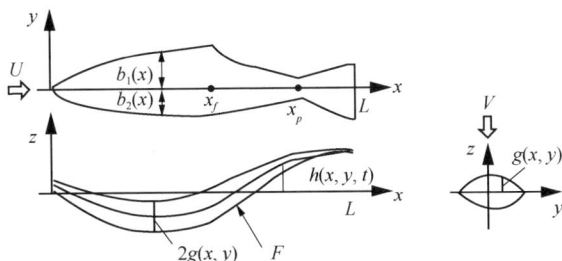

图 3-14　鱼类游动三视图和坐标系

（2）前缘吸力

当水流过鱼体上具有很大曲率的前缘时（如图 3-14 中 x_f 之前的鱼背上缘和 x_p 之后尾鳍上下侧前缘），流速很大，形成低压区，产生了前缘吸力。实际上，它只占鱼游总推力的 10% 左右。

（3）尾涡作用

在运动物体的尾迹区，聚集着从物面边界层流下的涡量，如果物面上还发生流动分离，那么还有分离涡流进入尾迹，在这个区内黏性作用显著，尾涡不断耗散其机械能，形成低压区，引起压差阻力。但是，鱼游动中其尾鳍通过摆动，巧妙地实行涡控制，使鱼体上不发生分离，尾迹区变窄，每摆动一次，从尾缘上脱泻出两个涡，其图像如图 3-15 所示。由于涡的转向与人们熟知的卡门涡街相反，因此在两个涡之间诱导出一股向后的射流，给鱼游增加了推力，后来研究者将这种涡街命名为"反向卡门涡街"。应该指出，上述尾迹图像只有在很高的推进效率下（相当于以持久游速前进时）才会出现。当鱼处于爆发速度以及急剧机动状态，此时所需要的是大幅度改变推力，必然要舍弃效率，因此其尾涡的作用就类似于一般运动物体的尾迹，导致正的压差阻力。

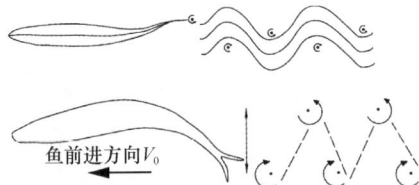

图 3-15　鱼类波状摆动尾迹中形成的反向卡门涡街

鱼要获得向前的推力，则尾迹的时间平均速度场必须具备向后喷流的特征（如喷气飞机一样的道理）。要获得高效率，尾迹的形态必须是反向卡门涡街，而不是阻力型的尾迹形态。近年来，许多学者使用各种流动显示手段，特别是可以量化的三维粒子影像测速法，对鱼或者类似仿生机构的游动情况，显示出其尾迹的涡结构以及鱼体、背鳍、胸鳍和尾鳍周围的涡量分布形态，表明鱼确实具有对流体实行有效控制的高超技术，总能很快地通过鱼体和鳍的运动调节，使其尾迹成为反向卡门涡街的形态，从而得到高推进效率。流动控制，实际上就是涡控制，即通过外界的激励，使涡量场改善结构，达到提高运动物体的流体动力性能的目的。

（4）月牙尾的升力作用

对于大型海洋水生动物，其推力主要来自大幅摆动的月牙尾，它相当于一个非定常机翼，同时做沉浮（即上下平动）、振动和俯仰振动，其俯仰角可达 40°以上。大攻角下的振动机翼具有动态过失速特性，可产生高升力，月牙尾正是利用了非定常机翼的高升力机制，从而在游动方向上获得高推力（如图 3-16 所示）。

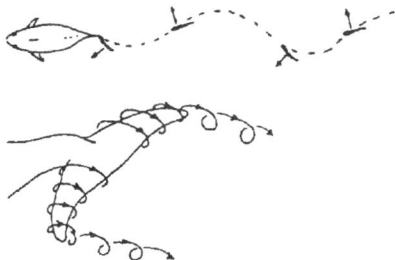

图 3-16　月牙尾在不同摆动位置上产生的升力，沿游动方向构成推力

4. 机器鱼实例

（1）波士顿机器鱼

如图 3-17 所示，由波士顿动力学（Boston Dynamics）工程公司研制的仿生自主潜航器"波士顿机器鱼"，因与海底鱼类非常相似而难以分辨，可作为战场传感器执行探测任务。机器鱼操纵灵活，且能够很快地加速到 40 节。机器鱼采用摆动尾巴的方式前进，因此可保持静音性和较高的推进效率。

图 3-17　波士顿机器鱼

（2）幽灵泳者

美国最新研制的新型仿生自主潜航器"幽灵泳者"（Ghost Swimmer），如图 3-18 所示。2014 年，美国海军在小溪–斯多利堡联合远征基地对其完成了水中测试。幽灵泳者利用尾鳍摆动推进，操纵灵活，且最快能够加速到 15 节，可保持静音性和较高的推进效率。

图 3-18　幽灵泳者

（3）航天海纳 HN-1 机器鱼

如图 3-19 所示，我国研制的航天海纳 HN-1 机器鱼外形酷似一条鱼，拥有所有鱼的基本特点。前半部分由硬质合金材料制造，内部为耐压密封舱，用于安装各类设备；后半部分由柔性材料制成，这样就可以依靠尾鳍摆动产生动力，再与胸鳍、背鳍协同动作调整航行姿态与方向，在水下悬停和机动。据公开报道[15]，航天海纳 HN-1 机器鱼的水下最高航速可达 16 节，且转向等非常灵活，转弯速度为 70°/s，隐蔽性非常好。

图 3-19　航天海纳 HN-1 机器鱼

（4）中国科学院智能仿生机器鱼

如图 3-20 所示，由中国科学院深圳先进技术研究院研发的智能仿生机器鱼[16]设计下潜深度为 30 m，速度为 4 节。

图 3-20　中国科学院智能仿生机器鱼

（5）仿蓝鳍金枪鱼自主潜航器

清华大学电子工程系另辟蹊径，绕开多关节波动推进的复杂性，结合仿蓝鳍金枪鱼外形及其高频掠食模式，研发了仿蓝鳍金枪鱼自主潜航器"BF 自主潜航器-甲"（如图 3-21 所示）、"BF 自主潜航器-乙"（如图 3-22 所示）等潜航器。

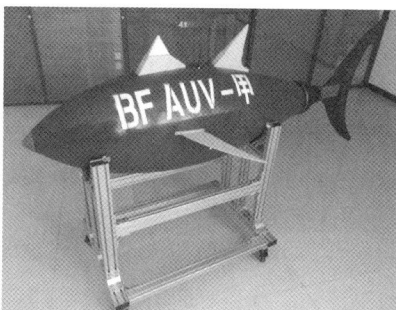

图 3-21　清华大学电子工程系 BF 自主潜航器-甲

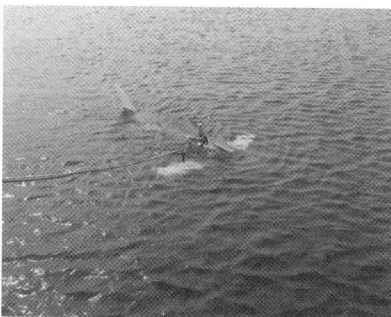

图 3-22　清华大学电子工程系 BF 自主潜航器-乙

以上实例均属于波动推进中的鲹科或鲔科推进，基于目前研究的广泛性与实际应用情况，本书着重介绍波动推进中的鲔科推进。

5.波动推进结构

仿生波动推进一般采用至少 1 个关节、多则十几个关节来模拟鱼类的摆尾运动，关节数量越多其运动状态越接近鱼类，但随着关节数量的增加，控制协同要求提高，机械性能的稳定性也相应降低。不仅如此，若采用多个关节，摆幅可以轻易提高，但由于驱动系统的滞后性，其摆动频率会大幅地被限制。

波动推进按驱动动力方式可分为压电驱动（微型躯体）、记忆合金驱动、电机驱动（包括气动、液压、舵机、凸轮–连杆）等。其中舵机方式又可分为减速电机直驱和拉线滑轮。以下列举一些已经应用于大型仿生鱼的典型驱动方式。

（1）记忆合金驱动[17]

目前仿生机器鱼的驱动方式以传统的电机驱动方式为主，由于其具有易于控制、驱动力大等特点，现已实现了较好的游动性能。智能材料驱动的机器鱼省去了齿轮、活塞、关节、铰链等传动机构，以简单的机构实现复杂的运动并具有较好的柔性，能够更好地实现运动过程中的低噪声和隐蔽性，更接近真实的鱼类运动。

形状记忆合金（Shape Memory Alloy，SMA）具有在低温下进行的较大变形，随着温度上升到一定值后恢复到原有形状的特质，即形状记忆效应（Shape Memory Effect，SME）。SMA 相变示意如图 3-23 所示，SMA 在外力下发生塑性变形，其内部的孪晶马氏体相变成应力诱发马氏体，温度上升至相变温度后，其金相组织转变为高温下的奥氏体，其外形恢复到形变前的固有形状，冷却后恢复到孪晶马氏体。目前性能最好、应用最为广泛的镍钛（Ni-Ti）系列 SMA 是一种坚固的、机械和化学性质稳定的材料，其应力一般高于 200 MPa，收缩量可超过 8%，相当于一般金属的弹性变形的几十倍。在合适的使用应力以及变形量下可循环使用达数十万次，且保持较好的形状记忆效应。由于其较大的收缩量和较高的应力，SMA 丝被普遍认为是一种性能良好的人工肌肉。

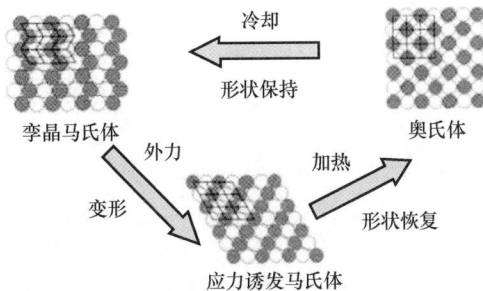

图 3-23 SMA 相变示意

（2）减速电机直驱

减速电机直驱是指每个尾部关节配置一套"电机+减速机"即舵机系统，每个舵机控制一个关节，各个舵机配合作用使尾部产生摆尾运动（如图 3-24 所示），同时可以调整幅度及频率。但由于摆尾往复运动由电机正反转实现，这种结构不适合高频摆动，且正反转过程电机效率会降低，即便通过正弦波控制使电机力矩与速度方向相耦合，也不如连续旋转的电机效率高。

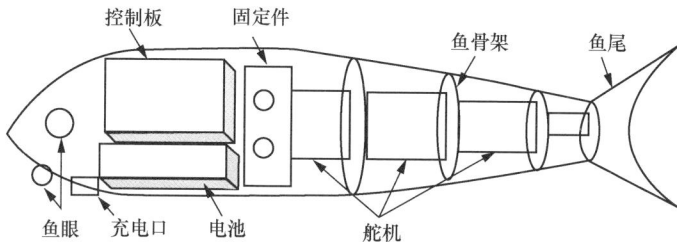

图 3-24　多关节减速电机直驱的摆尾结构

舵机主要由以下几个部分组成[18]：舵盘、减速齿轮组、比例电位器（位置反馈电位计）、直流电机（马达）、控制电路板等。其工作原理如下：控制电路板接收来自信号线的控制信号，控制直流电机转动，直流电机带动一系列减速齿轮组，其减速齿轮组的输出轴与一个线性的比例电位器相连，该电位器把输出轴转过的角度转换成比例的电压反馈给控制电路板，控制电路板将其与输入的控制信号比较，产生纠偏脉冲，并驱动马达正向或反向地转动，使减速齿轮组的输出位置与期望值相符，且纠正脉冲趋于 0，从而达到使舵机精确定位的目的。舵机是一个典型闭环反馈系统，其工作原理如图 3-25 所示。图 3-26 所示为博雅工道研发的多关节舵机驱动机器鱼。

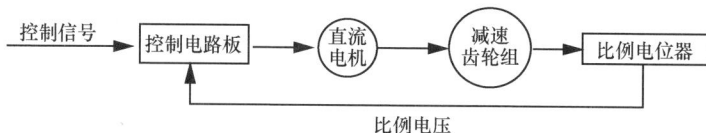

图 3-25　舵机工作原理

图 3-26　博雅工道研发的多关节舵机驱动机器鱼

（3）拉线滑轮

拉线滑轮传动机器鱼（如图 3-27 所示）将多个舵机串联简化为一个舵机带动多个关节滑轮结构，减速电机驱动主动轮通过拉线对各关节滑轮的拉拽实现摆尾运动。这种控制方式更为简洁，但长期运行拉线滑轮的磨损需特别考虑。

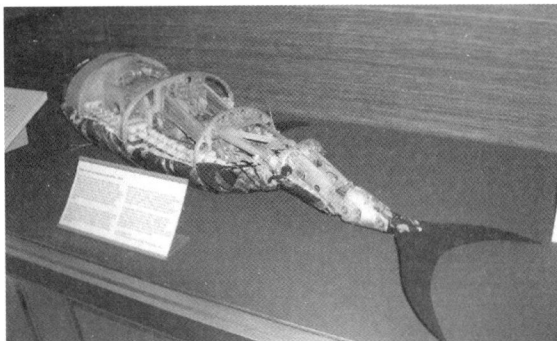

图 3-27　某拉线滑轮传动机器鱼

（4）凸轮–连杆结构

凸轮–连杆结构是将连续旋转运动转换为往复摆动的机械传动方式，常用的传动机构有：① 圆柱凸轮机构；② 摆动导杆机构；③ 曲柄摇杆机构；④ 正弦机构串联齿轮齿条机构；⑤ 正弦机构串联摆动导杆机构等。综上 5 种传动机构的介绍，在电机匀速转动时，要想保证机器鱼稳定游动而不会游偏，需要同时满足两个条件：机构无急回特性和输出杆在左右两侧的角速度变化一致[19]。

（5）复合驱动

复合驱动是指仿生摆尾模式与螺旋桨驱动相结合的一种驱动方式，这种方式保留仿鱼外形（如图 3-28 所示）及摆尾功能，在不同工况下使用不同的驱动，如低速游弋时使用摆尾驱动，需稳定悬浮工作或高速运动时使用螺旋桨驱动，同时尾鳍充当了螺旋桨的舵。

图 3-28　某复合驱动机器鱼

（6）直线驱动

除了上述驱动方式外，还有直线驱动，即通过直线执行机构实现往复摆尾（如图 3-29 所示），如直线电机或液压缸（严格意义上液压缸属于旋转–直线转换机构，因为需要液压马达提供压力）。直线驱动出力迅猛但控制难度很大，适用于高频摆动场合。直线驱动适合在深海应用场景中布置在湿舱里，大幅降低密封的难度。

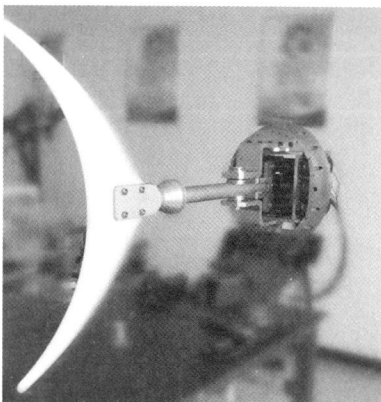

图 3-29　直线驱动原理机

6. 波动推进驱动电机

随着锂电池技术的飞速发展，锂电池目前已具有功率密度高、放电倍率大等特点，因此自主潜航器广泛采用锂电池作为动力源。对于仿生波动推进而言，选择直流电机与电源特性最为匹配，与螺旋桨推进器一样，目前永磁无刷直流电机（如图 3-30 所示）已经成为自主潜航器的首选电机。

图 3-30　永磁无刷直流电机

除了旋转电机外，一些摆尾驱动选择了直线永磁直流电机驱动，但由于直线电机的磁力线并非像旋转电机那样属于封闭磁场，因此直线电机效率较旋转电机会低很多。但直线电机用于摆尾驱动，省去了复杂的传动结构，适合高频摆动推进，因此视工况要求可以选择直线电机驱动。图 3-31 所示为清华大学研制的简易型直线永磁电机，其推力可达 2 000 N，重量仅为 38 kg，换向频率可达 5 Hz。

图 3-31　简易型直线永磁电机

3.3.3　驱动控制系统

目前永磁无刷直流电机最常用的控制方法就是电流滞环脉冲宽度调制（Pulse Width Modulation，PWM）[20]（如图 3-32 所示），该方法采用电流内环、转速外环的控制方式，通过直接控制电机相电流的脉动，达到控制电磁转矩脉动的目的，使用该方法时电机的转速可调，转矩脉动也较小。该方法控制可靠，控制系统结构简单，因此该控制方法应用范围较为广泛。

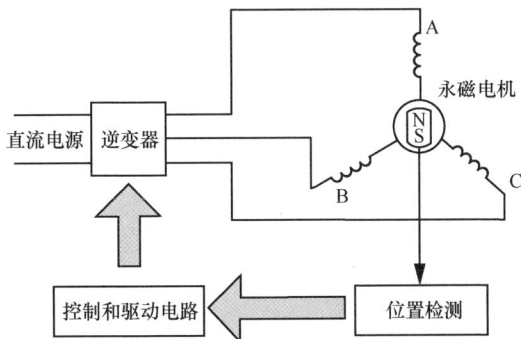

图 3-32　PWM

为了更加清楚地说明永磁无刷直流电机的工作原理，本节以应用最为广泛的三相永磁无刷直流电机为例加以说明，三相全桥逆变结构如图 3-33 所示。电机的电枢绕组按星形连接，位置传感器的转子与电机的永磁转子同轴安装。传感器反馈的位置信号经控制器逻辑变换后产生驱动信号，驱动信号再经过驱动电路放大后控制逆变器中各开关管的导通状态，使电机的各相绕组按指定的顺序工作。

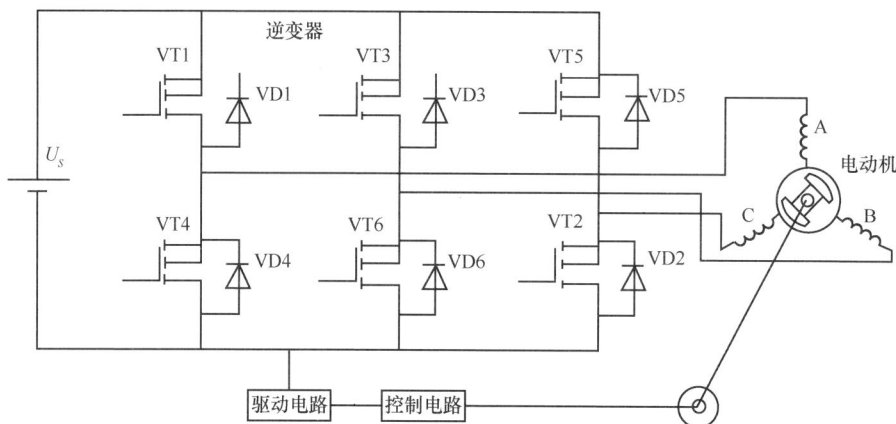

图 3-33　三相全桥逆变结构

目前 PWM 控制器已经十分成熟，无论采用螺旋桨驱动还是摆尾驱动都可以为永磁无刷直流电机选配合适的控制器，若有特殊需要可以选择定制。

3.4　自主潜航器导航系统

前文已经简要介绍了水下导航系统的重要性，目前，自主潜航器中应用的导航系统有多种，根据其工作方式分为两类[21]：一类是借助外部信息的导航系统，如 GPS、声学导航系统；另一类是不需要借助外部信息的自主导航系统，如惯性导航系统。GPS 的导航精度虽然比较可靠，在多个领域得到广泛应用，但其需要的电磁波在水中传播时容易丢失，在水下环境很难使用。声学导航系统应用的前提是事先在工作的海域布置参考矩阵，然而调试和布置过程比较浪费人力和物力，所以它不适合应用于大范围的导航定位。以惯性导航为主的自主式导航系统，需要借助导航系统中的惯性器件（陀螺仪和加速度计）输出完成导航。但由于惯性器件的安装和自身漂移问题会产生误差，其在不及时修正的情况下导航系统的误差随时间积累，一段时间后导航精度下降。通过以上分析可知，自主潜航器仅利用一种导航设备进行导航时，不能实现精确的定位。为了满足自主潜航器的导航要求，我们需要充分发挥各个导航设备的优势，将多种导航系统的信息进行融合，提升导航系统的精度。组合导航系统具有协和超越（利用各子系统的导航信息，形成单个子系统不具备的功能和精度）、互补（综合利用各子系统的信息，使各子系统取长补短，扩大使用范围）、余度（各子系统感测同一信息源，测量值有余度增加了导航系统的可靠性）的特点，成为未来水下导航技术的主要发展趋势和方向[22]。

1.　组合导航分类

从 20 世纪开始，美国许多科研单位就先后开展了自主潜航器的研究工作。美国 OUTLAND 技术公司研制的 OUTLAND1000 自主潜航器，下潜深度达到 400 m，其上面装有全球定位导航系统、多普勒计程仪、声呐等导航设备，并且利用内部的磁罗盘和 GPS 支持长基线的声学导航方式。美国高校自主研发的水下机器人，其上面装有惯性导航、多普勒计程仪、GPS 等先进的导航系统，主要用于极地海洋水底的探测以及资源的开发。后来进一步升级的二代自主潜航器用于对水雷的探测以及对水面舰艇和水下潜艇的观察。其上面安装的先进导航系统之间相互合作，实现了自主潜航器在水下的精确定位和导航。

挪威 Kongsberg Maritime 是一家主要从事自主潜航器研发生产的公司，该公司生产的 HUGIN 系列自主潜航器主要用于探测和测绘水下环境的地形地貌等任务，还可以自动、精确地探测识别水下潜艇和鱼雷等。该潜航器具有 3 种导航方式，包括水面导航、半水下导航和完全水下导航。该组合导航系统是由捷联惯性导航系统（Strapdown Inertial Navigation System，SINS）、多普勒计程仪、深度计和罗经导航系统等组成，利用线性卡尔曼滤波技术进行状态估计。

加拿大 Seamor Marine 自主潜航器公司生产的 SEAMOR300 型号潜航器主要用于石油开发和军事服务，其最大下潜深度达到 300 m，航行速度可以达到 5 节。其组合导航系统主要是由 SINS、GPS、多普勒计程仪、声学测速仪等导航设备组成。该导航系统在水面的时候可以由 GPS 提供运载体的位置，在水下时可以依靠惯性导航系统提供位置、航向信息，在 SINS 不工作的时候还可以根据多普勒计程仪和磁罗经完成低精度导航。

英国海事军备研究所研制的 FALCON 和 FALCON DR 系列自主潜航器，下潜深度达到 1 000 m，主要用于海洋数据的搜集。该潜航器安装有惯性导航系统、多普勒计程仪、深度计等导航系统，以此实现潜航器的导航定位。

表 3-2 中列出了一些国外常用的自主潜航器导航系统。

表 3-2　国外常用的自主潜航器导航系统

自主潜航器名称	组合导航系统	研究机构
OUTLAND1000	惯性导航系统、多普勒计程仪、声学定位、GPS、深度计、声呐、摄像机	美国 OUTLAND 技术公司
H300 MKII	惯性导航系统、多普勒计程仪、合成孔径雷达、差分全球定位系统、USBL 定位系统、深度计	法国 ECA HYTEC
SEAMOR300	惯性导航系统、多普勒计程仪、深度计、GPS	加拿大 Seamor Marine 自主潜航器公司
FALCON	惯性导航系统、多普勒计程仪、GPS、声学导航、深度计	英国海事军备研究所

2. 捷联惯性导航系统

捷联惯性导航系统利用牛顿力学定律和加速度计的量测，经过导航计算机运算得到载体的位置和速度信息，利用陀螺仪的量测输出载体的姿态和航向信息。SINS 中不存在真实的物理平台，而是将惯性器件（加速度计和陀螺仪）直接安装在载体上，利用陀螺仪的输出建立一个"数学平台"（姿态矩阵）代替实际的物理平台，导航计算机利用加速度信息计算得到载体的位置、速度信息，同时根据姿态矩阵中的元素计算获得载体的姿态信息，其常用于跟踪地理坐标系和惯性坐标系。SINS 工作原理如图 3-34 所示。

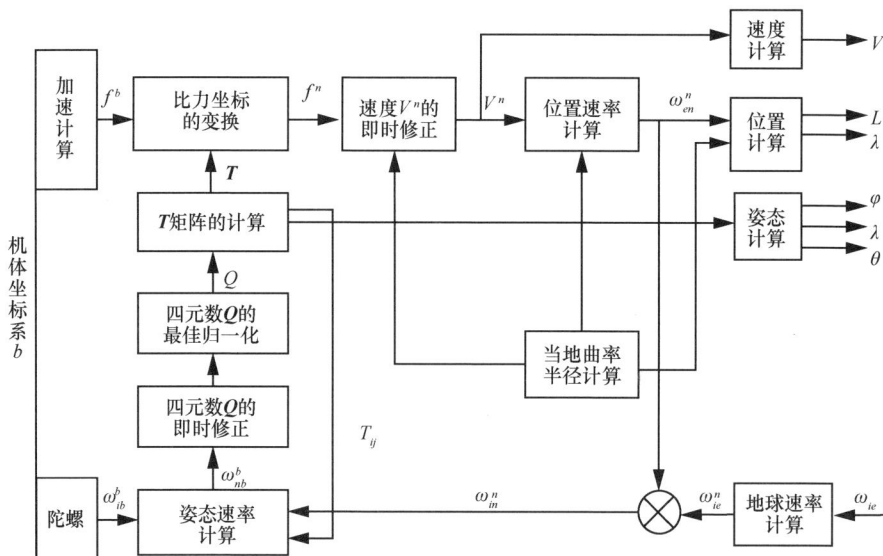

图 3-34　SINS 工作原理

3. 组合导航滤波估计方法

SINS 工作时不与外部进行信息交流，具有自主导航的能力，且能提供全面的导航参数，应用领域比较广泛。但其缺点是随着时间增长导航误差累加，系统的导航精度会下降。因此，在许多工程应用中将其作为组合导航系统的主系统，利用辅助导航系统修正 SINS 累积的误差。

目前，在组合导航系统滤波结构设计中，根据滤波器选取状态估计的不同，滤波估计方法主要有直接估计法和间接估计法。

（1）直接估计法[21]

在直接估计法中，滤波器的估计量是惯性导航系统和辅助导航系统的速度、位置等导航参数，其结构如图 3-35 所示。用直接估计法时，各个系统导航参数的动态变化可以被准确描述，对系统的状态方程没有要求；但导航系统的速度、位置信息数值差别比较大，导致估计难度增大进而影响估计精度。

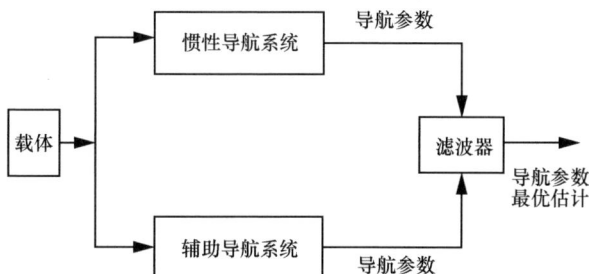

图 3-35　直接估计法的结构

（2）间接估计法[21]

在间接估计法中，滤波器的估计量是惯性导航系统和辅助导航系统两者之间的导航参数误差，其结构如图 3-36 所示。因为估计量都比较小，可以达到较高的估计精度，但要求系统的状态方程和量测方程一般满足线性的条件。在间接估计法中包含两种校正方式：一种是输出校正，另一种是反馈校正。输出校正是用滤波器的输出直接去修正主惯性导航系统的输出，在工程上比较容易实现。同时当滤波器出现问题时，各个导航系统还按照原来的方式工作，互不影响。反馈校正是将滤波器的输出反馈给各个导航系统，纠正各个系统内部导航误差。反馈校正比输出校正结构复杂，当滤波器出现问题时，各个子导航系统的输出受到影响，可靠性降低。在实际应用时可以根据需求采用不同的校正方法，有时也可以将两种校正方式混合使用。

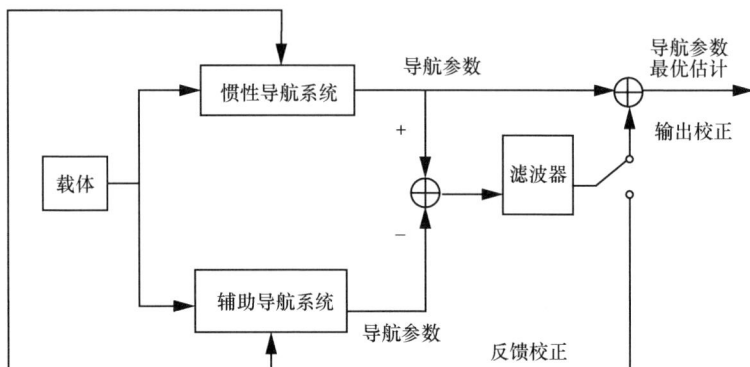

图 3-36　间接估计法的结构

3.5　自主潜航器能源系统

3.5.1　锂电池介绍

电源管理系统的管理对象为动力电池，系统设计之前首先要确定被管理对象的基本特性，只有这样才能保障系统的稳定性和可靠性。动力电池属于二次电池中的一类电池，具有能量高、功率高、容量大、充放电倍率高等特点，满足自主潜航器的应用要求。锂电池以其突出的特点成为自主潜航器使用电池的主体，锂电池具有以下优势：工作电压高，单体额定工作电压高达 3.7 V，而镍氢、镍镉电池工作电压仅为 1.2 V；比能量高，锂电池的理论比能量是镍镉电池的 3 倍；自放电小，避免了传统二次电池自放电问题；锂电池的使用对环境无污染，符合绿色环保要求；循环寿命长，深度放电的条件下，锂电池循环寿命高达 1 000 次以上，低深度放电情况下，循环次数可达上万次。由此可见，锂电池具有其他电池无法比拟的优点，因此几乎所有的自主潜航器均选择锂电池作为动力源。

锂电池按正极材料的不同可分为多种，应用最为广泛的是三元锂电池（能量密度高）和磷酸铁锂电池（安全系数高）。下面对二者进行比较，便于读者选择更适合的电池单体[23]。

1．能量密度比较

磷酸铁锂电池单体能量密度为 120 Wh/kg，磷酸铁锂电池组能量密度为 80 Wh/kg；三元锂电池单体能量密度为 180 Wh/kg，成组后能量密度为 110 Wh/kg。

从数据上来看，在能量密度方面，三元锂电池优于磷酸铁锂电池。

2. 安全性比较

三元锂电池液态电解质易燃易爆，在长期使用过程中容易触发热失控，在充放电过程中锂枝晶的生长容易刺破隔膜，引起电池短路，造成安全隐患。而磷酸铁锂电池在实际使用中具有耐高温、安全稳定性强、循环性能更好等优势。

3. 成本比较

磷酸铁锂电池不含有贵重金属材料，因此原材料成本可以被压缩得非常低廉。而三元锂电池是以镍钴锰酸锂作为正极材料，石墨作为负极材料的锂电池，因此成本会比磷酸铁锂电池高很多。

4. 寿命比较

如果把"剩余容量/初始容量=80%"作为测试结束点，目前磷酸铁锂电池实验室 1C 循环寿命在 3 500 次以上，部分达到 5 000 次，而三元锂电池实验室 1C 循环寿命在 2 500 次左右。在循环寿命这一点上，磷酸铁锂电池较三元锂电池真实寿命要长许多。在同等循环次数下，磷酸铁锂电池的剩余容量也比三元锂电池多不少。

三元锂电池循环 3 900 次剩余容量 66%，磷酸铁锂电池循环 5 000 次剩余容量 84%，相比三元材料锂电池，磷酸铁锂电池在循环寿命方面优势明显。

鉴于在锂电池中磷酸铁锂电池安全性最高，高温性能好，所以本节选择磷酸铁锂电池作为电源管理系统的管理对象，图 3-37 所示为磷酸铁锂电池的工作原理。电池充放电过程的反应方程式如下[24]。

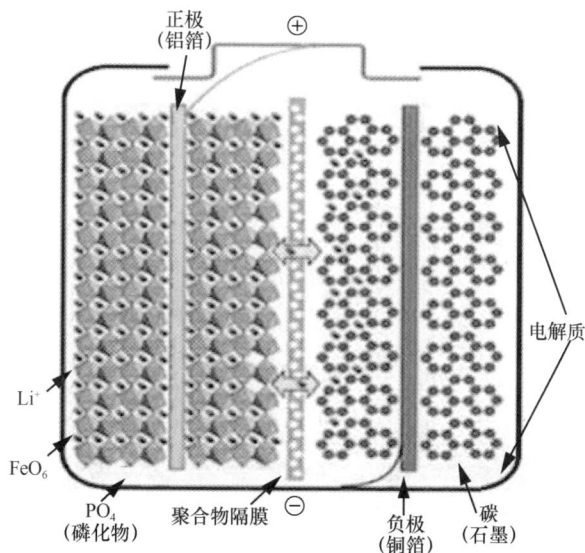

图 3-37　磷酸铁锂电池的工作原理

正极反应方程式：$LiFePO_4 = Li_{1-x}FePO_4 + x\,Li^+ + xe^-$。

负极反应方程式：$x\,Li^+ + x\,e^- + 6C = Li_xC_6$。

正负极总反应方程式：$LiFePO_4 + 6C = Li_{1-x}FePO_4 + Li_xC_6$。

3.5.2　锂电池充电特性

锂电池充电一般采用恒流转恒压充电方式[24]。锂电池具有快速充电特性，恒流充电速率高达 1 C，但是一般恒流充电速率为 0.2～0.5 C，恒流充电过程中，电流恒定，电压值随着充电的进行不断升高，当电压达到 3.6～3.65 V 时，转为恒压充电模式，电压恒定，电流逐渐降低，当充电速率降低到 0.02 C 时，说明电池电量已满。磷酸铁锂电池在放电过程中，电压在 3.0 V 以上时放电电压较为平稳，当电压低于 3.0 V 时，电压将迅速下降。图 3-38 所示为磷酸铁锂电池工作电压与电池剩余电量之间的关系，由图 3-38 中的信息可知，电池电量都集中在 3.2～3.6 V，额定电压为 3.2 V。对于磷酸铁锂电池而言，当放电电压下降到 3.0 V 时，电池的剩余电量非常少，并且继续放电时，电压会迅速下降。所以一般将放电终止电压限制在 2.5 V 左右。锂电池在过充和过放时会对电池造成不可恢复的损坏，从保护电池循环寿命和安全角度考虑，一般将低压保护限制在 2.2 V 左右，高压保护限制在 3.8 V 左右。

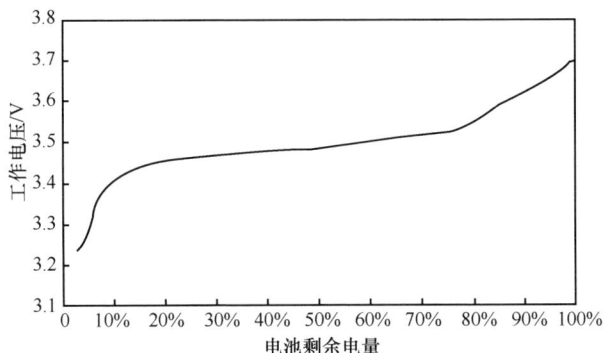

图 3-38　磷酸铁锂电池工作电压与电池剩余电量之间的关系

锂电池在使用过程中需要将温度限制在一定的范围内，充电温度过高会引发电池爆炸，当温度过低时，电池无法正常使用，在充电过程中电池温度过低，会造成充电完成后达不到正常的充电电量。图 3-39 所示为在不同温度下磷酸铁锂电池充电电压和电池剩余电量之间的关系，由图 3-39 可知，在低温条件下，恒流充电过程中，电池在较短时间内就能达到限制电压，然而此时电池电量仅为 10% 左右，随后转入恒压充电模式。所以在低温条件下充电，电池充满后电量较低，为了保证电池充电质量和安全，可以将磷酸铁锂电池充电温度限制在 0～60℃。

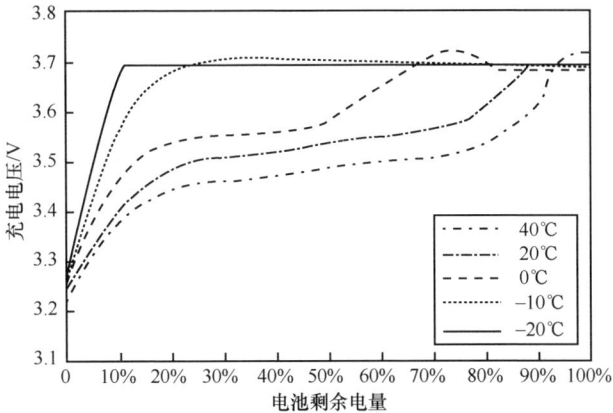

图 3-39　在不同温度下磷酸铁锂电池充电电压和电池剩余电量之间的关系

3.5.3　锂电池组电源管理系统

　　虽然锂电池具有诸多优点，但是由于锂电池材料的固有特性，其在过充电、过放电以及温度过高时都会引起严重的性能衰减甚至安全问题。如果不对锂电池组进行有效的管理，电池组的性能将会迅速衰减，最终导致电池组无法使用。加之锂电池的自身制造技术以及成组应用技术还不能完全满足应用要求，因此在实际的应用中，必须采取有效的方式对成组使用的锂电池组进行控制和管理以实现其能量的最大化使用以及使用寿命的延长。因此，根据锂电池特性，对动力锂电池进行有效管理，对于维护电池安全、保持电池性能、延长电池寿命具有重要的意义。

　　可以借用电动汽车行业成熟的锂电池组电池管理系统（Battery Management System，BMS）。它集电池组的数据采集、状态估计、充放电保护及均衡控制于一体，是电动汽车的核心单元。根据电气与电子工程师协会（Institute of Electrical and Electronics Engineers，IEEE）标准给出的定义："电源管理系统包括工程、设计、应用以及扩展的对电源系统的维修等，确保以电能作为能源的系统达到最佳性能。"锂电池组 BMS 主要有电池数据采集、状态估计、均衡管理等功能。锂电池组测量电池的电压、电流和电池组温度，根据锂电池组的当前状态控制充放电，防止过充和过放，为保证锂电池工作在安全工作区域内，必须通过管理系统进行有效控制与管理，充分保证电池的安全性、耐久性和动力性[25]。

　　除此之外，目前也有专门为锂电池组开发的电池保护板，可以直接使用。

如有必要自行开发，建议应具备以下六大模块[24]：电池成组技术、充放电控制、人机交互、故障诊断和保护功能、数据采集、剩余电量（State of Charge，SOC）估算。其中，数据采集综合了温度采集模块、电压采集模块和充放电电流采集模块。电源管理系统功能需求框图如图 3-40 所示。

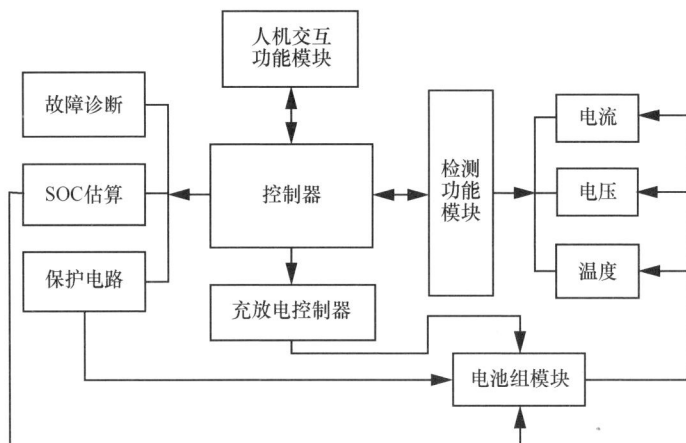

图 3-40　电源管理系统功能需求框图

① 电池成组技术。为了适应电动汽车不同工况下对电源电压和电流的不同需求，电池组在几种不同成组方式之间灵活切换，避免电池组过放，有利于电池组循环寿命。不同工作模式之间的切换可以通过开关电路实现，开关电路由单片机控制，首先核心控制芯片接收指令，判断电动汽车处于哪种运动状态，之后做出判断，控制对应的开关电路，将电池组切换到需要的模式下。

② 充放电控制。接通或者断开充电和放电回路，使电源控制系统正常运行。控制系统对电动汽车运行状态做出判断，确定所处状态后，接通对应的控制回路；当运行过程中，检测到电池处于危险状态，则会切断充放电控制回路，保证系统的安全性。

③ 人机交互。使用者可以通过上位机界面直观地了解电池组充放电的实时状态，即人与设备"沟通"的渠道。

④ 故障诊断和保护功能。此功能模块主要是为了保障系统的安全运行。磷酸铁锂电池处于高温状态时易产生爆炸，而处于低温状态时无法运行，同时电池过充或过放对电池的寿命影响较大，所以要避免出现上述情况，系统必须设置故障诊断和保护功能。本系统可能存在的故障包括过流、过充、过放、高温、低温，为方便区别故障类型，系统需要将故障进行分类；同时系统还设置

了报警提示信息，用于提醒用户故障的存在。当系统出现故障时，首先判定是哪一种故障，确定故障类型后，启动故障保护电路，如果是高温故障还需要启动散热电路。

⑤ 数据采集。为了监视电池组状态，需要实时采集信息。系统的故障保护电路和电池剩余电量估算都是以数据采集功能为前提，采集的数据包括电流、电压、温度，此功能为电源管理系统的基本功能。

⑥ SOC 估算。SOC 估算是电源管理控制系统的一个重要功能，以数据采集模块作为输入，通过控制算法，得到电池组的剩余电量，通过百分比的形式显示在上位机上[24]。

3.6　自主潜航器外形设计优化与制造

上文所述内容属于自主潜航器核心部件，自主潜航器作为这些电子器件的载体，本节主要介绍其壳体的设计与制造。自主潜航器按需求可设计成多种形状，本书不能逐一介绍，因此本节针对自主潜航器共性设计制造问题进行阐述和探讨。

3.6.1　自主潜航器外形设计

如上文介绍，自主潜航器的驱动方式分为螺旋桨推进和仿生波动推进（仿生摆尾推进）或其他仿生驱动。对于仿生摆尾型自主潜航器而言，所模仿的生物经过上亿年的进化已经形成了优秀的流体线形，因此仿生摆尾型自主潜航器的外形设计通常采用相似法，即通过对实际模仿生物的等比例缩放来设计自主潜航器外形尺寸，这种方法比较直接简单，本节不再赘述。

最具普遍应用性的自主潜航器外形一般都属于细长型回转体，包括 Myring 外形、水滴外形、纺锤外形。Myring 外形具有阻力小、能耗低、容积率大、制造成本低等优点，得到了广泛应用。基于这些原因，本文针对 Myring 外形参数选择方法进行分析及优化计算[26]。在自主潜航器设计初期，为得到较理想的外形阻力参数，常采用计算流体动力学的方式，但对不同外形参数分别仿真后再进行优选的方式较为复杂，工作量大。鉴于此，美国麻省理工学院、弗吉尼亚大学的研究机构提出 Myring 外形的阻力拟合公式，该公式给出了外形尺寸参数与阻力系数之间的关系，经验证具有较高的精度。

Myring 外形主要包括艏部、中部和艉部三部分，如图 3-41 所示。

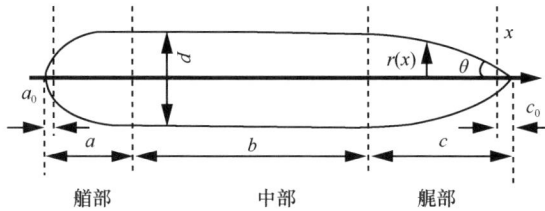

图 3-41 Myring 外形

Myring 外形的艏部曲线方程 $r_1(x)$、中部曲线方程 $r_2(x)$ 和艉部曲线方程 $r_3(x)$ 分别为

$$r_1(x) = \frac{1}{2}d\left[1-\left(\frac{x-a_0-a}{a}\right)^2\right]^{\frac{1}{m}} \tag{3-5}$$

$$r_2(x) = \frac{d}{2} \tag{3-6}$$

$$r_3(x) = \frac{1}{2}d - \left(\frac{3d}{2c^2}-\frac{\tan\theta}{c}\right)[x-(a+b)]^2 + \left[\frac{d}{c^3}-\frac{\tan\theta}{c^2}\right][x-(a+b-a_0)]^3 \tag{3-7}$$

其中：a 为艏部长度；a_0 为艏部断面处的长度；b 为中部长度；c 为艉部长度；d 为中部直径；θ 为艉部包角；m 为 Myring 系数。

自主潜航器所受阻力主要分为摩擦阻力和压差阻力。根据已有文献中 4 种阻力的求解公式，迭代计算后最终选择阻力较大的拟合公式如式（3-8）~式（3-10）所示。其中，基于摩擦阻力的阻力系数 C_D^* 为

$$C_D^* = C_f[1+1.5f^{3/2}+7f^3+0.002(C_P-0.6)] \tag{3-8}$$

其中：f 为长径比；$C_f = 0.075/(\lg R_e-2)^2 + 0.000\,25$ 为摩擦阻力系数；$C_P = V/\pi(d/2)^2 L$ 为棱形系数；$R_e = \rho v_A L/u$ 为雷诺数；V 为自主潜航器的排水体积；L 为自主潜航器的长度；$\rho=1\,025$ kg/m³ 为海水密度；v_A 为自主潜航器的速度；u 为动力黏度，根据海水的温度特性取 $u=1.68\times10^{-3}$ N·s/m²。

压差阻力系数 C_{Db} 为

$$C_{Db} = 0.029\left(\frac{d_b}{d}\right)^3 (C_D^*)^{-0.5}\frac{S_S}{L^2} \tag{3-9}$$

其中：d_b 为艉部曲线段后端面直径；S_S 为湿表面积。

C_{D0} 定义为基于摩擦阻力的阻力系数 C_D^* 和压差阻力系数 C_{Db} 两者之和，即

$$C_{D0} = C_D^* + C_{Db} \tag{3-10}$$

以 Myring 的曲线方程式（3-5）～式（3-7）作为设计约束，并以式（3-10）作为目标函数，进行求解得到不同艏部和艉部形状的阻力系数，并最终获得优化的低阻力外形参数。

3.6.2　自主潜航器流体仿真优化

自主潜航器依靠自身携带的能源航行，所需能源的多少取决于航行器航速以及航行阻力。在航速一定的条件下，阻力大小则成为影响能耗的决定性因素。对于自主潜航器，其航行阻力很大程度受外形的影响，所以本节在满足设计要求的基础上，为自主潜航器增加导流罩结构，大大减小自主潜航器运行的阻力，提高能源的利用率[27]。在设计中，由于航行器的功能需要，不可能完全满足低阻力的流线型，所以对自主潜航器阻力特性的研究显得尤为重要。

传统的外形优化常采用建立数学模型进行参数计算优化的方法，然而这种方法理论性较强，计算获得的结果和实际情况也有相当差别，且直观性较差，不能准确反映自主潜航器细节结构变化带来的阻力变化。

通过实验方法获得的结果虽然准确，但是实验费用较高，尤其对于水下航行的物体，其实验安装、测量都比水面物体更困难，花费更高。而且对于变参数的研究，对应不同的模型参数，需要制造不同的实验模型，不仅工作烦琐，模型加工制造费用和实验费用也会很高。

近年来，随着计算机硬件能力的迅速发展，计算流体动力学（CFD），包括网格生成技术、算法、湍流模型等在内的技术得到了巨大的发展，使复杂流动现象的仿真得以实现。CFD 仿真因其良好的计算精度，已成为自主潜航器在设计及优化阶段进行流体动力学特性分析和预报的重要工具。FLUENT 软件是一种较为突出的流场分析软件，可以解算涉及流体、热传递及化学反应等的工程问题。通常利用 FLUENT 软件对自行设计的自主潜航器的水动力特性（主要是阻力特性）进行计算与分析，完成自主潜航器导流罩的优化设计。

1. 基本控制方程

质量守恒方程为

$$\frac{\partial \rho}{\partial t} + \nabla(\rho u) = 0 \tag{3-11}$$

其中：ρ 表示流体密度；t 表示时间；u 表示速度矢量。

动量方程为

$$\rho \frac{\mathrm{d}u}{\mathrm{d}t} = \rho f - \nabla p + \nabla \tau \tag{3-12}$$

其中：τ 表示微元表面黏性应力；p 表示流体微元体上的压力；f 表示流体微元体所受外力。

能量守恒方程为

$$\rho \frac{\mathrm{d}e}{\mathrm{d}t} = -p\nabla u + \varnothing + q - \nabla q \tag{3-13}$$

其中：e 表示内能；q 表示交换热量；$\varnothing$ 表示 CFD 仿真中边界条件的赋值，代表任意物理量。

状态方程为

$$f(p, q, T) = 0 \tag{3-14}$$

其中：T 表示热力学温度。

内能公式为

$$e = e(p, T) \tag{3-15}$$

傅里叶热传导公式为

$$q = -K\nabla T \tag{3-16}$$

其中：K 表示导热系数。

这些定律在流体力学中的体现就是相应的连续性方程、本构方程和 N-S（Navier-Stokes）方程。

（1）连续性方程

根据质量守恒定律，控制体内部流体质量的增量应该等于流入的质量与流出的质量之差，由此可导出流体流动连续性方程的积分形式为

$$\frac{\partial}{\partial t} \iiint\limits_{\mathrm{Vol}} \rho \mathrm{d}x\mathrm{d}y\mathrm{d}z + \oiint\limits_{A} \rho v n \mathrm{d}A = 0 \tag{3-17}$$

其中：Vol 为控制体；A 为控制面；$\dfrac{\partial}{\partial t} \iiint\limits_{\mathrm{Vol}} \rho \mathrm{d}x\mathrm{d}y\mathrm{d}z$ 为控制体内部质量的增量；

$\oiint\limits_{A} \rho v n \mathrm{d}A$ 为通过控制表面流入控制体的净通量。

根据奥-高公式，在直角坐标系中，式（3-17）可化为如下微分形式。

$$\frac{\partial \rho}{\partial t} + \frac{\partial(\rho u)}{\partial x} + \frac{\partial(\rho v)}{\partial y} + \frac{\partial(\rho w)}{\partial z} = 0 \tag{3-18}$$

考虑到自主潜航器工作环境为不可压缩均质流体，密度为常数，则有

$$\frac{\partial(u)}{\partial x} + \frac{\partial(v)}{\partial y} + \frac{\partial(w)}{\partial z} = 0 \tag{3-19}$$

（2）本构方程

本构方程（Constitutive Equation）是把变形速率张量 $\boldsymbol{e}_{ij}$ 与应力张量 $\boldsymbol{\sigma}_{ij}$ 联系起来的方程。自主潜航器计算域的本构方程为

$$\boldsymbol{\sigma}_{ij} = -p\boldsymbol{\delta}_{ij} + \lambda\boldsymbol{\delta}_{ij}\nabla u + 2\mu\boldsymbol{e}_{ij} \tag{3-20}$$

式中：μ 为黏度；λ 为第二黏度，一般可取 $\lambda = -\frac{2}{3}\mu$；$\delta_{ij}$ 为形变张量。从式（3-20）中可以看出，应力张量可由一个二阶的变形张量表示。

由于本节自主潜航器的工作环境为海水，为不可压缩黏性流体，$\nabla u = 0$，从而有

$$\boldsymbol{\sigma}_{ij} = -p\boldsymbol{\delta}_{ij} + 2\mu\boldsymbol{e}_{ij} \tag{3-21}$$

（3）N-S 方程

黏性流体的运动方程首先由纳维（Navier）在 1927 年提出，泊松（Poisson）在 1831 年提出可压缩流体的运动方程。圣维南（Saint-Venant）和斯托克斯（Stokes）分别于 1843 年和 1845 年独立地提出黏性系数为常数的运动方程，最终形成成熟的方程被称为 Navier-Stokes 方程，简称 N-S 方程。

微分形式的动量方程为

$$\rho\frac{\mathrm{d}u_i}{\mathrm{d}t} = \frac{\partial\boldsymbol{\sigma}_{ji}}{\partial x_i} + \rho f_i \tag{3-22}$$

当 $\lambda = -\frac{2}{3}\mu$，由牛顿流体本构方程（3-20）得

$$\boldsymbol{\sigma}_{ij} = -\left(p + \frac{2}{3}\mu\nabla u\right)\boldsymbol{\delta}_{ij} + 2\mu\boldsymbol{e}_{ij} \tag{3-23}$$

代入式（3-22）得

$$\rho\frac{\mathrm{d}u_i}{\mathrm{d}t} = -\frac{\partial}{\partial x_i}\left(p + \frac{2}{3}\mu\nabla u\right) + \frac{\partial}{\partial x_i}\left[\mu\left(\frac{\partial u_i}{\partial x_j} + \frac{\partial u_j}{\partial x_i}\right)\right] + \rho f_i \tag{3-24}$$

式（3-24）即为 N-S 方程。

海水为不可压缩流体，因此 $\nabla u = 0$，从而自主潜航器的计算域流体 N-S 方

程为

$$\frac{\partial u_i}{\partial t} + \frac{\partial (u_i u_j)}{\partial x_j} = -\frac{1}{\rho}\frac{\partial \rho}{\partial x_i} + \frac{\partial}{\partial x_i}\left[v\left(\frac{\partial u_i}{\partial x_j} + \frac{\partial u_j}{\partial x_i}\right)\right] + f_i \qquad (3\text{-}25)$$

根据质量守恒定律可得自主潜航器计算域的连续性方程为

$$\frac{\partial u_i}{\partial x_j} = 0 \qquad (3\text{-}26)$$

N-S 方程比较准确地描述了实际的流体流动，其权威性在于对此方程的研究基本可以涵盖所有对黏性流体的流动分析。由于其形式甚为复杂，实际上只有极少数情况下可以求得精确解，所以产生了通过数值求解的研究。几乎所有的流体流动问题，都是围绕对 N-S 方程的求解展开。

2. 数值求解方法

FLUENT 软件提供了 3 种数值求解方法：非耦合隐式算法、耦合显式算法和耦合隐式算法，分别适用于不可压、亚音速、跨音速、超音速乃至高超音速流动。由于本节自主潜航器的工作环境为不可压缩流体，以及考虑到计算速度及内存影响，本节采用非耦合隐式算法求解自主潜航器的运动情况[27]。

CFD 仿真的一般过程如下。

（1）前处理

前处理指的是对模型进行处理，使其满足求解条件。选择合适的计算域；划分网格，设置边界条件；导入求解器。通常，结构网格质量要优于非结构网格，但是划分时间更久。

（2）求解流场

将网格导入求解器；检查网格，设置求解器；选择模型种类、能量方程、求解方法等；设置参数，如密度、黏性等；给定初始条件，进行迭代求解。

（3）后处理

后处理是对计算结果的分析，得到最终的曲线、矢量图等。

3.6.3　配重设计

1. 配重方法

自主潜航器在水下航行期间，要求其能够提供一个稳定的传感器搭载平台，而且还要有足够的姿态稳定性，即必须保持自主潜航器时刻处于水平平衡姿态。根据《船舶原理》中的浮性、稳性理论，其模型的平衡必须基于以下两点。

① 重心和浮心在同一铅垂线上。

② 在铅垂方向上，浮心比重心高出 70 mm 以上。

在计算机三维设计软件普及的今天，配重可以比较轻易地实现。现在计算机三维设计软件 Solidworks、Pro/E、Catia 等都能准确地计算出模型的重量、体积、重心位置等参数，直观又直接。因此，下面将介绍借用计算机设计软件实现配重的一般过程。

① 复称。即把所有零部件进行重新称重，虽然零部件的尺寸可以做到与图纸丝毫不差，但所选用的材料品质，不同货源、不同批次可谓千差万别，即便能保证质量的一致性，也会和软件材料密度有所差异，因此需要进行复称，将重量差别大的零部件进行质量覆盖。

② 建立模型原点坐标系。一般可在艏舱最前端中心位置建立。重心位置参数要在这个坐标系里显示。

③ 建立浮力模型。不论是有湿舱的自主潜航器外形结构还是全干舱结构，应按不接触水的结构外形进行建模，其密度设置为海水的密度。这个浮力模型的重心就是浮心。

④ 建立浮力模型原点坐标系，与自主潜航器模型原点坐标系位置一致。

⑤ 比对模型重心与浮力模型重心参数是否一致，根据差异进行调整，使其满足上文提到的浮性、稳性理论。

⑥ 根据需要进行模型配重，反复①～⑤的过程。

⑦ 配重材料选择。除了采用铅块作为增重外，还可以采用浮力材料作减重处理，实际上浮力材料越来越多地应用于自主潜航器湿舱位置。

2．浮力材料的分类

（1）传统浮力材料[28]

常用的传统浮力材料包括用橡胶、轻金属合金等材料封装后的低密度液体、泡沫塑料、泡沫玻璃、泡沫铝、橡胶浮球等。这些材料的制备工艺相对简单、成本低廉，在湖、河、近海等浅水区域有着广泛的应用；但同时存在一些缺陷，如，封装的低密度液体一旦泄漏将造成严重的污染，泡沫塑料、泡沫玻璃、泡沫铝等材料的弹性模量小、强度低，不能满足深海（深度大于 6 000 m）的需求。

（2）固体浮力材料[28]

为了更好地解决深潜器的耐压和结构稳定性等问题，并能够提供足够的浮力，人们研制出了固体浮力材料（Solid Buoyancy Material，SBM），其实质是一种低密度、高强度的多孔结构材料，属于一种复合材料。

固体浮力材料可分为化学泡沫复合材料、轻质合成复合材料和微珠复合泡沫材料三大类。化学泡沫复合材料是一类采用化学发泡法制成的泡沫复合材料，虽具有比较低的密度，但其抗压强度极低，易发生破裂渗水而失去浮力，因此常用于水面及浅海等区域。轻质合成复合材料也称为三相复合泡沫材料，是由复合泡沫与低密度填料（如中空塑料或大径玻璃球）经组合改性而制成的，目前主要应用于 4 000 m 深的海域。微珠复合泡沫材料是目前固体浮力材料研究的重点与热点，抗压强度远优于其他两类材料，可应用于各个深度水域，是理想的全海深浮力材料之一，但其密度高于 $0.5 \ g/cm^3$，并且树脂基体存在吸水的可能，会导致材料的浮力下降。

（3）玻璃与陶瓷浮球[28]

球体是一种理想的承压结构物体，这是因为球壳表面所受压力均匀分布，内部压力最小。早期，人们也进行了球体浮力材料的研发，如橡胶浮球、轻金属及其合金（如铝、钛等）空心浮球等，但由于制备的工艺水平较低、材料的抗压强度不高，通常只能应用于深度为 0～500 m 的水域。玻璃和陶瓷虽然属于脆性无机材料，但其抗压强度和弹性模量均远高于金属材料，且密度更小，因此可以成为一种优异的耐压浮力材料。随着机械加工和制备工艺水平的提高，近年来已成功制备出具备全海深耐压能力的玻璃及陶瓷浮球，并相继在全海深深潜器、着陆器等水下探测装备上得到应用。玻璃浮球因其良好的光学特性、非磁、非导电性等特点而在水下照明、摄影成像设备封装上得到广泛的应用。外径 432 mm 玻璃浮球的质量排水比约为 $0.6 \ g/cm^3$，单个玻璃浮球提供的净浮力为 178 N。陶瓷浮球的质量排水比更低，为 $0.34 \ g/cm^3$，比微珠复合泡沫材料和玻璃浮球的质量排水比均低得多，是一种理想的浮力材料。此外，陶瓷半球壳、陶瓷筒形件等也可作为仪器封装用耐压容器，为深潜器释放更多的有效载荷空间。但是，一旦玻璃和陶瓷浮球在水下发生内爆失效，将会释放出巨大的能量，这可能造成连锁反应以及难以估量的后果。

（4）推荐材料[29]

近年来随着国内空心玻璃微珠的快速发展以及国外高性能空心玻璃微珠的引进，空心玻璃微珠（如图 3-42 所示）已经被广泛应用于国民经济中很多重要领域。追其原因是由空心玻璃微珠独特性能决定的，作为新世纪的"空间时代材料"，空心玻璃微珠具有如下特点。

① 空心玻璃微珠密度小。空心玻璃微珠呈空心状结构，薄壁大约占整个体积的 1/30，高性能空心玻璃微珠的密度仅有 $0.1 \ g/cm^3$，作为轻质填料能够显著降低复合材料的密度。此外空心玻璃微珠呈球形堆积，密度小，能够进一步降低复合材料的密度，因此能够有效地降低材料的密度成为空心玻璃微珠最有价值的特性之一。

② 空心玻璃微珠抗压强度高。空心玻璃微珠的中空外壳是由玻璃或陶瓷

组成，因而具有强度高的特性，从而对复合材料有一定程度上的增强作用。目前，绝大多数空心玻璃微珠的抗压强度都大于 3 MPa，高强度空心玻璃微珠抗压强度甚至超过 200 MPa。

③ 空心玻璃微珠呈微小球体结构。球形的空心玻璃微珠具有低孔隙率和球体吸收树脂少等优点，对基体树脂的黏度和流动性影响较小，从而使生产的产品应力分布合理，尤其是其产品表面的应力分布均匀，有利于提高复合材料的刚性、硬度、尺寸等性能的稳定性。

④ 空心玻璃微珠热膨胀系数小。常用空心玻璃微珠的热膨胀系数仅为 8.8×10^{-6}，可以有效地防止制品尺寸发生弯曲、翘曲变形等，保证制品尺寸稳定性高。

⑤ 空心玻璃微珠具有优异的理化性能。空心玻璃微珠具有绝缘、阻燃、隔热、隔音、抗辐射、耐酸碱和透明等优异性能。

⑥ 空心玻璃微珠型浮力材料具有良好的加工性能。目前，浮力材料可以轻易地被加工成任何复杂形状。

图 3-42　空心玻璃微珠（电镜扫描图）

3．压载

前文提及过抛载的意义，因此在配重设计中应当考虑压载物重量问题，应保证压载物重量大于干舱湿重量（即干舱包括内部浸泡水中的质量），这样便可保证在极端的进水情况下，执行抛载命令后自主潜航器能顺利上浮，把损失降到最低。

3.6.4　自主潜航器关键零部件的制造

1．耐压壳体材料选择

在选择自主潜航器耐压壳体的材料时，要考虑到其工作环境，因为自主潜航器的外壳需要长时间与水甚至是海水直接接触，因此要考虑材料的密度对自主潜航器本身的浮力的影响，其强度以及稳定性是否满足承受水压的需求的同时，所选用的材料是否耐腐蚀、耐高温、不易生锈以及不易损坏也是非常重要的考虑因素[11]。一般可以选择金属或者非金属，金属材料一般有：钛合金、不锈钢、铝合金等，非金属材料一般包括：塑料、玻璃纤维、碳纤维以及陶瓷等。

本节汇总了一些自主潜航器壳体材料参数，见表 3-3，包括金属材料：钛合金、高强度钢、铝合金、不锈钢；非金属材料：有机玻璃、聚乙烯。

表 3-3 自主潜航器壳体材料参数

材料		密度/（g·cm⁻³）	屈服强度/MPa	弹性模量/GPa
钛合金	IIT-3B	4.5	675	110
	T75	4.5	630	110
	TC4	4.5	830	110
高强度钢	921	7.85	588	200
	980	7.85	784	200
铝合金	6061-T6	2.7	275	70
	7075-T6	2.81	455	71
不锈钢	316L	7.98	270	200
	2205	7.88	450	190
有机玻璃	PMMA	1.2	77.2	69
聚乙烯	PE	1.3~1.7	40	1.5

钛合金是一种非常全能的材料，集众多优点于一身，比如其质量较轻，密度较小，强度较高，不仅耐高温而且其耐腐蚀性较好，并且即使在低温情况下也具有良好的韧性，因此钛合金也是众多可以用于加工自主潜航器的外壳材料中最好的选择。虽然钛合金性能比较好，但是由于其造价和加工成本比较昂贵，所以在一般情况下自主潜航器的耐压壳材料不选用钛合金。

尽管高强度钢的强度和刚度都比较大，但是其密度和不锈钢一样都很大，而小型自主潜航器的耐压壳体在保证其强度性能的同时也担负着提供浮力的重任，故高强度钢与不锈钢都不满足要求。

有机玻璃与聚乙烯等非金属材料的密度较小，但是其屈服强度较小，壳体在水压的作用下容易发生强度破坏，故不满足需求。

相比于其他材料，铝合金的密度较小，航空铝合金材料屈服强度可与高强度钢媲美，铝合金的成本较低，易于加工，可装配性较好，且容易做防腐处理，所以越来越多的人选择铝合金作为自主潜航器耐压壳体的中间体部分的材料，对于深水自主潜航器，7075-T6 牌号铝合金最为常用。

目前，非金属材料发展迅速，已经在轨道交通工具、地面交通工具、电子、医疗设备等领域内被广泛应用。它是由几种非金属材料通过一定比例、方式制成的混合型材料。复合材料拥有很多优点：重量比较轻、密度比较小，可塑性比较好、弹性良好，强度比较高以及耐腐蚀等。虽然相较于纯金属，玻璃纤维等复合材料的强度以及刚度比较差，但是在设计中可以适当增加其厚度来满足强度的需求。一般而言，摄像头透光窗会选择亚克力材料，尾部导流翼采用聚丙烯（Polypropylene，PP）或聚乙烯（Polyethylene，PE）材料。

2.　关键零部件的制造

（1）耐压壳体制造

全干舱结构适用于下潜深度比较小的工况，对于全干舱结构，以螺旋桨自主潜航器为例，其同心壳体使用的管材一般采用车铣加工，对于壁厚比较薄的结构，一般要制作专用的胎具进行装卡，防止加工时壳体产生形变。为了解决加工形变问题或提高壳体的承压能力，可以在设计时考虑在壳体内部布置周向加强筋，或者加工时尽可能采用内卡盘装卡。

对于干、湿舱混合型结构，主要考虑干舱的强度问题以及湿舱的防腐问题。对于干舱结构加工可参考以上方法，尽管有的结构形状复杂，但自主潜航器通常属于小批量生产，因此还是建议采用计算机数字控制（Computer Numerical Control，CNC）加工，所有结构均应避免焊接。干、湿舱混合结构应注意二者连接处的设计，要求连接便捷且可靠，同时不影响流动动力。可以采用的方式有多种，例如，止口配合螺栓固定、楔形锁紧环固联和螺旋子母扣固定等。

自主潜航器不需要载人，因此往往能到更深的海域执行任务，载人潜水艇活动纵深一般不超过 1 000 m，而自主潜航器需要到 3 000 m、6 000 m 甚至更深的地方，此时干舱结构需要承受极大的外压，那么壳体会更厚，材料强度要求更高，会产生非常高的成本。对此，往往采用全湿舱结构，湿舱外壳为流体动力外形，并作为载荷及推进装置的安装基体，浮力材料提供浮力，内部电子器件使用球形耐压壳体。球形耐压壳体在受到水压时，应力可以均匀分布在球的表面上，耐压性能好，大型球壳可以采取半球锻造后焊接的制造方式，小型球壳可采用离心铸造或 CNC 方式。

（2）尾翼制造

飞机尾翼能够调节、稳定机尾气流，提供一部分的升力。虽然增加无人潜航器的尾翼会增大运动阻力，但同样也可以调节水流，增强无人潜航器的稳定性。常用的尾翼布局方式有十字型和 X 型，后者比前者稳定效果更好，十字型尾翼布置适用于单桨或双桨推进器，而 X 型布置一般用于 4 桨推进器，每个尾翼都有潜浮和转向功能。尾翼有固定型和调节型，调节型尾翼即舵翼，目的是调整自主潜航器的运动姿态。好的尾翼设计也需要进行流体动力学仿真，为了提高舵翼的水动力性能，很多学者对舵翼的剖面形状进行了深入的研究，被大家广泛使用的是美国国家航空咨询委员会（National Advisory Committee for Aeronautics，NACA）翼型（如图 3-43 所示）。NACA 翼型的舵翼升力大、阻力小，升阻比高，因此曲面尾翼的加工相对有一定困难，可以采用塑料或铝合金材质通过 CNC 加工。

图 3-43　NACA 翼型

总体而言，自主潜航器的制造难点在于螺旋桨、耐压壳体、尾翼、天线罩等曲面零件的加工，而其他零部件的加工相对简单，本节不再赘述。

3.6.5　自主潜航器防腐工艺

自主潜航器长期在海洋中工作，但海水是自然界中最大量并且腐蚀性很强的天然电解质，因此必须对自主潜航器的结构件进行充分的防腐处理，避免自主潜航器结构性能受到影响，因此如何对不同材料进行防腐处理是一门需要长期深入研究的课题。

1. 金属受海水腐蚀的电化学过程特征[26]

① 大多数金属受海水腐蚀的阳极极化阻滞很小，主要是海水中含有大量的氯离子，它能阻碍和破坏金属的钝化。氯离子的破坏作用主要有 4 个：破坏氧化膜、吸附作用、电场效应以及形成络合物。

② 海水腐蚀的阴极去极化剂是氧，阴极过程是腐蚀反应的控制环节。

③ 海水腐蚀的电阻性阻滞很小，异金属的接触能造成显著的腐蚀效应。

2. **钛合金的海水腐蚀情况**[30]

钛具有良好的抗腐蚀能力，即使在盐水、王水或在高速流动的海水之中也能保持良好的耐蚀性。钛是易钝化金属，而且钝化膜非常稳定，在氧化性、中性和弱还原性介质中，甚至在含有大量氯离子的情况下，都具有良好的耐蚀性。通过实海挂片试验发现，钛合金在我国福建、青海等各试验站暴露 4 年后，在海潮的全浸、潮差、飞溅各区均未测出腐蚀失重，对全浸区暴露 4 年的试样进行力学性能测试，其抗拉强度也无明显变化。

钛合金在海水中腐蚀电流波动较大，90 天达到稳定，稳定电位较高（0.28～0.38 V），稳定电位的范围也较大（60～120 mV），均不发生腐蚀。

钛合金与某些易钝化金属材料在海水中产生电偶合作用时，由于钛合金在海水中有较高的氧超电压，其阴极效应不大，尽管它们的电位差较大，但导致的电偶腐蚀效应不大。

钛合金在海洋中较少被腐蚀，附着生物对它们也无影响，在不同海水流速下钛合金被腐蚀的速度（mm/年）均为 0。因为在高流速场合下，氧的供应快速充分，使钛合金的表面膜比在平静海水中成长得快，材料处于钝化状态，所以流速变化对腐蚀速度的影响不大，且不会产生点蚀。

因此，需长时间在海中运行的自主潜航器，如果资金充足，则应首先考虑使用钛合金材料。

3. **铝合金的海水腐蚀情况及防腐处理**

铝是化学性质很活泼的金属，其平衡电极电位为-1.67 V，在海水中铝及其合金的腐蚀电位很低，为-1 250～-850 mV。在海水中，铝及其合金的耐蚀性完全取决于氧化铝保护膜的完好性和破裂后的修复能力。铝及其合金在大气中就会生成良好的保护膜，因此在大气中具有较高的耐蚀性。在海水中，由于氯离子等还原性离子的存在，造成铝及其合金在海水中的钝态是不稳定的，易产生点蚀和缝隙腐蚀等局部腐蚀，有时在某些情况下还会产生晶间腐蚀、应力腐蚀和剥落腐蚀等特殊腐蚀形貌。

铝合金常用的防腐处理方法有以下几种[30]。

① 阳极氧化法。铝的阳极氧化法是把铝作为阳极，置于硫酸等电解液中，施加阳极电压进行电解，在铝的表面形成一层致密的 Al_2O_3 膜，该膜是由致密的阻碍层和柱状结构的多孔层组成的双层结构。

② 激光熔覆法。激光熔覆法是在高能光束的作用下，将一种或多种合金元素和基体表面快速加热熔化，光束移开后自然冷却的一种表面强化方法。通过该方法可以在铝合金表面熔覆铜基、镍基复合材料以及陶瓷粉末，提高铝合金表面的耐蚀性。但该方法的不足之处是界面上易形成脆性相和裂纹，

实际应用中涂层的尺寸精度、对基体复杂形状的容许度、表面粗糙度等问题较难解决。

③ 稀土转化膜法。稀土转化膜法兴起于 20 世纪 80 年代中期，直至今日，已经有很多研究机构和个人，对稀土元素在铝合金转化膜中的应用做了大量的研究和报道。在众多的稀土化合物中，目前被研究较多的是铈的可溶性盐类。稀土转化膜法的优点是工艺简单，生产成本低；缺点是稀土盐溶液需长期浸泡，并且需要在较高的温度中，工艺处理的时间较长。

④ 电沉积层。电沉积是金属或合金从其化合物水溶液、非水溶液或熔盐中电化学沉积的过程。它是金属电解冶炼、电解精炼、电镀、电铸过程的基础。这些过程在一定的电解质和操作条件下进行，金属电沉积的难易程度以及沉积物的形态与沉积金属的性质有关，也依赖电解质的组成、pH 值、温度、电流密度等因素。此外，电沉积在 20 世纪 60 年代就已经开始工业化生产，其优点是厚度容易控制，所形成的连续膜和基材界面间黏结力强，而且可以将电沉积涂层同时作为底漆使用或直接将涂层体系用电沉积的一道漆来代替。可以应用于电沉积的基体树脂有丙烯酸树脂、醇酸树脂、环氧树脂、聚氨酯树脂、聚酯树脂等，另外导电聚合物聚苯胺、聚吡咯等也可以用作铝合金的防腐涂层。

⑤ 溶胶-凝胶法。溶胶-凝胶法是采用溶胶-凝胶工艺，用过渡金属醇盐作为合成氧化物的前驱体，在铝合金表面形成氧化膜以减缓铝合金腐蚀的方法。相对于其他处理方法，溶胶-凝胶法是目前铬酸盐处理的最佳替代品，其具有施工工艺简单、防腐效果好等优点。

⑥ 化学镀处理。化学镀是一种新型的金属表面处理技术，该技术以其工艺简便、节能环保等优点日益受到人们的关注，化学镀使用范围很广，镀层均匀，装饰性好。在防护性能方面，能提高产品的耐蚀性和使用寿命，在功能性方面，能提高加工件的耐磨导电性、润滑性能等特殊功能，因而成为防腐处理技术的一个新的发展方向。铝合金活跃性很强，容易形成氧化膜，妨碍金属键的形成，故进行电镀或化学镀比较困难，一般都会先在铝合金表面预镀镍，然后再在此基础上镀其他金属。化学镀镍工艺中应用最广的是化学镀 Ni-P，分为浸锌-预镀层法和直接化学镀镍两种方法。浸锌-预镀层法的主要缺点是在潮湿的腐蚀环境中，锌相对于镍镀层是阳极，将受到横向腐蚀，最终导致镍层剥落。另外，过渡锌层熔点低，限制了它的应用范围，而且两次浸锌之间还有一次硝酸退锌程序，会污染生产环境，并且浸锌层还对化学镀镍溶液造成污染。

⑦ 热喷涂处理。热喷涂是以某种形式的热源将喷涂材料加热，受热的材料形成熔融或半熔融状态的微粒，这些微粒以一定的速度冲击并沉积在基体表

面，形成具有一定特性的喷涂层。针对铝合金零件表面的涂层处理，热喷涂方法是一种较成熟有效的表面处理方法。热喷涂技术的优点有：设备轻便、可现场施工、工艺灵活、操作程序少、可快捷修复、涂层厚度可以控制等。热喷涂材料根据材料性质可分为金属与合金、陶瓷、有机高分子材料、复合材料等。喷涂工艺主要包括火焰喷涂、爆炸喷涂、超音速喷涂、电弧喷涂、等离子喷涂、低压等离子喷涂、水稳等离子喷涂等。由于热喷涂技术可以喷涂各种金属及合金、陶瓷、塑料及非金属等大多数固态工程材料，因此能制成具备各种性能的功能涂层，并且施工灵活，适应性强。但热喷涂方式得到的涂层对基体的结合力较低，涂层孔隙多，还需要进一步改善。

⑧ 防腐处理工艺。自主潜航器目前广泛采用防腐处理工艺。前文提及自主潜航器普遍采用 7075 铝合金材质，7075 铝合金属于 Al-Zn-Mg-Cu 系合金，具有高强度、低密度和热加工性能好等优点，目前多数采取硬质氧化的工艺对其进行防腐处理。硬质阳极氧化是一种特殊的阳极氧化方法，也称厚膜阳极氧化。铝及其合金经硬质阳极氧化处理后，表面可生成厚度达几十到几百微米的氧化膜，该膜层具有较高的硬度、耐磨性及耐蚀性、良好的耐热性和绝缘性、较强的结合力，可显著提高铝基材的使用性能，使其在国防、机械制造、航空航天等领域得到广泛的应用。

4. 钢材采用的防腐手段

根据海洋中常见的腐蚀机理，海洋设备中钢结构的腐蚀可分为化学腐蚀、电化学腐蚀以及微生物腐蚀三大类[31-32]。根据反应的机理，常用的防腐方法有阴极保护法（牺牲阳极保护法）、防腐涂层法以及阴极保护与防腐涂层并用的复合防腐方法。其中，牺牲阳极保护法同腐蚀电池的原理相同，在原来的电化学腐蚀系统中接入更活泼的金属元素，通过加快自身的腐蚀从而减缓了金属结构的腐蚀程度。目前，大多数海洋设备都采用牺牲阳极的方法，其优点在于选材方便、安全可靠。

3.6.6　自主潜航器的密封

水下设备较水上设备的难点除了防腐问题，更重要的是密封问题，密封的效果直接影响设备的安全和寿命，因此密封是自主潜航器工程的重中之重。按密封方式不同可以分为动密封和静密封。

1. 动密封

动密封是指零部件在被密封空间内进行旋转或直线运动而保证运动零部件外部介质不进入密封空间的密封方式。旋转运动的密封方式有填料密封、迷宫密封、机械密封、油封密封、磁流体密封和永磁传动隔离密封等；直线运动的密封方式基本采用密封圈密封，如唇形密封圈、PZ 型或 PSD 型密封圈。

（1）螺旋桨推进器的油封密封

螺旋桨推进器的推进电机采用的密封方式绝大多数属于压力补偿型，它在电机内充满非导电的液体，用来传递压力以平衡外界压力，并具有防腐、冷却、润滑等功效。由于这种结构转轴密封简单、密封阻力小、可靠性高、寿命长，适合大深度潜航器，目前深水电机几乎都采用这种结构。因此，充油平衡式无刷直流电机是深水电机的发展趋势。

油压补偿电机的原理是压力补偿器活塞与外界连通，压力补偿器内充油并与电机内部油室连通，通过油封密封电机油室的油液，如此一来，由于压力补偿器作用，电机油室的油压始终略高于外界介质压力，这样极大地提高了油封的使用寿命并降低了轴损。填充的油液需要具有好的绝缘特性、低摩擦系数以及好的润滑特性、低温度系数，一般采用变压器油，也可以采用矿物油。图 3-44所示为某油压补偿电机原理。

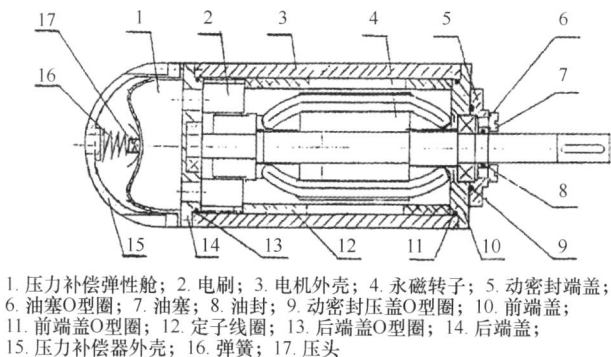

1. 压力补偿弹性舱；2. 电刷；3. 电机外壳；4. 永磁转子；5. 动密封端盖；
6. 油塞O型圈；7. 油塞；8. 油封；9. 动密封压盖O型圈；10. 前端盖；
11. 前端盖O型圈；12. 定子线圈；13. 后端盖O型圈；14. 后端盖；
15. 压力补偿器外壳；16. 弹簧；17. 堵头

图 3-44 油压补偿电机原理

除用油封作为动密封之外，机械密封也被广泛采用，但机械密封对安装精度要求高，轴功率损耗大，价格昂贵，且随着压力变大泄露问题很难解决，因此不做重点推荐。

（2）螺旋桨推进器的永磁传动隔离密封

为实现更好的密封效果，解决动密封泄露问题，达到增加水下电机的使用寿命及工作效率的目的，当水下电机工作在水下一定深度时，可以采用静密封的密封方式，设计一种可以实现零泄漏的磁力密封驱动器，将其与电机的输出轴相连，既可有效地传递转矩又可实现良好的密封效果[33]。

磁力密封驱动器靠磁力线将驱动元件与执行机构联系起来，两者之间可用隔板或隔离套分开，形成两个独立空间，变动密封为静密封，也称之为全封闭、无密封。选择适当的垫片材料和类型并确定螺栓的预紧力，就可实现"零泄漏"

或绝对密封，它的结构简单，易于制造和装配，使用寿命长，可彻底解决磨损与泄漏问题。

磁力密封驱动器按结构形式可分为圆筒式和盘式两种结构，两种结构的组成构件和原理相同，都是由永磁主、从动转子及隔离套 3 个主要构件组成。当主动转子旋转时，可以通过磁转子中的永磁体间产生的耦合力矩实现两部件的同步转动。主、从动转子之间装有隔离套，可以将主动件与电机封闭在干舱内，实现无接触传递动力。相比之下，采用圆盘式结构时，构件容易因径向受力不均而产生振动，而圆筒式结构可以避免这个问题，以保证整体运动的稳定性，所以目前多采用圆筒式结构。图 3-45 所示为圆筒式磁力密封驱动器的结构。

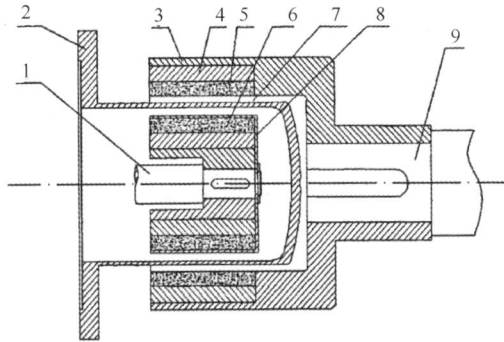

1. 从动轴；2. 隔离套；3. 外磁转子；4. 轭铁；5. 外磁转子用永磁体；
6. 内磁转子用永磁体；7. 工作气隙；8. 内磁转子；9. 主动轴

图 3-45　圆筒式磁力密封驱动器的结构

但是，不推荐深水使用这种密封结构，因为随着深度增加，隔离套承受压强不断增大，隔离套厚度势必要增加以抵抗形变，此时永磁主、从动转子间气隙变大，转子和永磁体体积均要变大，且传递效率大为降低。

（3）摆尾推进的仿生皮肤密封

对于摆尾推进结构，尾部关节成一定弧度和幅度进行往复运动，目前没有成熟的密封方式。对于减速电机直驱关节型电机一般采取螺旋桨电机的压力补偿方式即可满足密封，而对于全干舱结构，多采用波纹管式密封和仿生皮肤式密封，少数采用多节同心球面圆环密封。

清华大学电子工程系自主潜航器团队在研发仿生潜航器时发明了一种仿生皮肤密封，这种密封方式采用一种伸缩倍率较高、疲劳寿命较长的橡胶材料，这种橡胶套两端固定在壳体和尾鳍根部，橡胶套内包覆弹簧，弹簧起到一定支撑作用，随着深度的增加，弹簧宽度和螺距进行一定变化，以满足不同深度的压强。

2. 静密封

静密封一般采用 O 型圈密封，其密封效果基本满足自主潜航器工作需求，有时在深水环境使用时也采取多重 O 型圈密封的方式。深水电子密封舱建议采用法兰密封，其耐压效果优于 O 型圈密封。

参考文献

[1] FANG Z R, WANG J J, JIANG C X, et al. AoI inspired collaborative information collection for AUV assisted internet of underwater things[J]. IEEE Internet of Things Journal, 2021.

[2] 武汉大学测绘学院. 我国海洋测绘产业：分类及应用[EB]. 2019.

[3] FANG Z R, WANG J J, JIANG C X, et al. QLACO: Q-learning aided ant colony routing protocol for underwater acoustic sensor networks[C]//2020 IEEE Wireless Communications and Networking Conference (WCNC). Piscataway: IEEE Press, 2020.

[4] WANG J J, JIANG C X, ZHANG H, et al. Thirty years of machine learning: the road to pareto-optimal wireless networks[J]. IEEE Communications Surveys and Tutorials, 2019, 22(3): 1472-1514.

[5] 王得成. AUV 浮力调节与安全抛载系统研究[D]. 哈尔滨: 哈尔滨工程大学, 2015.

[6] 王一冰. 长航程 AUV 浮力调节系统研究与设计[D]. 沈阳: 东北大学, 2016.

[7] 全向前, 陈祥子, 全永前, 等. 深海光学照明与成像系统分析及进展[J]. 中国光学, 2018, 2(2): 154-164.

[8] 于梦钰. 基于 CFD 的 AUV 螺旋桨设计[D]. 大连: 大连海事大学, 2015.

[9] 季洋阳, 田桂中, 周宏根. 船用螺旋桨先进制造技术研究进展[J]. 舰船科学技术, 2015, 37(5): 9-15.

[10] 任双华. 深海推进用永磁无刷直流电机的设计与研究[D]. 沈阳: 沈阳工业大学, 2016.

[11] 赵阳. 小型水下机器人耐压壳基本设计研究[D]. 大连: 大连理工大学, 2018.

[12] 王光明, 沈林成. 水下仿鱼推进器的分析[J]. 武器装备自动化, 2006, 25(5): 7-9.

[13] 杨亮. 仿金枪鱼摆动尾鳍的水动力性能与推进机理研究[D]. 哈尔滨: 哈尔滨工程大学, 2009.

[14] 童秉纲. 鱼类波状游动的推进机制[J]. 力学与实践, 2000(3): 69-74.

[15] 军事报道. 2017 第二届军博会暨高峰论坛今天开幕[EB]. 2017.

[16] 沈婷婷. 撬动"蓝色科技"，深圳先进院智能仿生机器鱼亮相海博会[EB]. 2020.

[17] 王扬威, 于凯, 闫勇程. BCF 推进模式仿生机器鱼的研究现状与发展趋势[J]. 微特电机, 2016, 44(1): 75-80, 89.

[18] 丁俐, 余瑾, 吴垠, 等. 基于 PIC 单片机的仿生机器鱼的舵机控制[J]. 微计算机信息, 2010, 26(14): 88-89, 92.

[19] 吕江. 一种机器鱼的新型驱动机构设计及游速优化[D]. 兰州: 兰州交通大学, 2014.

[20] 金杨. 永磁无刷直流电机设计及驱动控制研究[D]. 武汉: 华中科技大学, 2016.

[21] 张国良. 基于大深度的 SINS/DVL/USBL 组合导航技术研究[D]. 哈尔滨: 哈尔滨工程大学, 2019.

[22] 段瑞洋, 王景璟, 杜军, 等. 面向"三全"信息覆盖的新型海洋信息网络[J]. 通信学报, 2019, 40(4): 10-20.

[23] 钜大锂电. 三元锂和磷酸铁锂电池的寿命[EB]. 2019.

[24] 刘蕊. 电动汽车锂电池电源管理系统设计与研究[D]. 天津: 河北工业大学, 2016.

[25] 韩立. 基于三元锂电池的电池管理系统研究[D]. 西安: 长安大学, 2018.

[26] 李龙, 张宏伟, 王延辉. 无人自治水下航行器外形及推进系统优化设计[J]. 机械设计, 2017, 34(5): 23-29.

[27] 孙丽. 自治水下机器人(AUV)三维结构设计及仿真分析[D]. 青岛: 中国海洋大学, 2011.

[28] 何成贵, 张培志, 郭方全, 等. 全海深浮力材料发展综述[J]. 机械工程材料, 2017, 41(9): 14-18.

[29] 刘文栋. 空心玻璃微珠的浮选及其在固体浮力材料中复合应用技术研究[D]. 青岛: 中国海洋大学, 2014.

[30] 郝少悦, 张进, 张建国, 等. 铝合金防腐处理工艺[J]. 建筑工程技术与设计, 2018, 15: 4254.

[31] 丁红燕. 铝合金和钛合金在雨水/海水环境下的腐蚀与磨损交互作用研究[D]. 南京: 南京航空航天大学, 2007.

[32] 王思伟, 易学平. 海洋设备防腐机理及其发展趋势[J]. 机械工程与自动化, 2015(1): 224-226.

[33] 高明. 用于水下电机密封的磁力驱动装置研究[D]. 哈尔滨: 哈尔滨工程大学, 2011.

第4章
水下通信特点和技术

✦ 4.1 水下通信系统概述

　　海洋资源勘测、水文环境调查和深海探测的开展长期依赖船舶和潜艇，直到自主潜航器的到来改变了这一格局。不同于传统遥控式无人潜航器受限于线缆，自主潜航器摆脱了船载和人工拖曳海洋设备的束缚，可以代替人前往危险的海域，具备自主性高和可操作性强等特点，因此被广泛应用于海洋资源调查、信息搜集、海底地形探测、水下通信网络中继等多个领域[1]，逐渐成为海洋开发的热门研究方向。

　　为了满足自主潜航器稳定工作的需求，我们有必要深入研究适合水下环境的高可靠通信系统。受制于严重的衰减，电磁波在水中的传输距离非常有限，因此以声波为载体的水声通信是在水下实现无线信息传输的主要方式。水声通信无论是在军事方面还是在民用方面都有重要的作用。随着人类加快开发海洋的步伐，对水声通信技术的需求也变得越来越迫切[2]。就目前已知的能量辐射形式而言，声波是水下无线通信的最佳载体[3]。陆地上使用的无线电通信方法通常是以电磁波为载体，但电磁波在水中传播时，由于海水介质特性，电磁波信号被大量吸收而快速衰减，作用跨距十分有限。

　　声波在水下有着良好的传播性能，频率范围在 $1\,Hz\sim50\,kHz$ 之间的声波在水中的衰减系数为 $10^{-4}\sim10^{-2}\,dB/m$。使用声波作为水声通信的载体，设备简单，只需使用水声换能器将电、声信号进行转换即可实现。现阶段，以声波为载体的水声通信是实现水下无线通信的主要途径，发展水声通信可以为自主潜航器进行水下作业提供重要技术保障。然而水声信道具有长时延、强多径、高噪声、可用带宽受限等特点，加之自主潜航器系统本身的强噪声起伏、大机动范围、高可靠性要求等特征，对自主潜航器水声通信系统的开发提出了更高的要求[4]。下面介绍目前常见的水下通信技术。

4.1.1　蓝绿光通信

水下激光通信是近年来水下通信的研究重点。受限于水声信道的随机变换性、浅水区的时变与空变特性以及水声通信信号带宽小，许多研究人员把目光转向了激光。1963 年美国科研人员 Sullivan 和 Duntley 发现 450～550 nm 之间的光波在海水中衰减较小，将这种现象称为"蓝绿窗口"[5]。

水下激光通信可分为 3 种，分别是陆基、天基和空基。陆基系统利用地面站台大功率激光器发出强脉冲激光，由卫星反射镜将强脉冲激光反射到目标海域进行通信；天基系统是指把大功率激光器安装在卫星上，完成与自主潜航器的通信，这种方案无论是隐蔽性还是有效性都是最佳的；空基系统是将大功率激光器放置在飞机上，飞机飞过目标海域完成对水下目标的广播式通信。

美国海军对水下激光通信的研究起步较早且取得了重要进展，1981 年，美军在加利福尼亚湾进行了第一次飞机对潜航器的单向激光通信实验。1991 年，美军实现了水下潜航器和飞机之间的双向通信。20 世纪 60 年代开始，我国的科研机构为了跟随国际科技发展，许多高等院校组织了跨介质的激光通信研究。1999 年华中科技大学（原华中理工大学）在南海海域进行机载蓝绿激光对潜艇通信实验，论证了水下 150 m 通信的可能性；2000 年，桂林电子科技大学在海南三亚的目标海域成功实现水下 50 m 深的通信实验；2011 年 8 月，我国第一颗海洋动力环境监测卫星"海洋二号"成功发射，并首次进行激光通信链路星地试验。

4.1.2　电磁波通信

电磁波在海水中衰减严重，频率越高衰减越大。通过无线传感器网络 Mote 节点发射的无线电波在水下仅能传播 50～120 cm。低频长波无线电波在水下实验可以传播 6～8 m。30～300 Hz 的超低频电磁波对海水穿透力可达 100 多米，但需要很长的接收天线，不适用小型水下设备组网[6]。

电磁波作为陆空信息载体，被广泛运用于陆上通信、电视、雷达、导航等领域。早在 20 世纪上半叶，人们便致力于把模拟电磁波通信系统移到水中，但由于水中电磁波衰减严重，电磁波一度被认为无法应用在水下通信领域。直到 20 世纪 60 年代，甚低频（Very Low Frequency，VLF）和超低频（Super Low

Frequency，SLF）通信才被各国海军大量研究。VLF 的频率范围是 3～30 kHz，可以穿透 10～40 m 深的海水，用于潜航器通信[7]。由于反侦察和潜航深度的要求，SLF 通信系统投入使用。SLF 的频率范围是 30～300 Hz，构建产生这种长波的发射器非常困难，而且数据传输速率极低（低于 1 bit/s）。但是由于 SLF 通信系统可以穿透数百米深的海水，美国、俄罗斯、印度军方都已经开始将这种系统用于潜航器通信。

近年来，数字通信技术日益发展，相比于模拟传输系统，数字调制解调技术具有更强的抗噪性能、更高的信道损耗容忍度、更直接的处理方式以及更好的安全性。使用数字信号处理（Digital Signal Process，DSP）技术可以将−120 dBm 以下的弱信号从存在严重噪声的调制信号中解调出来，在衰减允许的情况下可以采用更高的工作频率。因此射频技术对于浅海通信中的高速数据传输具有重要的意义。

4.1.3 水声通信

电磁波在海洋环境中传播需要较长的天线和较高的传输能量。而且，光波也容易受到散射的影响。因此，水下无线通信主要使用声波来传输信息，声波成为水下高质量传输最好的信息载体。水声信道和地面无线信道之间存在很大差异。例如，水声信道具有复杂的时间和空间特性[8]。由于水声信道传输的介质不均匀和海洋环境的复杂特性，水声通道的多径效应变得严重。因为水声通道的传输速率较慢，所以水声通道还具有较大的时延扩展，该时延扩展可能高达数十毫秒。另外，较慢的水声传播速度使得水声通道的多普勒效应更加严重，这将导致时域和频域内显著扩展/压缩接收信号，而且水声信号的载波频率低，导致水声信道具有宽带特性。

早期的水声通信主要是在军事领域使用模拟通信。历史上最早的利用声信号作为载体的水下通信系统是 1914 年成功开发的水声电报系统[9]。由于它不够稳定，不能被视为真正的水声通信系统，而只能被看作原型，但它开启了水声通信研究的大门。真正实现水声通信的第一个系统是美国人于 1945 年成功开发的水下电话，其通信带宽为 8～11 kHz，调制方式为单边带压缩载波调制，通信范围仅为几千米。

从那时起，随着数字编码技术和 DSP、超大规模集成电路（Very Large Scale Integration，VLSI）技术的发展，水声通信技术也得到了迅速的发展。在 21 世纪初，美国的 Bentos 设计并完成了"ATM885"，可以完成水下潜航器与陆地的连接。即使在 120 m 深的海水中，水下潜航器也可以与陆地上的人进行通信。这个设备也开启了水下声波数字通信的时代。此后，随着人口的增加和土地资源的减少，人们开始认识到开发和利用海洋资源的重要性，对水下无线通信的需求也在增加。目前，水声通信正在逐渐应用于商业应用，例如海洋环境系统的污染监测、海洋石油工业的远程控制以及海洋数据采集、气候变化影响监测、深海栖息地调查、珊瑚礁种群变化监测、水质监测、防灾和预警、农场监测和矿区勘探等。

　　与此同时，为了更有效地收集海洋数据，人们提出使用多艘自主潜航器形成一个自动传感器网络，收集水下数据并对其进行分析和研究[10-11]。但是，这种类型的智能水下系统需要更可靠的通信以确保正常运行。因此，为了更好地开发和利用海洋资源，人们需要可靠且有效的水声通信系统[12]，然而复杂的水声信道环境使得人们难以研究和开发可靠且有效的水声通信系统。

4.2　水声信道特性

4.2.1　水声信道与无线信道的区别

　　为了将成熟的无线电技术引入水下声学领域[13]，有必要比较水声信道和无线信道之间的差异。表 4-1 列出了典型的无线信道与水声信道之间的特性对比。

表 4-1　典型的无线信道与水声信道特性对比

信道	载波频率	波速	波长	信道带宽	最大多径时延	多普勒频移
水声信道	5～50 kHz	1 500 m/s	0.3 m	10 kHz（浅海）	≥3 ms（浅海）	50 Hz
雷达无线信道	1～10 GHz	$3×10^8$ m/s	0.03 m	1～10 MHz	5～12 μs	1 600 Hz
码分多址（CDMA）无线信道	824～894 MHz	$3×10^8$ m/s	0.3 m	1.25 MHz	10 μs	160 Hz

　　从表 4-1 可以看出，水声信道可用的载波频率和信道带宽较低，仅为千赫兹（kHz）量级，其信道带宽受到严格限制。水声信道的多径效应十分严重，比地面无线信道大了多个数量级，水声信道的多普勒频移小于无线信道的多普勒频移。与电磁波传播速度相比，声波传播速度相对较小，速度只有光速的十万分之一，导致水声通信比电磁波的传播时延大很多。因此，水声信道与无线信道之间存在许多实质性差异。引入成熟的无线电技术后，不能简单移植无线电技术，必须根据水声信道重新进行设计。

　　水声信道的复杂性可以总结为如下 5 个方面：① 非均匀介质对声速剖面

的影响；② 水声环境噪声；③ 水声传播损失；④ 水声多径传播；⑤ 水声多普勒扩展。下面将分别进行介绍。

4.2.2　非均匀介质对声速剖面的影响

海洋被用作传输介质，声速和声速剖面影响声音的传播和水声换能器设备的性能，进而影响声信号的传播。海洋和湖泊的声速受许多因素影响，其中最重要的影响因素是水温、盐度和压力。另外，由于这些影响因素的复杂性，难以使用理论来计算准确的值。因此，有必要建立公认的经验公式以准确估计海洋中的声速。这些公式都是基于大量的实际测试得到的。海洋声速可以表示为

$$c = \frac{1}{\sqrt{\rho k_s}} \tag{4-1}$$

其中，c 是海洋声速，ρ 是海洋密度，k_s 是海洋绝热压缩率。其中，海洋密度和海洋绝热压缩率是温度 T、盐度 S 和压力 P 的函数，可以通过式（4-1）进行修整。海洋声速也是温度、盐度和压力的函数。由于海洋中的等温线和等距线几乎是水平分布的，因此海洋声速也服从水平分布，海洋声速的空间变化可以近似表示为 $c(z)$，其中 z 代表海洋的深度，这种分布为声传播理论的研究带来了一定的简化：把声速的分布简化为垂直分布或声速剖面。在工程应用中，一般用式（4-2）计算海洋声速。

$$c = 1\,450 + 4.21T - 0.037T^2 + 1.14(S - 35) + 0.175P \tag{4-2}$$

当温度升高 1℃时，海洋声速增加约 4 m/s；当盐度增加 1%时，海洋声速增加约 1.14 m/s；当压力增加 1 atm（1 atm=101 325 Pa）时，海洋声速仅增加约 0.175 m/s。由此可见，对于浅海和湖泊，温度和盐度是影响海洋声速的主要因素，而对于深海，温度和盐度基本是稳定的，压力成为影响海洋声速的主要因素。然而，在实际工程应用中，某个点处的海洋声速并不是工程关注的重点，需要关注的是海洋中的声速剖面。声速剖面描述了海洋中声速随深度的变化。图 4-1 所示为典型的深海声速剖面。

从图 4-1 可以看出，典型的深海声速剖面分为 3 层，即表面层、主跃变层和深海等温层。浅海的声速剖面不像深海那样具有 3 层结构，因为浅海受到了陆地气候，尤其是陆地淡水和潮汐的影响。以下介绍几种典型的浅海声速剖面分布及其特征。① 等速度层，它受弱的负温度梯度和相同压力的影响，并且声速基本上没有变化。② 负梯度层，声速随着深度的增加而降低。③ 正梯度层，随着深度增加，压强急剧上升，就形成了"正梯度层"，该层声速随着深度的增

加而增加。④ 温跃层,负梯度层和正梯度层之间速度发生跃变的层称为温跃层。典型的浅海声速剖面如图 4-2 所示。

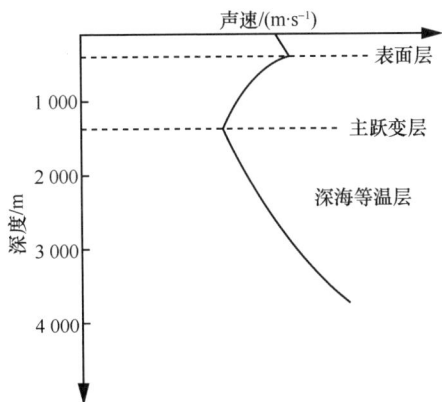

图 4-1　典型的深海声速剖面

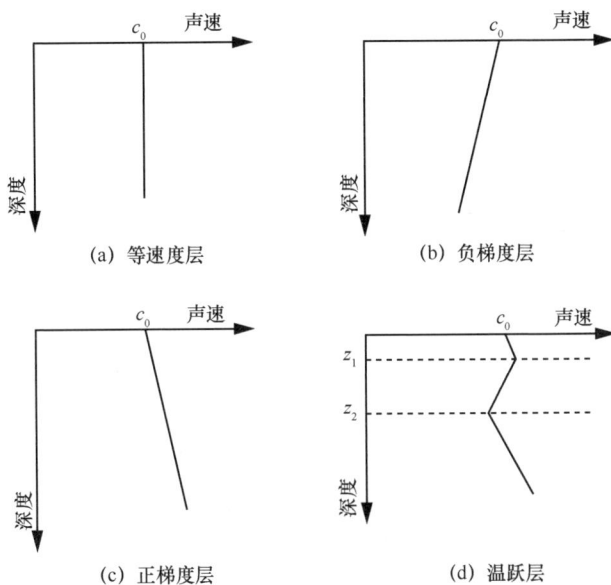

图 4-2　典型的浅海声速剖面

4.2.3　水声环境噪声

海洋的环境噪声可根据强度分为:甚高环境噪声、高环境噪声、中等环境噪声和低环境噪声，见表 4-2。

表 4-2 海洋的环境噪声类型

环境噪声类型	谱级（dB@1 kHz）	谱级（dB@7 kHz）
甚高环境噪声	76	59
高环境噪声	70	53
中等环境噪声	64	47
低环境噪声	58	41

注：dB@1 kHz 表示频率为 1 kHz 的分贝值。

环境噪声是限制水声通信系统性能的主要因素之一，也是设计水声通信系统时要考虑的首要问题。海洋环境噪声是水声通道中的一种干扰背景场[14]。当使用声呐方程预测水声通信系统的工作距离时，必须首先估计噪声水平（Noise Level，NL）。环境噪声由许多不同的噪声源组成。在噪声频谱的不同频带区域中，不同的噪声源会到达数值极大值而占噪声的主导地位。深海的环境噪声源主要包括：潮汐和波浪的水静压力效应、地震扰动、海洋湍流扰动、海流非线性相互作用、船舶运动噪声和热噪声等。在浅海中，一定频率的背景噪声是 3 种不同类型的噪声（① 船舶噪声和工业噪声；② 风噪声；③ 生物噪声）的混合物。海洋环境噪声可以由 Wenz 模型给出。

$$10\lg N_t(f) = 17 - 30\lg f \tag{4-3a}$$

$$10\lg N_s(f) = 40 + 20\left(s - \frac{1}{2}\right) + 26\lg f - 60\lg(f + 0.03) \tag{4-3b}$$

$$10\lg N_w(f) = 50 + 7.5w^{0.5} + 20\lg f - 40\lg(f + 0.4) \tag{4-3c}$$

$$10\lg N_{\text{th}}(f) = -15 + 20\lg f \tag{4-3d}$$

其中，$N_t(f)$ 代表湍流噪声，$N_s(f)$ 代表船舶噪声，$N_w(f)$ 代表海面海风造成的噪声，$N_{\text{th}}(f)$ 代表热噪声，f 是声音频率（单位为 kHz），w 是海面风速（单位为 m/s），s 为船舶扰动系数。经验数据表明：在低频段，环境噪声主要由湍流噪声组成；50～500 Hz 频率范围内的环境噪声主要来自人类的活动，比如交通噪声和工业噪声；在 500 Hz～50 kHz 的频率范围中，主要噪声源是海面的粗糙度，它与海面的风速成正比。50 kHz 以上的主要噪声源是分子运动的热噪声。在这里以风速为 2 m/s，系统带宽为 4 kHz 为例，进行仿真。仿真得到的海洋环境噪声随频率的变化规律如图 4-3 所示。

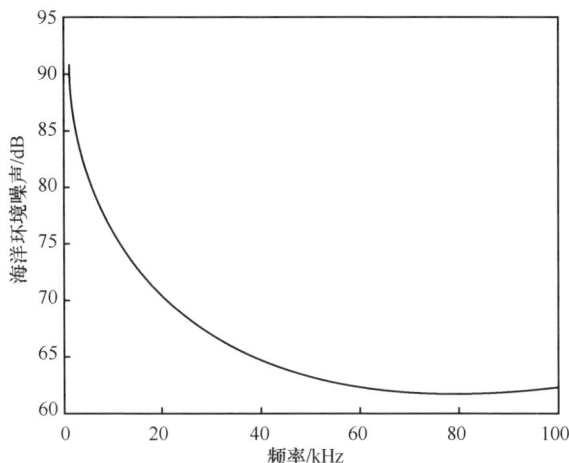

图 4-3　海洋环境噪声随频率的变化规律

从图 4-3 可以看出，总体上，海洋环境噪声随着频率的增加而减小。因此，在设计水声通信系统时，需要考虑如何选择最优的频率。如果水声通信系统的传输距离较长，则应选择较小的频率。如果水声通信系统的传输距离相对较短，则由于频率增加而导致的路径损耗的增加可能小于由于频率降低而导致的海洋环境噪声的增加，因此应选择更高的水声信号频率。

4.2.4　水声传播损失

由于声波在媒质内传播过程中发生的几何扩展效应、媒质吸收效应和声散射效应，声能将产生扩展损失、吸收损失和散射损失。传播损失是指在声音信号从声源传播到接收器的过程中信号能量的损失。信号能量的损失是影响接收器信噪比的重要因素。

在水声学中，常采用传播损失来表达海洋中种种能量损失的效应[15]。传播损失与声波的吸收和扩散、界面介质（如海底地质等）、声波的入射方向都有关系。由于实际的海水介质并非理想介质，在传播过程中声能吸收而转换成其他能量（如热能等）而消耗。此处，波阵面在传播过程中的不断扩大，使得单位时间内单位面积上的能量减小，造成扩展损失，并且，实际的海水介质总是有界的，以及非均匀的，因而致使声波在边界面上产生反射。声能在某种边界面上的"泄漏"称为边界损失。

造成传播损失的原因主要有：扩展损失（波阵面的扩展）、吸收损失（声能转换成其他能量）和边界损失。水声信道的带宽主要受传播损失的影响，而传播损失随着工作频率和传输距离的增加非线性增长。传播损失决定了水声通信系统的最大作用距离和最高工作频率，因而限制了水声通信系统的带宽，进一步地限制了系统的传输距离。下面我们来分析水声通信的传播损失表达式。

令 f 代表声音频率；l 代表传播距离；l_r 代表参考距离；$\left(\dfrac{l}{l_r}\right)^k$ 表示扩展损失，也就是声信号传播时有规律衰弱的几何特性；k 表示损失参数，其中 $k=1$ 代表声信号按照柱面波传播，$k=2$ 代表声信号按照球面波传播。于是可求得水声信道中声音频率 f 的信号在传输距离 l 上的衰减为

$$A(l,f) = A_0 l^k a(f)^{l-l_r} \tag{4-4}$$

其中，$a(f)^{l-l_r}$ 表示由海水中介质的黏滞、热传导和弛豫所引起的吸收损失，A_0 表示常数吸收损失与声音频率有关，频率越高吸收损失越大，在距离一定的情况下，吸收损失决定了系统工作频率的上限。$a(f)$ 称为吸收损失系数，通过经验公式可以近似表示为

$$10\lg a(f) = \frac{0.11f^2}{1+f^2} + \frac{44f^2}{4100+f^2} + 2.75\times10^{-4}f^2 + 0.003 \tag{4-5}$$

图 4-4 所示为吸收损失系数与声音频率的关系。声音信号在低频率损失小，高频率损失变大。因此，为了获得更长的传输距离，在设计水声通信系统时，应根据需求调整传输距离和传输速率，从而降低声信号的频率。同时，随着传输载波频率的降低，系统的可用带宽降低，数据传输速率相应降低。要根据需求对传输距离与传输速率进行折中与权衡。

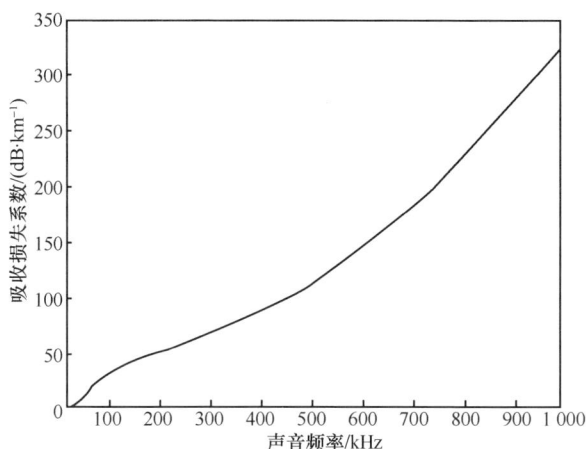

图 4-4　吸收损失系数与声音频率的关系

4.2.5　水声多径传播

声波在海底、海面和海水物体间的反射，以及由于海水中分层介质不均匀性所形成的折射，将会导致在接收端的水听器产生多径效应。对于相干多径信道，声源和接收换能器在海水中的几何位置以及声线的反射和折射决定了水声信道的信道冲激响应。浅海水声信号传输的多径效应如图 4-5 所示，浅海海域的水声信号传播的多径效应通常是海面和海床的反射。非视距路径信号相互叠加，造成振幅和相位的变形，可能导致视距直接传输的信号的衰减和信道质量的动态变化。不同传播路径的信号幅度和传播时延不同，因此在接收端接收的信号是多个信号的叠加。多径信道的脉冲响应可以表示为

$$h(t) = \sum_{p=1}^{P} h_p \delta(t - \tau_p) \qquad (4\text{-}6)$$

其中，P 表示从信号源到水声信号目的地的多径信号数目，τ_p 和 h_p 分别表示通过第 p 条路径从发送端到接收端的信号时延和信号幅度，与 $\delta(t)$ 表示冲激函数。

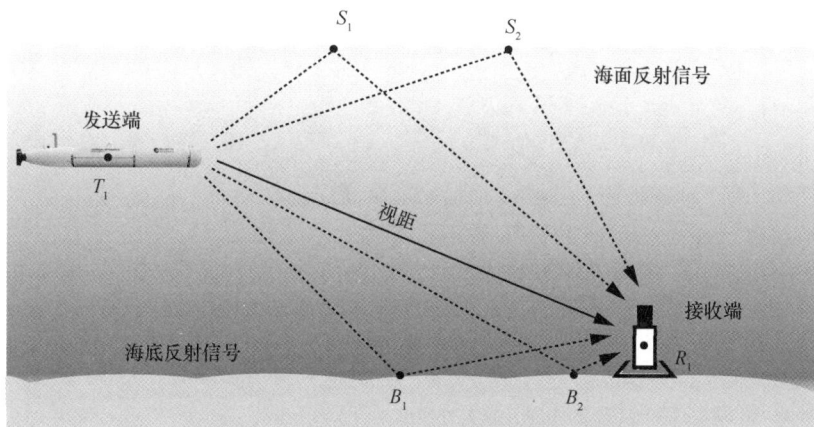

图 4-5　浅海水声信号传输的多径效应

信号的多径效应在时域表现为信号的时域扩展，将导致符号间的串扰。陆地无线信道中的符号间串扰通常为几个符号宽度。但是，在浅海声信道中水平传播的情况下，中高通信速率下的符号间串扰相比陆地无线电传输已经十分严重，可达到数十到数百个符号宽度。比如在浅水声信道中，当通信速率为 10 kbit/s 且多径时延为 50～1 000 ms 时，当前的符号将对连续的 50～1 000 个符号产生串扰。信号的多径效应表现为信道在频域中的频率选择性衰落。通常，判断信道是平

坦衰落还是频率选择性衰落的依据是相干带宽和系统带宽。当系统带宽小于相干带宽时,该信道视为平坦衰落信道,否则,该信道视为频率选择性衰落信道。水声信道中不可避免地会产生多径效应,这严重影响了水下通信系统的信号传播质量。目前,在一般工程应用中,通常使用具有循环前缀的正交频分复用(Orthogonal Frequency Division Multiplexing,OFDM)技术、时间反转镜像技术和自适应均衡技术等来减少多径效应的影响。

4.2.6 水声多普勒扩展

多普勒频移是水声信道与陆地无线信道的又一显著区别。水声信道的严重多普勒效应主要是声波在海洋环境中的传播速度较慢所致,此外,由于海水介质的不平整导致的水声信号传播速度的不均匀特性可引入多普勒频移,发送器和接收器之间的相对运动速度也会导致多普勒频移。通常,多普勒频移由 3 个因素决定,即声波的传播速度、发送端和接收端之间的相对运动速度以及从声波发射的声信号的传播方向和运动速度。多普勒频移示意如图 4-6 所示。

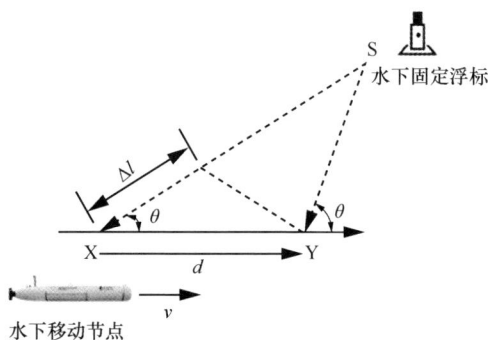

图 4-6 多普勒频移示意

则多普勒频移可以由式(4-7)表示。

$$\Delta f_d = \frac{v}{c} f \cos\theta \qquad (4\text{-}7)$$

其中,Δf_d 代表多普勒频移大小,v 代表发送端 S 和接收端 X 之间的相对移动速度,f 代表水声信号的中心频率,Δl 代表两个信号的路程差,θ 代表接收端矢量到发送端矢量和接收端移动速度矢量的夹角(图 4-6 为示意图,实际上 XY 之间的距离小于它们到 S 的距离,在这个过程中,θ 可以视为不变)。

电磁波在空气中的传播速度为 3×10^8 m/s。电磁波在空气中的传播速度大约是声波在水中传播速度的二十万倍。因此,在相同条件下,水声通信系统的速

度由接收端和发送端之间的相对运动引起的多普勒频移比陆地无线通信系统的
多普勒频移要大得多，而且，有限的通信带宽和较低频率的水声信道使多普
勒频移对水声通信系统有更大的影响。因此，选择合适的通信系统对于可靠
和高速的通信尤为重要。OFDM 具有传输速率高、频谱利用率高、抗多径干
扰能力强的特点，被广泛用于水声通信系统。OFDM 的基本原理将在 4.3 节中
详细介绍。

4.3　OFDM 技术

水声通道具有多径效应，采用传统的单载波调制方式，符号干扰严重。因
此，必须采用多载波调制。多载波调制的思想是将可用带宽分为许多子带，每
个子带都有自己的子载波。这样，在每个频带中，符号率随着间隔的增加而减
小，因此符号间干扰减小。

在多载波调制方法中，OFDM 调制是具有重叠子载波的多载波调制，只要
它被设计为保持正交性，即使在多个信道之后，也不需要均衡器进行均衡。在
OFDM 调制中，其子带彼此正交，并且它们的一半重叠。频谱利用率很高，可
以很好地抵抗多径衰落。与单载波传输模式相比，多载波传输模式可以增加系
统容量，提高通信速率，非常适合水声通信。

OFDM 技术最初可以追溯到 20 世纪 60 年代。它是在频分复用（Frequency
Division Multiplexing，FDM）的基础上开发的，主要用于军事高频通信系统。
例如，OFDM 系统的原型 KINEPLEC 系统具有 20 个子载波，并且调制方法采
用正交相移键控（Quadrature Phase Shift Keying，QPSK）。1971 年，随着快速
傅里叶变换（Fast Fourier Transformation，FFT）的发明，OFDM 技术开始朝着
完全数字化的方向发展。1980 年，OFDM 技术发布了循环前缀和重复序列。为
了统一 OFDM 技术标准，1999 年 12 月成立了国际 OFDM 论坛。2000 年 11 月，
OFDM 技术进入了无线数据本地环路的广阔领域。

OFDM 的核心思想是将水声通道划分为 N 个独立的正交子通道来传输水声信
号。高速串行数据流通过水声通道分为 N 个低速并行通道，并且每个数据流被调
制到不同的正交子载波进行传输。这使得 OFDM 符号可以有效地利用频谱资源来
包含多个正交子载波信号。每个子载波相互独立，因此每个子信道都服从平坦衰
落。这样就有效解决了水声通信频率选择性衰落问题。同时，还可以利用保护间
隔，在符号块之间插入保护间隔以最大程度地减轻符号间串扰。

OFDM 技术的基本原理如图 4-7 所示。

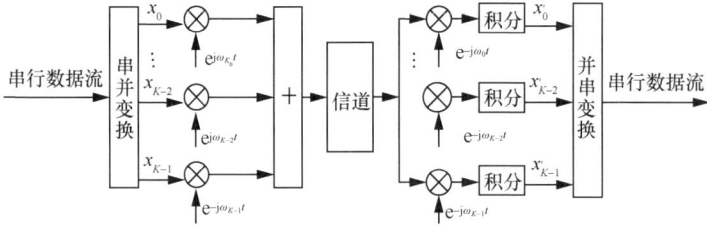

图 4-7   OFDM 技术的基本原理

我们假设 x_i 为第 i 路信号，K 为子载波的个数，则调制信号 $S(t)$ 为

$$S(t) = \sum_{i=0}^{K-1} x_i \mathrm{e}^{\mathrm{j}\omega_i t} \tag{4-8}$$

我们令 $S'(t)$ 为接收端接收的信号，而一个 OFDM 符号周期可以用 T 来表示。则第 j 路信号的调制解调结果可以表示为

$$x'_j = \frac{1}{T} \int_t S'(t)\mathrm{e}^{-\mathrm{j}\omega_j t}\mathrm{d}t = \frac{1}{T} \int_t \left[\sum_{i=0}^{K-1} x_i \mathrm{e}^{\mathrm{j}\omega_i t}\right] \mathrm{e}^{-\mathrm{j}\omega_j t}\mathrm{d}t \tag{4-9}$$

由于子载波的正交特性，我们可以得到，

$$\frac{1}{T} \int_t \mathrm{e}^{\mathrm{j}\omega_i t} \mathrm{e}^{-\mathrm{j}\omega_j t}\mathrm{d}t = \begin{cases} 1, i = j \\ 0, i \neq j \end{cases} \tag{4-10}$$

基于 IFFT/FFT 的 OFDM 的基本原理为：发送器首先将调制序列从串行信号转换为并行信号，其次执行 IFFT 操作，然后将 IFFT 转换后的数据经过并串变换转换为串行信号，并通过数模转换器（D/A）发送出去。接收器通过下变频、模数转换器（A/D）采样、串并变换、FFT 和并串变换后获得原始信号。图 4-8 所示为基于 IFFT/FFT 的 OFDM 的基本框图。

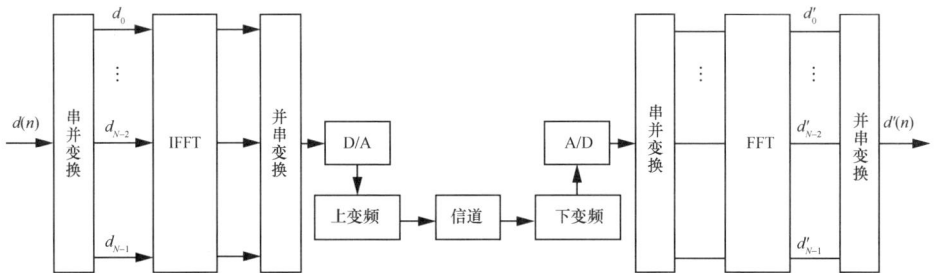

图 4-8   基于 IFFT/FFT 的 OFDM 的基本框图

设调制信号为 $D(t)$，$d(n)$ 为调制序列。$D(t)$ 满足式（4-11）。

$$D(t) = \sum_{n=0}^{N-1} d(n) e^{j2\pi f_n t} \tag{4-11}$$

考虑到需要满足子载波的正交性，调制信号 $D(t)$ 可以改写为

$$D(t) = \left[\sum_{n=0}^{N-1} d(n) e^{j2\pi \frac{n}{T} t} \right] e^{j2\pi f_n t} \tag{4-12}$$

再令 $t = \dfrac{kT}{N}$，即对接收信号以 $\dfrac{T}{N}$ 的速率进行抽样，得到

$$X_k = \sum_{n=0}^{N-1} d(n) e^{j2\pi \frac{n}{T} t}, 0 \leqslant k \leqslant N-1 \tag{4-13}$$

则解调可以得到原始数据符号为

$$d'(n) = \sum_{n=0}^{N-1} X_k e^{-j2\pi \frac{n}{T} t}, 0 \leqslant n \leqslant N-1 \tag{4-14}$$

4.4　未来展望

　　水声通信是海洋技术的重要组成部分，是自主潜航器和其他水下平台之间通信的桥梁。由于水声信道特性的限制，水声通信仍然面临许多挑战，这些挑战体现在几个方面，例如较低的传输速率、较高的误码率和较短的传输距离。水声通信技术的发展有两个主要的技术方向。第一个技术方向具有较低的信噪比和较低的传输速率，但具有很高的可靠性，主要用于国防领域和救援领域发送控制命令、消息等。第二个技术方向是具有高带宽利用率的短距离通信，其要求在有限的带宽内发送数据，例如音频和图像，主要运用在水下勘探。随着水下声波物理、电子技术和数字通信的飞速发展，水声通信技术也将取得长足的进步，并在人类对海洋的探索、对海洋的了解以及对海洋的发展中起到越来越重要的作用。

参考文献

[1] FANG Z R, WANG J J, JIANG C X, et al. AoI inspired collaborative information collection for AUV assisted internet of underwater things[J]. IEEE Internet of Things Journal, 2021.

[2] 贾宁, 黄建纯. 水声通信技术综述[J]. 物理, 2014, 43(10): 650-657.

[3] 张胜楠, 苏为, 程恩, 等. 一种半盲联合信道估计与均衡单载波相干水声通信接收机[J]. 厦门大学学报（自然科学版）, 2016(2): 259-265.

[4] 宗振. 混沌水声扩频通信的关键技术研究[D]. 舟山: 浙江海洋大学, 2017.

[5] 叶吻. 蓝绿激光水下通信技术研究[J]. 通讯世界, 2018 (1): 1-2.

[6] 罗汉江. 海洋监测传感器网络关键技术研究[D]. 青岛: 中国海洋大学, 2010.

[7] 王毅凡, 周密, 宋志慧. 水下无线通信技术发展研究[J]. 通信技术, 2014, 47(6): 589-594.

[8] 余龙. 多径水声信道下多用户 OFDM 资源分配研究[D]. 西安: 西安科技大学, 2019.

[9] 刘建华. 多机器人编队与通信问题研究[D]. 哈尔滨: 哈尔滨工程大学, 2006.

[10] FANG Z R, WANG J J, JIANG C X, et al. QLACO: Q-learning aided ant colony routing protocol for underwater acoustic sensor networks[C]//2020 IEEE Wireless Communications and Networking Conference (WCNC). Piscataway: IEEE Press, 2020: 1-6.

[11] 段瑞洋, 王景璟, 杜军, 等. 面向"三全"信息覆盖的新型海洋信息网络[J]. 通信学报, 2019, 40(4): 10-20.

[12] 朱昌平. 水声通信基本原理与应用[M]. 北京: 电子工业出版社, 2009.

[13] WANG J J, JIANG C X, ZHANG H, et al. Thirty years of machine learning: the road to pareto-optimal wireless networks[J]. IEEE Communications Surveys and Tutorials, 2019, 22(3): 1472-1514.

[14] 董继刚. AUV 水声通信系统研究[D]. 哈尔滨: 哈尔滨工程大学, 2015.

[15] 王永恒. 基于 OFDM-MFSK 的水声通信技术研究[D]. 哈尔滨: 哈尔滨工程大学, 2017.

第 5 章
自主潜航器群体协同相关技术

5.1 群体智能

我们首先在 5.1.1 节中介绍群体智能的具体概念和特点，然后在 5.1.2 节中介绍群体智能相关算法，重点介绍 3 种经典算法：蚁群算法、粒子群算法和遗传算法，最后在 5.1.3 节中给出一些具体的群体智能系统。

5.1.1 群体智能概述

群体智能作为一个新兴的研究领域，自 20 世纪 80 年代提出以来，引起了众多研究者的关注，现已成为人工智能、经济学、社会学、生物学等多学科交叉的研究前沿和热点[1]。

群体智能是受自然界中生物集群行为的启发设计的、用于解决分布式问题的一种结构或者算法。Bonabeau 等[2]在《群体智能——从自然到人工系统》中将群体智能定义为："简单的个体通过通信、协作等交互机制表现出群体智能行为"，从中我们可以总结出群体智能算法具有以下特点。

① 个体简单：个体简单指的是群体中每个个体不需要具备较强的智能特点。个体之间的分布往往是分布式的，因此方便部署、鲁棒性强。

② 环境交互：群体中的每个个体都在不断地从环境中获取信息，同时个体也在不断地改变环境。邻近个体之间通过通信使整体系统有效运行，这种邻近个体通信而非全体接收发送统一信息的方式有效地避免了由于个体数目的增加导致的通信代价，具有良好的可扩展性。

③ 特性涌现：群体具有自组织性。通过群体中个体之间的简单"通信"，会"涌现"群体的复杂行为。

群体智能算法是优化算法的一个分支，用于解决高度非线性、不可微的优化问题。在没有集中控制且不提供全局模型的前提下，它为寻找复杂场景下的分布式问题求解方案提供了基础。

针对海洋水声环境复杂、时变、突发、不可预测等特性，典型的优化算法无法适用于海洋应用的处理。群体智能算法由于具有分布式、实现简单且效率高等特点，能够适应复杂环境下的工作状态，同时可以保障算法执行的实效性，成为海洋应用处理的一条重要思路。

5.1.2　群体智能算法

群体智能算法具有一段较长时间的发展历史[3]，它最初源于模拟社会性动物（后来又发展了一些非生物启发的群体智能算法）的各种群体行为，其核心在于利用群体中的个体间信息交互和协同来寻找最优解，一般用于解决如NP难（NP-Hard）、任务分配等最优化问题。1987 年 Reynolds 利用计算机模拟鸟类的飞行，提出第一个模拟鸟飞行的运动模型，可以算是最早的群体智能研究之一[4]。1991 年，Dorigo 等[5]提出蚁群优化算法，主要根据对自然界中蚁群觅食这一群体行为的观察。随后，在 1995 年，Eberhart 和 Kennedy[6]同样地针对鸟群觅食的自然现象观测，提出了著名的粒子群优化算法。这些算法呈现出来的强大的求解问题的能力使得群体智能算法研究迎来了高潮[7]。

不同于经典优化算法采用确定性规则的方式，群体智能算法利用一种概率转移方式，通过各种随机因素结合元启发性规则，采用群体中的多个个体同时在解空间进行并行搜索可行解的方式，通过群体中个体的相互协作与竞争来实现对优化问题的最优解的有效搜索，具有随机性、自适应性、鲁棒性和并行性等显著特点。

群体智能算法求解最优化问题分为两种类型：① 求解一个函数中，使得函数值最小的自变量取值的函数优化问题；② 在一个解空间里面，寻找最优解，使目标函数值最小的组合优化问题。这类算法优势在于参数较少、收敛速度快，特别是在多维、复杂场景下与其他优化算法相比更简单、效率更高。本节对现有的群体智能算法进行了分类汇总，如图 5-1 所示。

根据仿生与非仿生的特征将群体智能算法统分为两大类，其中仿生算法又可以分为仿生过程算法和仿生行为算法两类。仿生过程算法包括经典的进化算法和人工免疫算法等，仿生行为算法包括蚁群算法、粒子群算法和人工蜂群算法等十分经典且常用的优化算法；而非仿生算法是受一些非生物的启发而发展起来的一类群体智能算法，例如烟花算法[7]、禁忌搜索算法等。图 5-1 所示的各种算法除了可以单一使用外，面对具体的优化问题时，为了优化参数，提高算法性能以及效率，也可以结合起来使用，例如将粒子群算法的基本原理与克隆选择算法相结合可以提高算法在面对高维、多模、带约束的多目标优化问题时的寻优能力。

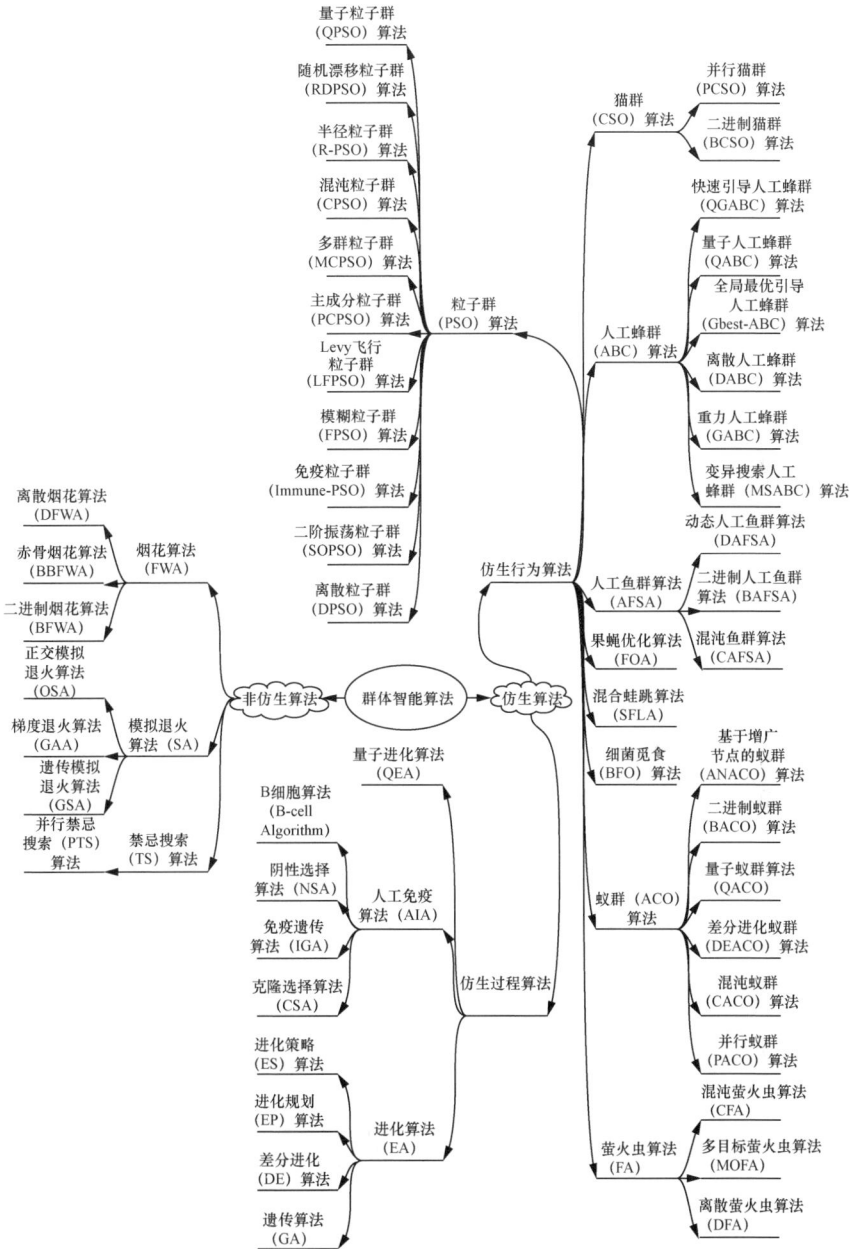

群体智能算法

非仿生算法

- 烟花算法（FWA）
  - 离散烟花算法（DFWA）
  - 赤骨烟花算法（BBFWA）
  - 二进制烟花算法（BFWA）
- 模拟退火算法（SA）
  - 正交模拟退火（OSA）
  - 梯度退火算法（GAA）
  - 遗传模拟退火（GSA）
- 禁忌搜索算法（TS）
  - 并行禁忌搜索（PTS）算法

仿生算法

仿生行为算法

- 粒子群（PSO）算法
  - 量子粒子群（QPSO）算法
  - 随机漂移粒子群（RDPSO）算法
  - 半径粒子群（R-PSO）算法
  - 混沌粒子群（CPSO）算法
  - 多群粒子群（MCPSO）算法
  - 主成分粒子群（PCPSO）算法
  - Levy 飞行粒子群（LFPSO）算法
  - 模糊粒子群（FPSO）算法
  - 免疫粒子群（Immune-PSO）算法
  - 二阶振荡粒子群（SOPSO）算法
  - 离散粒子群（DPSO）算法
- 猫群（CSO）算法
  - 并行猫群（PCSO）算法
  - 二进制猫群（BCSO）算法
- 人工蜂群（ABC）算法
  - 快速引导人工蜂群（QGABC）算法
  - 量子人工蜂群（QABC）算法
  - 全局最优引导人工蜂群（Gbest-ABC）算法
  - 离散人工蜂群（DABC）算法
  - 重力人工蜂群（GABC）算法
  - 变异搜索人工蜂群（MSABC）算法
- 人工鱼群算法（AFSA）
  - 动态人工鱼群算法（DAFSA）
  - 二进制人工鱼群算法（BAFSA）
  - 混沌鱼群算法（CAFSA）
- 果蝇优化算法（FOA）
- 混合蛙跳算法（SFLA）
- 细菌觅食（BFO）算法
- 蚁群（ACO）算法
  - 基于增广节点的蚁群（ANACO）算法
  - 二进制蚁群（BACO）算法
  - 量子蚁群算法（QACO）
  - 差分进化蚁群（DEACO）算法
  - 混沌蚁群（CACO）算法
  - 并行蚁群（PACO）算法
- 萤火虫算法（FA）
  - 混沌萤火虫算法（CFA）
  - 多目标萤火虫算法（MOFA）
  - 离散萤火虫算法（DFA）

仿生过程算法

- 人工免疫算法（AIA）
  - 量子进化算法（QEA）
  - B 细胞算法（B-cell Algorithm）
  - 阴性选择算法（NSA）
  - 免疫遗传算法（IGA）
  - 克隆选择算法（CSA）
- 进化算法（EA）
  - 进化策略（ES）算法
  - 进化规划（EP）算法
  - 差分进化（DE）算法
  - 遗传算法（GA）

图 5-1　群体智能算法

群体智能算法都有一定的共性，即组成群体的多个个体（社会昆虫或粒子）相互协同，具有交互（直接或间接）传递信息和交互式地适应环境的能力，使群体中的个体对环境的适应性逐代变好，逐渐求得问题全局最优解的足够理想的近似解。

一般而言，群体智能算法原理可以用图5-2概述。

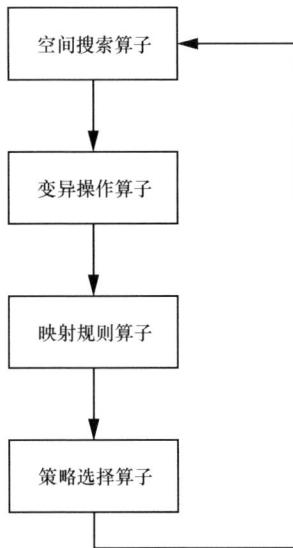

```
┌──────────────┐
│  空间搜索算子  │◄──────────┐
└──────┬───────┘            │
       │                    │
       ▼                    │
┌──────────────┐            │
│  变异操作算子  │            │
└──────┬───────┘            │
       │                    │
       ▼                    │
┌──────────────┐            │
│  映射规则算子  │            │
└──────┬───────┘            │
       │                    │
       ▼                    │
┌──────────────┐            │
│  策略选择算子  │────────────┘
└──────────────┘
```

图 5-2　群体智能算法原理

空间搜索算子是指对可行解空间的搜索方式，比如在蚁群算法中我们是通过蚁群的领域进行探索，在烟花算法中是采用爆炸算法，在遗传算法中是通过染色体遗传获得，这个算子的目的是在已知解的附近寻找更优的解。变异操作算子是为了扩大解的多样性，在一定程度上跳出局部最优解，比如在蚁群算法中我们可以对信息素进行高斯扰动，烟花算法中对爆炸半径引入随机变量，在遗传算法中对染色体进行变异。映射规则算子的意思是数据的格式化，我们在智能算法中为了联系自然界的现象在前两个步骤中保留了信息的原始表达，也就是状态的压缩反变换。策略选择算子即针对优化目标对解空间进行剪枝。

目前群体智能算法的研究方向主要包括以下几个方面。

① 已有的群体智能算法性能的提高，比如研究蚁群优化算法、粒子群优化算法的收敛性加速策略、自适应策略等[8-9]。

② 新型群体智能算法的提出。

③ 多目标群体智能算法研究，目前大部分有影响力的群体智能算法都有了其多目标算法的版本，例如 NSGA-II[10]、SPEA-II[11]、NSPSO[12]等。

④ 并行化群体智能算法研究,比如基于图像处理单元(Graphics Processing Unit,GPU)的粒子群优化算法[13]、基于 GPU 的烟花算法[14]、基于 GPU 的遗传算法[15]等。

⑤ 应用研究,尝试将群体智能算法应用到更多更广阔的领域。

下面我们重点介绍 3 种常用的算法,即蚁群算法、粒子群算法和遗传算法。

1. 蚁群算法

蚁群算法是受自然界蚂蚁觅食行为启发而构建的一种算法。蚁群算法示意如图 5-3 所示,上端点表示起点,下端点表示终点,在起点和终点之间存在 4 条路径,路径有长有短,蚂蚁在寻找食物源时,能在其走过的路径上释放信息素,使得在一定范围的蚂蚁能够感知到这一信息,信息素浓度越大,蚂蚁选择该路径的概率也越高,从而增加了该路径的信息素浓度,形成正反馈,而较长路径由于经过的蚂蚁数目少,信息素不断挥发,最终群体可以找到到达食物源的最短路径。从图 5-3 中可以看出,左起第三条路径距离较短的路径上的蚂蚁也相对较多。

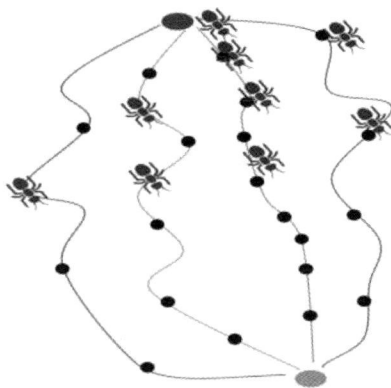

图 5-3　蚁群算法示意

具体地,$\tau_{ij}(t)$ 表示在 t 时刻位置(i,j)之间路径上残留信息素浓度。蚂蚁 k 在行进的过程中,根据各条路径上残留信息素浓度来决定下一步行进的路径,用 $p_{ij}^k(t)$ 表示在 t 时刻蚂蚁 k 由位置 i 转移到位置 j 的概率,则有

$$p_{ij}^k(t) = \begin{cases} \dfrac{[\tau_{ij}(t)]^\alpha [\eta_{ij}(t)]^\beta}{\sum_{s \in \text{ngb}(i)}[\tau_{is}(t)]^\alpha [\eta_{is}(t)]^\beta} & , j \in \text{ngb}(i) \\ 0, & \text{其他} \end{cases} \qquad (5\text{-}1)$$

其中,η_{ij} 是启发式因子,表示蚂蚁 k 从位置 i 行进到位置 j 的期望程度,通常

取距离的倒数。α、β 分别表示信息素和启发式因子在方程中的相对重要程度。ngb(i)表示位置 i 的邻居节点，即位置 i 的下一步可达节点集合。$\tau_{is}(t)$ 表示 t 时刻位置 i 到邻居节点之间路径上的残留信息素浓度，$\eta_{is}(t)$ 是启发式因子，表示蚂蚁 k 从位置 i 行进到邻居节点的期望程度。当所有蚂蚁完成一次遍历之后，各路径上的信息素浓度再根据式（5-2）进行全局更新。

$$\tau_{ij}(t+1) = (1-\rho)\tau_{ij}(t) + \Delta\tau_{ij} \tag{5-2}$$

$$\Delta\tau_{ij} = \sum_{k=1}^{m}\Delta\tau_{ij}^{k} \tag{5-3}$$

其中，$\rho(0 < \rho < 1)$ 表示挥发系数，$1-\rho$ 表示持久性系数，$\Delta\tau_{ij}$ 表示本次迭代后信息素的增量，$\Delta\tau_{ij}^{k}$ 表示第 k 只蚂蚁在本次迭代中残留在边上的信息素量。蚁群算法目前被广泛用于离散优化问题的算法，包括旅行商问题（Travelling Salesman Problem，TSP）、二次分配问题和网络路由优化等。

一个完整的蚁群算法解决 TSP 可以用图 5-4 所示的算法表示。

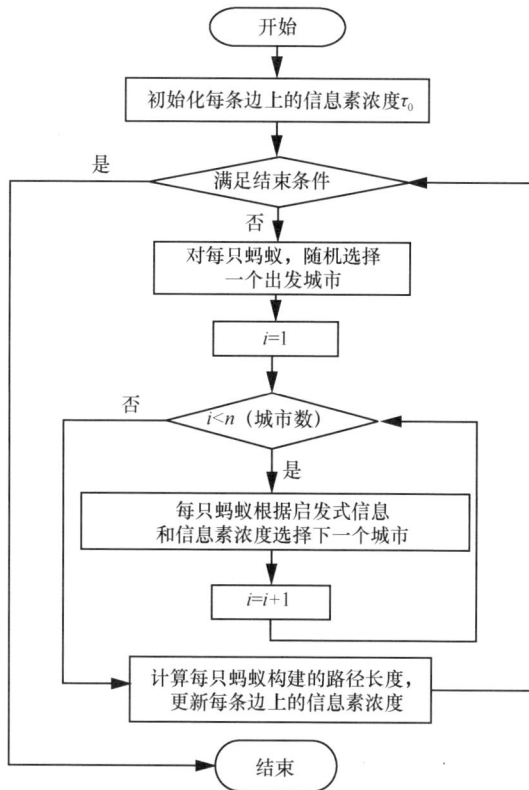

图 5-4 蚁群算法解决 TSP 算法框图

2. 粒子群算法

粒子群算法是模拟自然界中鸟群觅食的行为演化出来的一种算法。实际鸟群个体之间存在差异，有些鸟具有较好的视力和嗅觉，感知目标位置的能力更好。

鸟群个体之间保持沟通，具有较好的视力和嗅觉的鸟会把自己对目标的判断告诉群体做参考，鸟群就找到了最优位置。

形式上而言，每只鸟个体有两种行为，即趋向个体行为和趋向群体行为。个体行为指的是鸟会朝着自己判断的最佳位置飞行，群体行为指的是鸟群之间信息共享后，朝着群体判断的最佳位置飞行。抽象到鸟的飞行速度而言，如图 5-5 所示。

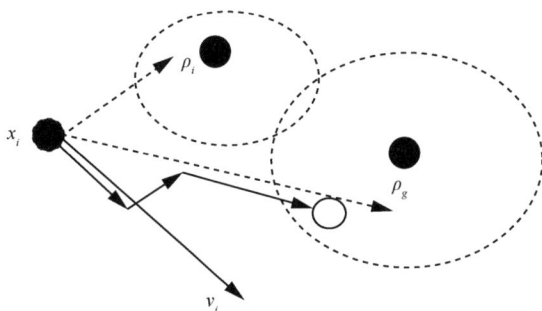

图 5-5　鸟群中个体速度分解示意

我们用 x_i 表示标号为 i 的鸟所处的位置，同理用 v_i 表示标号为 i 的鸟的速度。用 ρ_i 和 ρ_g 分别表示标号为 i 的鸟感知到的最佳位置和群体感知到的最佳位置。我们可以更新其速度为

$$v_i = \omega v_i + c_1 r_1 (\rho_i - x_i) + c_2 r_2 (\rho_g - x_i) \tag{5-4}$$

其中，ω 表示惯性因子，c_1 和 c_2 分别表示对应的学习因子，r_1 和 r_2 为 0~1 之间的随机数。

鸟会采用 v_i 进行移动，更新自己的位置，即

$$x_i = x_i + v_i \tag{5-5}$$

粒子群算法被广泛用于连续问题和离散问题的优化，包括模糊控制器设计、机器人路径规划、信号处理和模式识别、神经网络的训练、车间调度、旅行商问题、车辆路径问题（Vehicle Routing Problem，VRP）、配电网络和农业工程等。

一个完整的粒子群算法可以用图 5-6 表示。

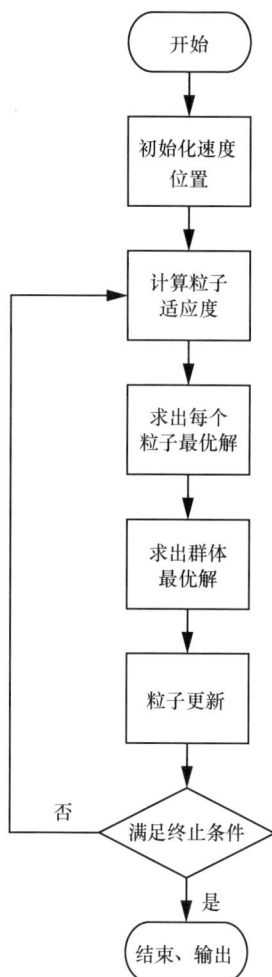

图 5-6 粒子群算法

3. 遗传算法

遗传算法模拟的是自然进化的过程。一个生命体具有特定的基因，这些基因决定了个体是否适应环境。初代基因生成后，按照适者生存和优胜劣汰的原理，基因会得到不断的优化，进化过程包括变异、交叉。在不断选择适应度高的个体迭代过程中，算法逐步朝着最优解的方向进化。

具体地，假设我们用遗传算法解决 TSP。这个 TSP 是身处武汉的我们想要游玩武汉的 5 个经典景点，包括武汉长江大桥（标号为 1）、黄鹤楼（标号为 2）、武汉欢乐谷（标号为 3）、木兰天池（标号为 4）和辛亥革命武昌起义纪念馆（标号为 5），起点标记为 0，如图 5-7 所示。

3武汉欢乐谷

4木兰天池

2黄鹤楼

1武汉长江大桥

5辛亥革命武昌起义纪念馆

图 5-7　武汉经典路径环游图

当我们采用遗传算法求解该问题时，可以用（0，1，2，3，4，5，0）的一个排列来表示一种方案。对于每一个组合都有一个对应的适应度。算法在迭代的过程中会有个体之间的交叉，即染色体部分片段在个体之间发生交换，如图 5-8 所示。

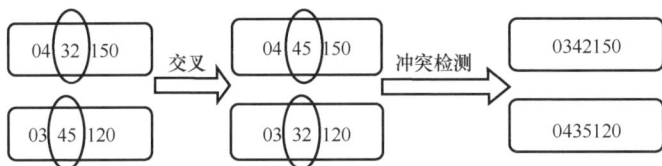

图 5-8　遗传算法交叉示意

由于交叉会导致部分个体不满足题目设定，需要做一定的调整，即冲突检测。针对变异，染色体部分片段发生变化，如图 5-9 所示。注意这个冲突检测并非所有遗传算法都有的。

图 5-9　遗传算法变异示意

遗传算法被广泛用于函数优化、组合优化、车间调度、自动控制、机器人学、图像处理、人工生命、遗传编码和机器学习领域中。

·个完整的遗传算法可以用图 5-10 所示。

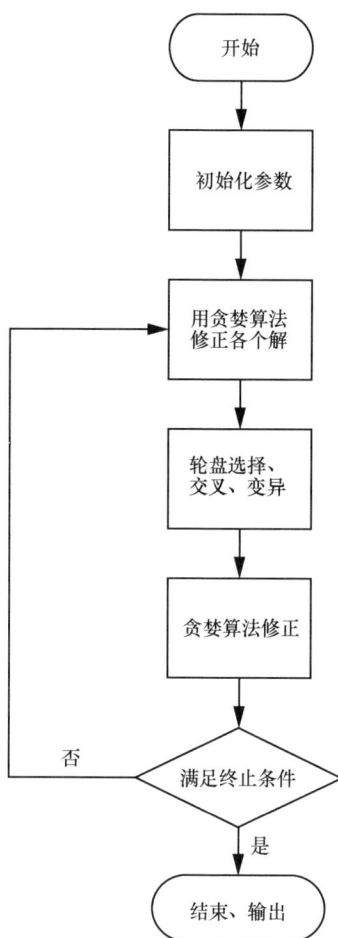

图 5-10　遗传算法

5.1.3　群体智能系统

群体智能按解决问题方法的不同可分为狭义的群体智能和广义的群体智能。狭义的群体智能是指利用群体智能算法解决问题，广义的群体智能则是指利用群体智能系统解决问题。

各类群体智能算法作为优化算法被广泛用于各个场景下，比如利用蚁群算法解决电信网络的路由问题，利用粒子群算法进行聚类分析，利用遗传算法进行图像处理等。

多智能体群体智能系统应用相对而言发展较慢，这里以网络群体智能、群体机器人和仿鱼群概念车为例说明多智能体群体智能系统。

1. **网络群体智能**

网络群体智能是广义群体智能应用的一个典型场景。文献[16]指出网络群体智能具有的特点是："网络数据驱动，交互形式复杂，网络效应强大，知识生产为主，不确定性认知。"

这里的网络可以是社交网络、Web 网络或者传感器网络。网络中的个体通过相互协作会涌现出特定的现象。文献[16]中提到一个例子，即维基百科上关于"Turing Machine"一词的编辑结果，共有 600 多个历史编辑结果。如果我们以编辑者作为节点，编辑者之间的交互关系（包括修改、删除和添加）等作为边，构建复杂网络。可以发现该网络具有典型的幂律分布特性，也就是有利于个体优秀的知识或者行为在群体中扩散，形成共识[16]。

2. **群体机器人**

群体机器人是一种多机器人系统，该系统由大量简单的物理机器人组成，是群体智能的一个典型例子。在这一系统中，机器人之间的相互作用和机器人与环境的相互作用演化出复杂的集体行为[1]。

Li 等[17]研究了群体机器人系统，系统中机器人只有一个自由度，即只能沿着径向膨胀和收缩。因此，对于一个粒子而言，实际上不能发挥任何作用。每个粒子可以主动响应其本地环境并通过非特定通信的方式对其他粒子进行广播。各个粒子利用振荡的相位差，简单来说，就是各个粒子张合的先后顺序，实现一些功能。

3. **仿鱼群概念车**

我们知道在自然界中，蜂群和鱼群都有较好的防碰撞、导航和搜索能力。日产汽车公司在 2008 年，仿照蜜蜂行为研制了"BR23C"，一款智能机器人概念车。2009 年，日产汽车公司继续发布了"EPORO"仿鱼群概念车[18]。"EPORO"仿鱼群概念车相对于"BR23C"仿鱼群概念车单体而言，具备更强的防碰撞能力。"EPORO"仿鱼群概念车实物图片如图 5-11 所示。

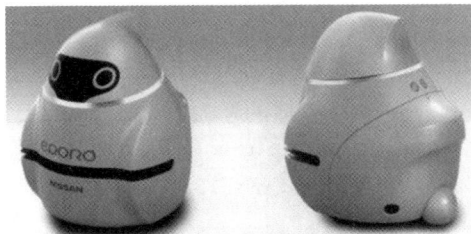

图 5-11　"EPORO"仿鱼群概念车实物图片

和鱼群类似,"EPORO"仿鱼群概念车实现了碰撞避免、同排移动和靠近同伴的功能。具体的实现功能如下。

① 碰撞避免:改变自身运动方向,避免和同伴碰撞。

② 同排移动:保持一定的距离同排移动。

③ 靠近同伴:当相互距离较大时,自动拉近距离。

◆ 5.2 多智能体

多智能体系统假设个体具有一定的智能特性,即个体具有自主或者半自主的决策能力。智能体通过与环境的交互,学习自身策略。我们在 5.2.1 节概述多智能体;在 5.2.2 节对多智能体进行建模,为多智能体算法做铺垫;在 5.2.3 节重点介绍几种常用的多智能体学习算法。

5.2.1 多智能体概述

多智能体系统是指用若干个具备简单智能并且易于控制和管理的系统通过互相协作实现较为复杂的智能,多智能体系统具有更好的自主性、灵活性、可拓展性和鲁棒性,应用集群运动的理论建模来获得智能涌现,使系统中的智能体能够在仅拥有局部感知能力下,通过与其他智能体以及环境的交互、协同,实现复杂的行为模式。这样的系统不仅能降低系统建模的复杂性,还能提高系统的鲁棒性和灵活性。多智能体系统根据不同的学习方式,分为通过教学学习(Learn by Teaching,LBT)和通过观察学习(Learn by Watching,LBW)两种学习方式。从算法层面来说,典型的算法包括各种以强化学习为基础的算法。

① LBT 是指通过教育获得知识。典型的情况是存在一个经验丰富的个体,其他个体则通过从该个体获取经验得到训练。

② LBW 是指通过观察获得知识。典型的情况是个体通过观察其他个体获取额外的经验,类似于强化学习的事件共享。

多智能体的协作学习一直是研究的重点,作为通用人工智能的两个大方向之一,一直以来备受关注。多智能体的学习分为竞争和合作两种形式。合作式多智能体学习通常采用 LBT 和 LBW 交换信息和经验。以合作式 Q 学习(Q-learning)算法来说[19],假设多个智能体之间可以直接交换 Q 表,合作式多智能体学习会优化整体的 Q 值,获取更好的系统性能。

5.2.2　多智能体建模

理论建模是理解生物集群运动的一种途径，同时也对人造群体智能系统的研究有着指导意义。常见的建模手段基于个体的微观模型，这类模型以个体为建模对象，通过个体的感知、交互、运动规律以及外部环境影响等因素进行建模。这类微观模型虽然灵活直观，但是在实际应用中一般得不到解析解，需要数值仿真来研究群体特性。Reynolds、Vicsek、Couzin 等是研究集群运动模型的代表人物，1987 年 Reynolds 等构造了一个计算机仿真模型 Boid，其中提出的分离（Seperation）、聚集（Cohesion）、同步（Alignment）3 个基本规则奠定了集群模型的基础，后续研究者提出的大部分集群运动模型均是以此为基础构建的。

借助集群运动模型可以对大规模群体运动进行仿真模拟，近年研究表明在集群运动中，个体的感知范围即视场角度并非越广越好，仿真模拟显示存在一个最优视场角度使得群体系统最快收敛至同步状态，这就表明全部邻近信息在群体系统中存在冗余，即个体并不需要获得全部邻近个体的信息，获取适当数量的邻近个体信息不仅可以简化通信交流，还能提高系统的收敛速率。此外，历史信息在群体系统中也有举足轻重的作用，有效利用自身以及邻近个体的历史信息，也能提高系统的同步收敛速率。

5.2.3　多智能体学习算法

在本节中，我们重点介绍几个具有代表性的多智能体学习算法[20]，即 Q-learning [21]、Deep Q Network（DQN）[22]、策略梯度（Policy-gradient）[23] 和 Actor-Critic[24]。

多智能体算法主要以强化学习为主，Q-learning 为比较早的一类强化学习算法，是一种基于表格的强化学习算法，对于离散状态和离散动作的环境具有较好的学习能力。由 Q-learning 演化出来的算法有很多，主要特征是基于表格。根据 Q 值更新是否选择动作作为下一个时间的动作，分为在线（On-policy）和离线（Off-policy）两种。但是 Q-learning 要求环境是离散的，这是一个很强的约束，在一些场景下这一个强约束要么导致环境抽象的过度，损失精度；要么导致状态过大，难以存储。神经网络具有强大的拟合能力，在描述连续空间的环境时具有优势，因此 DQN 相对于 Q-learning 在复杂环境和连续空间具有优势。针对 DQN 的拓展研究更加丰富，抛开从特征提取网络层面的创新，主要的拓展网络包括 Double Deep Q Network（DDQN）和 Dueling Deep Q Network[25]。DDQN 主要避免了 DQN 过度自信估计问题，而 Dueling Deep Q Network 在决策层之前将状态和动作分开，有利于对动作和状态分别进行评估。对于连续输出的环境，Policy-gradient 具有优势，其可以保证至少收敛到一个局部最优解。同理，Actor-Critic 是由 Actor 和 Critic 组合而成，其中 Actor 负责选择，Critic 则对其进行评估。

1. Q-learning

Q-learning 是基于表格的强化学习算法。Q-learning 涉及状态、动作和奖励 3 个主要部分。我们用 s_t 表示实体在 t 时刻的状态，状态集合为 S。同理，我们用 a_t 表示实体在 t 时刻选择的动作，状态集合为 A。用 r_t 表示实体在时刻 t 选择的奖励。我们用 $Q(s_t, a_t)$ 表示实体在 s_t 时采用 a_t 动作的 Q 值。则 Q-learning 更新公式可以表示为

$$Q(s_t, a_t) = (1 - \alpha)Q(s_t, a_t) + \alpha \max_{\alpha}(r_t + \gamma Q(s_{t+1}, a_t)) \tag{5-6}$$

其中，α 表示学习率，γ 表示折损因子。

一个完整的 Q-learning 可以表示为算法 5-1。

算法 5-1　Q-learning

1: Q 值初始化

2: 迭代次数 $E = 1, 2, \cdots, N$

3: 构建初始状态 s_0

4: 时间 $t = 1, 2, \cdots, T$

5: 基于目前的 Q 值，选择动作 a_t

6: 执行动作 a_t

7: 计算收益 r_t

8: 获取下一个时刻的状态 s_{t+1}

9: 更新 $Q(s_t, a_t)$

2. DQN

实际上 Q 表就是一个函数，神经网络可以将其替换，即 DQN 的做法。此时，输入可以是动作和状态的组合，也可以是单独的状态。通常而言，第二种居多。图 5-12 所示为一个典型的 DQN 结构[21]。

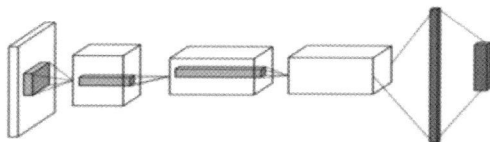

图 5-12　一个典型的 DQN 结构

此外，DQN 相对 Q-learning 还有一个大的区别在于引入了经验池（Experience Replay），这有利于打破输入之间的相关性。

在介绍具体的算法之前，我们先对符号进行说明，用 D 表示经验池，用 Φ 表示神经网络拟合函数。

一个完整的 DQN 可以表示为算法 5-2，算法取自文献[21]。

算法 5-2　DQN

1：初始化经验池 D 大小为 N

2：值初始化

3：迭代次数 $E=1,2,\cdots,N$

4：构建初始状态 s_0，计算 $\Phi(s_0)$

5：时间 $t=1,2,\cdots,T$

6：以一定概率 ε 随机选择动作 a_t

7：否则计算最大 Q 值进行动作选择

8：执行动作 a_t，计算收益 r_t，获取下一个时刻的状态 s_{t+1}

9：设置 $s_{t+1}=s_t$，计算 $\Phi(s_{t+1})$

10：存储经验 $(\Phi(s_t),a_t,r_t,\Phi(s_{t+1}))$ 到经验池 D

11：从经验池 D 随机采用一批样本 $(\Phi_j,a_t,r_t,\Phi_{j+1})$

12：设置 $y_j=\begin{cases} r_j, & \Phi_j \text{是终点} \\ r_j+\gamma\times\max_b Q(\Phi_{j+1},b), & \text{其他} \end{cases}$

13：在 $(y_j-Q(\Phi_j,a_j))$ 的平方误差下执行反向传播

3．Policy-gradient

前面提到 Q-learning 无法处理连续空间的情况，DQN 在内的大多数强化学习没有收敛性保证。然而，Policy-gradient 可以处理这些问题，其可以用于连续或者离散空间，且保证至少收敛到一个局部最优解。

同理，下一个时刻的状态 s_{t+1} 由一定概率获得，即 $s_{t+1}\sim p(s_{t+1}|s_t,a_t)$，其中，$p$ 表示环境决定的状态转移概率。动作则由一个策略生成模型决定，即，$a_t\sim\pi_\theta(a_t|s_t)$，其中，$\theta$ 为参变量，π_θ 是其分布。

此时，对于单次轨迹为 τ，单次轨迹收益为 $r(\tau)$ 的强化学习总收益 $R(\theta)$ 可以表示为

$$R(\theta)=E(r(\tau)) \tag{5-7}$$

又有 $E(r(\tau))=\int p_\theta(\tau)r(\tau)\mathrm{d}\tau$，对其求导可有，

$$\nabla_\theta R(\theta)=\nabla_\theta\int p_\theta(\tau)\mathrm{d}\tau=E\left(\sum_{k=0}^{T}\nabla_\theta\log(\pi_\theta(a_k|s_k))r(\tau)\right) \tag{5-8}$$

因此，对于每条轨迹 τ，对应的梯度可以表示为

$$h(\tau) = \sum_{k=0}^{T} \nabla_{\theta} \log(\pi_{\theta}(a_k \mid s_k)) r(\tau) \tag{5-9}$$

一个完整的 Policy-gradient 可以表示为算法 5-3。

算法 5-3　Policy-gradient

1：初始化 θ

2：迭代次数 $E=1,2,\cdots,N$

3：基于 π_{θ} 等构建多条路径 τ

4：计算各条路径的 $h(\tau)$

5：根据 $h(\tau)$ 计算 $\nabla_{\theta} R(\theta)$

6：更新 θ

4. Actor–Critic

Actor-Critic 由 Actor 和 Critic 两部分组成。其中，Actor 一般采用 Policy-gradient，这使得 Actor 可以在连续空间进行动作选择。但是前面提到 Policy-gradient 基于回合更新太慢，因此引入 Critic 实现单步更新。Actor-Critic 实现了单步更新，这是相对于 Policy-gradient 的一大优势。但是 Actor 的收敛取决于 Critic，这导致网络难以收敛，为了解决这个问题，深度确定性策略梯度（Deep Deterministic Policy Gradient，DDPG）融合了 DQN 的优势。下面重点说明 DDPG。

一个完整的 DDPG 网络包括 4 个部分，即价值估计网络 Q、价值现实网络 Q^{*}、动作估计网络 μ 和动作现实网络 μ^{*}。其与 DQN 类似，采用估计网络和现实网络分开的原理，即避免过度自信估计。

Critic 的学习过程与 DQN 类似，即最小化欧氏距离，其中价值现实网络给出的值为

$$y_i = r_i + \gamma Q^{*}(s_{i+1}, \mu^{*}(s_{i+1} \mid \theta^{\mu^{*}}) \mid \theta^{Q^{*}}) \tag{5-10}$$

其中，$\theta^{\mu^{*}}$ 为动作现实网络的参数，$\theta^{Q^{*}}$ 为价值现实网络的参数。不同于 DQN，我们计算现实的 Q 值，不再使用贪心算法来选择动作，而是采用动作现实网络获取。

有了价值现实网络的输入，我们可以对 Critic 进行学习，即最小化损失 L，其表示为

$$L = \frac{1}{N} \sum_{i=1}^{N} (y_i - Q(s_i, a_i) \mid \theta^{Q})^2 \tag{5-11}$$

其中，θ^{Q} 为价值估计网络的参数。

对于 Actor，采用式（5-12）进行更新。

$$\nabla_{\theta^{\mu}} J \approx E_{s_t \sim \rho^{\beta}}[\nabla_{\theta^{\mu}} Q(s,a \mid \theta^Q)|_{s=s_t, a=\mu(s_t|\theta^{\mu})}] \qquad (5\text{-}12)$$

其中，θ^{μ} 为动作估计网络的参数。对式（5-12）进行改写，有

$$\nabla_{\theta^{\mu}} J \approx E_{s_t \sim \rho^{\beta}}[\nabla_{\theta^{\mu}} Q(s,a \mid \theta^Q)|_{s=s_t, a=\mu(s_t)} \nabla_{\theta^{\mu}} \mu(s \mid \theta^{\mu})|s=s_t] \qquad (5\text{-}13)$$

一个完整的 DDPG 可以表示为算法 5-4，算法取自文献[24]。

算法 5-4　DDPG

1: 参数初始化，即 θ^Q, θ^{μ}

2: 对现实网络赋值，即 $\theta^{\mu^*} \leftarrow \theta^{\mu}$，$\theta^{Q^*} \leftarrow \theta^Q$

3: 初始化经验池大小 R

4: 迭代次数 $E=1, 2, \cdots, N$

5: 初始化随机动作选择 θ，用于对动作进行探索

6: 确定初始状态 s_1

7: 时间 $t=1,2,\cdots,T$

8: 选择动作 a_t，$\mu(s \mid \theta^{\mu})$，θ

9: 执行动作 a_t，计算收益 r_t，获取下一个时刻的状态 s_{t+1}

10: 存储经验 $(\Phi(s_t),a_t,\Phi(s_{t+1}))$ 到经验池 D

11: 从经验池 D 采样一批大小为 N 的样本

12: 计算 y_i

13: 计算 L

14: 反向传播更新 Critic 网络

15: 计算 $\nabla_{\theta^{\mu}} J$

16: 反向传播更新 Actor 网络

5.3　群体协同相关技术应用

群体协同相关技术在无人机[26-30]、AUV 等相关领域已经有了很多应用。我们在 5.3.1 节介绍群体智能算法在 AUV 中的应用，在 5.3.2 节介绍多智能体系统的应用，包括集群机器人、无人机等。

5.3.1　群体智能算法在 AUV 中的应用

各种群体智能算法在 AUV 的优化上起到了关键的推动作用，包括 AUV 自

主避障、路径规划、任务分配、故障诊断、水下目标跟踪等。文献[31]通过改进蚁群算法，用于 AUV 全局路径规划，在海底地形环境下，对三维避障起到了优化作用。文献[32]通过将粒子群和蚁群算法融合，利用粒子群算法较强的全局搜索能力、蚁群算法收敛快等特性，优化了 AUV 三维路径规划问题。文献[33]针对垂直面欠驱动自治水下机器人的定深控制问题，基于粒子群算法，提出了改进方法。

目前，群体智能在 AUV 的应用大多是用群体智能算法优化 AUV 具体问题，直接在系统级实现群体智能的方法相对较少。

5.3.2 多智能体系统的应用

集群机器人的应用比较广泛，包括无人机、AUV 等。目前有较多的文章研究集群机器人的协同问题。

集群无人机系统发展相对较早，集群无人机系统指的是由多个无人机组成的系统，该系统的无人机通过协作完成特定的任务。集群无人机被广泛用于侦察监视、军事目标攻击、电子干扰、通信中继等军事领域，以及海洋探测、航拍摄影、城市监控、天气监测、应急监测、紧急搜索、救援任务等民用场景。2017 年，美军率先研究出了类似鸟类群体行为的 103 架"山鹑"无人机群。2017年，中国在 119 架无人机飞行演练中展示了空中集结、多目标分组和编队合围等动作。

多智能体算法在水下的应用也极其广泛，与群体智能类型不同的是，水下多智能体算法在个体算法优化中具有相对丰富的研究。以下是关于多智能体在水下场景的一些应用领域。

① 水下救援：通过水下部署潜航器网络，利用传感器设备传感的信号第一时间发现或接收险情信息，并对当前水下环境进行评估，远程完成靠近检查危险品、搜救打捞沉船和海关安全检查等任务[34]。

② 海洋科考：在水下构建多个智能观测站节点，立体覆盖考察海洋区域，对海洋的水文、环境、生物信息进行监控并定期返送信息进行整合，既能够节约科考船出行成本又能增加数据采集频率，提高了海洋研究能力和水平[35]。

③ 航线规划：基于多智能体对海洋环境的实时探测信息，利用多智能体算法进行模拟仿真，既能实现对潜航器的导航定位，又能对航迹的实时路况做出反应进而完成避碰。

④ 近海防御：我国近海海域可以通过集群自主潜航器系统的有效部署完成对静音潜艇、水下鱼雷等军事目标的察打一体化，完成军事化协同搜索、协同打击、集群对抗等任务，提升我国的近海防御能力。

⑤ 通信组网：海洋信息网络是人类用于认知、开发和经略海洋的信息网络。自主潜航器之间的协同合作有利于提高信息获取及传输效率，并且可以通过群体智能理论，构建面向水下集群自主潜航器的协同通信自组织网，完成水下多域立体协同感知系统。

文献[36]研究了基于 Q 学习的多智能体协同问题，实验验证了其具有较好的收敛性。文献[37]针对 AUV 轨迹跟踪问题，采用 DDPG 辅助水下运动控制系统。DDPG 包括网络选择动作和网络评估所选动作是否准确两个神经网络，这两个神经网络由多个完全连接的层组成，验证了该算法比传统的比例、积分、微分（Proportion Integral Differential，PID）控制更精确地解决了复杂曲线上的自主潜航器的轨迹跟踪问题。自主潜航器的航行是一项非常艰巨的任务，特别是在动态环境中，文献[38]采用 Q 学习方法对海流下的 AUV 局部路径进行了调整，并在电子海图仿真系统中进行了验证。

参考文献

[1] TAN Y, ZHENG Z. Research advance in swarm robotics[J]. Defence Technology, 2013, 9(1): 18-39.

[2] BONABEAU E, MARCO D R D F, DORIGO M, et al. Swarm intelligence: from natural to artificial systems[M]. Oxford: Oxford University Press, 1999.

[3] REYNOLDS C W. Flocks, herds and schools: a distributed behavioral model[C]//ACM SIGGRAPH Computer Graphics. New York: ACM Press, 1987, 21(4): 25-34.

[4] MANIEZZO A. Distributed optimization by ant colonies[C]//Toward a Practice of Autonomous Systems: Proceedings of the First European Conference on Artificial Life. Cambridge: MIT Press, 1992: 134.

[5] DORIGO M. Ant colony optimization[J]. Scholarpedia, 2007, 2(3): 1461.

[6] EBERHART R, KENNEDY J. A new optimizer using particle swarm theory[C]//Proceedings of the Sixth International Symposium on Micro Machine and Human Science. Piscataway: IEEE Press, 1995: 39-43.

[7] 谭营, 郑少秋. 烟花算法研究进展[J]. 智能系统学报, 2014, 9(5): 515-528.

[8] BLUM C, LI X. Swarm intelligence in optimization[M]. Berlin: Springer, 2008: 43-85.

[9] ZHAN Z H, ZHANG J, LI Y, et al. Adaptive particle swarm optimization[J]. IEEE Transactions on Systems, Man, and Cybernetics, Part B: Cybernetics, 2009, 39(6): 1362-1381.

[10] DEB K, PRATAP A, AGARWALS, et al. A fast and elitist mult-iobjective genetic algorithm: NSGA-II[J]. IEEE Transactions on Evolutionary Computation, 2002, 6(2): 182-197.

[11] LAUMANNS M. SPEA2: improving the strength pareto evolutionary algorithm[J]. TIK-Report, 2001(103): 1-21.

[12] LI X. A non-dominated sorting particle swarm optimizer for multi-objective optimization[C]//

Genetic and Evolutionary Computation—GECCO 2003. Berlin: Springer, 2003: 37-48.

[13] ZHOU Y, TAN Y. GPU-based parallel particle swarm optimization[C]//IEEE Congress on Evolutionary Computation. Piscataway: IEEE Press, 2009: 1493-1500.

[14] DING K, ZHENG S, TAN Y. A GPU-based parallel fire- works algorithm for optimization[C]//Proceeding of the Fifteenth Annual Conference on Genetic and Evolutionary Computation Conference. New York: ACM Press, 2013: 9-16.

[15] LI J, WANG X, HE R, et al. An efficient fine-grained parallel genetic algorithm based on GPU-accelerated[C]//IFIP International Conference on Network and Parallel Computing. Dalian: IFIP, 2007: 855-862.

[16] 王华, 赵东杰, 杨海涛, 等. 大数据时代下网络群体智能研究方法[J]. 计算机与现代化, 2015(2): 1-6.

[17] LI S G, BATRA R, BROWN D, et al. Particle robotics based on statistical mechanics of loosely coupled components[J]. Nature, 2019, 567(7748): 361-365.

[18] 黎晓. 模仿鱼群实现避撞日产发布机器人概念 EPORO[J]. 汽车与安全, 2009, 12: 13-16.

[19] FANG Z R, WANG J J, JIANG C X, et al. QLACO: Q-learning aided ant colony routing protocol for underwater acoustic sensor networks[C]//2020 IEEE Wireless Communications and Networking Conference (WCNC). Piscataway: IEEE Press, 2020: 1-6.

[20] WANG J J, JIANG C X, ZHANG H, et al. Thirty years of machine learning: the road to pareto-optimal wireless networks[J]. IEEE Communications Surveys and Tutorials, 2019, 22(3): 1472-1514.

[21] WATKINS C J C H, DAYAN P. Q-learning[J]. Machine learning, 1992, 8(3-4): 279-292.

[22] MNIH V, KAVUKCUOGLU K, SILVER D, et al. Playing atari with deep reinforcement learning[J]. arXiv preprint arXiv:1312.5602, 2013.

[23] SUTTON R S, MCALLESTER D A, SINGH S P, et al. Policy gradient methods for reinforcement learning with function approximation[J]. Submitted to Advances in Neural Information Processing Systems, 2000: 1057-1063.

[24] LILLICRAP T P, HUNT J J, PRITZEL A, et al. Continuous control with deep reinforcement learning[EB].

[25] WANG Z, SCHAUL T, HESSEL M, et al. Dueling network architectures for deep reinforcement learning[C]//Proceedings of the 33rd International Conference on International Conference on Machine Learning. New York: ICML, 2016: 1995-2003.

[26] WANG J J, JIANG C X，HAN Z，et al. Taking drones to the next level: cooperative distributed unmanned-aerial-vehicular networks for small and mini drones[J]. IEEE Vehicular Technology Magazine, 2017, 12(3): 73-82.

[27] WANG J J, JIANG C X, WEI Z X, et al. Joint UAV hovering altitude and power control for space-air-ground IoT networks[J]. IEEE Internet of Things Journal, 2019, 6(2): 1741-1753.

[28] WANG J J, JIANG C X, QUEK T Q S, et al. The value strength aided information diffusion in socially-aware mobile networks[J]. IEEE Access, 2016, 4: 3907-3919.

[29] LI X W, YAO H P, WANG J J, et al. A near-optimal UAV-aided radio coverage strategy for

dense urban areas[J]. IEEE Transactions on Vehicular Technology, 2019, 68(9): 9098-9109.

[30] LI X W, YAO H P, WANG J J, et al. Rechargeable multi-UAV aided seamless coverage for QoS-guaranteed IoT networks [J]. IEEE Internet of Things Journal, 2019, 6(6): 10902-10914.

[31] 张楠楠, 姜文刚, 窦刚. 改进蚁群算法在 AUV 三维路径规划中的研究[J]. 计算机工程与应用, 2019, 55(11): 265-270.

[32] 付振秋, 季光, 杨瑛. 改进型蚁群算法的 AUV 三维路径规划[J]. 舰船科学技术, 2018, 40(19): 72-77.

[33] 王洪斌. 基于粒子群优化的 AUV 定深跟踪有限时间控制[C]//第 37 届中国控制会议. 武汉: 中国自动化学会控制理论专业委员会, 2018: 155-160.

[34] FANG Z R, WANG J J, JIANG C X, et al. AoI inspired collaborative information collection for AUV assisted internet of underwater things[J]. IEEE Internet of Things Journal, 2021.

[35] 段瑞洋, 王景璟, 杜军, 等. 面向"三全"信息覆盖的新型海洋信息网络[J]. 通信学报, 2019, 40(4): 10-20.

[36] 严浙平, 李锋, 黄宇峰. 多智能体 Q 学习在多 AUV 协调中的应用研究[J]. 应用科技, 2008(1): 57-60.

[37] YU R, SHI Z, HUANG C, et al. Deep reinforcement learning based optimal trajectory tracking control of autonomous underwater vehicle[C]//2017 36th Chinese Control Conference (CCC). Piscataway: IEEE Press, 2017: 4958-4965.

[38] LIU B, LU Z. AUV path planning under ocean current based on reinforcement learning in electronic chart[C]//2013 International Conference on Computational and Information Sciences. Piscataway: IEEE Press, 2013: 1939-1942.

第6章

自主潜航器协同通信相关综述

❖ 6.1 水声通信网络协议栈

自主潜航器网络协议栈与水声通信网络协议栈一样，应该具有能量意识、管理以及促进节点之间的协作等功能。协议栈一般由物理层、数据链路层、网络层、传输控制层和应用层构成，还包括能量管理平台/移动管理平台以及网络管理平台[1]。图 6-1 所示为一种沿袭了陆地无线传感器网络的水声通信网络协议栈结构。

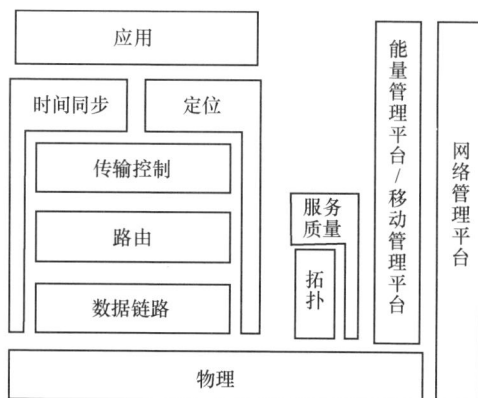

图 6-1　水声通信网络协议栈结构

尽管水声通信网络的多数研究至今都遵循着传统的分层方法，但在恶劣的水下环境下，跨层的设计方法可以有效提高网络效率。跨层设计方法的核心是共同设计网络的不同功能，从调制解调器的设计到多址接入信道（Multiple

Access Channel，MAC）和路由的设计，从信道编码和调制的设计到数据压缩和传输控制层的设计，来克服分层结构的缺点，如协议层之间不能共享信息使网络运行在次优状态等。

（1）物理层

物理层提供简单但鲁棒的信号调制和声收发技术。由于水声信道的复杂性，在相当长的时间里，频移键控（Frequency Shift Keying，FSK）调制方式被认为是水声通信中的最佳调制方式。因为 FSK 通信系统是一种非相干能量检测系统，对水声信道的时间和频率扩展有很强的适应性。FSK 调制的缺陷在于：需要较宽的频带宽度，频带利用率很低（一般不超过 $0.5\ \mathrm{bit \cdot s^{-1} \cdot Hz^{-1}}$），并对信噪比有较高的要求。当存在多普勒频移时，必须设置一定的频率裕度，这样就不能充分利用有限的水声信道带宽。此外，FSK 调制虽然回避了载波相位恢复的问题，但并未解决多径引起的符号间干扰问题。

从 20 世纪 70 年代后期到现在，FSK 通信系统在技术上并没有太大的变革，只是随着电子技术的发展和处理器速度的提高，在通信速度、实时性和灵活性方面得到了较大提升。

水声通信中使用相移键控（Phase Shift Keying，PSK）调制方式的研究开始于 20 世纪 80 年代初。在相干接收发展中具有里程碑意义的是在接收器中使用了决策反馈均衡器（Decision Feedback Equalization，DFE）和锁相环（Phase Locked Loop，PLL）。在传统的水声传播观念中，时变起伏是相干接收的主要矛盾，使用 DFE 和 PLL 也正是基于估计和跟踪信道脉冲响应的复杂性和时变性。非相干接收器努力回避码间干扰的影响，而相干接收器主动减小码间干扰的影响，以获得可靠的参考相位。

相位相干调制分为差分相干调制和绝对相干调制。由于难以实现有效的载波恢复，最初的差分相干调制大多使用差分相移键控（Differential Phase Shift Keying，DPSK）方式。DPSK 除了不需要相干载波外，在抗频漂能力、抗多径效应及抗相位慢抖动能力方面都优于绝对相干调制，但由于参考相位中噪声的影响，DPSK 在抗噪声能力上有一定牺牲。

从 20 世纪 90 年代至今，水声通信领域的研究重点转向对高速相干调制通信技术的研究，各种基于 PSK 调制的通信系统相继出现。

20 世纪 90 年代中后期以来，又开展了对水声通信新技术的研究，主要包括水下多载波调制技术、码分多址（Code Division Multiple Access，CDMA）扩谱技术、空间分集技术、水下通信网络等，取得了一些振奋人心的成果。

（2）数据链路层

数据链路层负责数据成帧、帧检测、媒体访问和差错控制。水声信道的复杂性（如带宽有限、时延大而且时延多变等）对水声通信网络的媒体访问控制提出了新的挑战。因为频分多址（Frequency Division Multiple Access，FDMA）信道的带宽比传输信道的相干带宽窄，所以 FDMA 用户容易遇到信道衰落问题。在水声信道中这种严重衰落会对 FDMA 通信系统造成很大的困难。此外，由于信道带宽是固定不变的，该方法适应性不强，在碎发式通信中是无效的。

与 FDMA 相比，时分多址（Time Division Multiple Access，TDMA）的主要优点是灵活性强。由于每个用户的硬件是相同的，而分配给每个用户的时隙数是可变的，可以根据需要提高用户的数据速率。在水声通信网络中，TDMA 的主要缺点是需要严格的同步。然而，为避免由水声信道传播时延的不同而引起的碰撞，所需的时间保护带通常很长，这使得通信量大大降低[2]。

CDMA 允许多用户在整个频带范围内同时工作，利用伪噪声码来区分不同用户的信号。它有两种基本的扩频技术：直接序列和跳频技术。CDMA 的带宽大，可抗选择性频率衰落，然而多用户干扰制约着 CDMA 系统的性能。CDMA 系统也容易受远近效应的影响，可采用功率控制来降低每个节点的输出功率等级，这样既可以保证可靠的传输又不会产生过多的干扰。

Aloha 算法简单且容易实现，是最基本的随机多址协议。但是，纯 Aloha 算法的最大信道利用率只有 18.4%，改进的时隙 Aloha 算法的最大信道利用率也只有 36%。当网络负载加重时，其吞吐量会大大降低，在靠电池供电的水声通信网节点上数据包的大量重发，增加了电池能量的消耗，缩短了整个网络的使用期限[3]。

载波监听多址接入（Carrier Sense Multiple Access，CSMA）协议需要及时获取网络中其他节点的发送和碰撞信息，这需要每个节点都能听到周围其他所有节点的信号，否则会发生"隐藏终端"和"暴露终端"等问题。而且，CSMA 协议适用于传播时延较小的系统，不适用于传输时延很大的水声通信系统，例如传播距离为 10 km，传输速率为 1 kbit/s，数据包大小为 1 000 bit，传播时延和发送时延分别为 6.7 s 和 1 s 的水声通信系统。因此采用信道监听进行避碰的措施，在水声信道中效率不高[4]。

多址接入冲突避免（Multiple Access Collision Avoidance，MACA）协议采用了信道预约机制，发送方在发送数据之前，首先向对方发送请求发送（Request to Send，RTS）帧，RTS 帧中包含将要发送的数据包的长度。当接收方收到 RTS 帧后，回送一个允许发送（Clear to Send，CTS）帧。收到 RTS 帧的接收方要等待一段时间以保证发送方能够接收 CTS 帧，发送方只有在收到 CTS 帧后才能发送数据，如果收不到 CTS 帧则执行二进制指数退避算法，等待一段时间后重发 RTS 帧。MACA 协议中采用的 RTS/CTS 帧握手协议,在整个数据传输过程中约 67%的时间用于控制指令的传输,大大增加了系统时延,降低了网络吞吐量。

由上可知,传统的 Aolha 算法、CSMA 协议、MACA 协议在水声通信网络中的应用有待进一步研究。

(3)网络层

网络层主要负责路由生成与路由选择。最近几年,陆地 Ad hoc 无线网络和无线传感器网络的路由协议成为通信领域研究的一个热点[5]。由于水声信道的不同特性,陆地无线网络的研究成果很难直接应用于水声网络。因此研究水声通信网络自己的路由协议意义重大[6]。

对于有实时性要求的应用,路由协议中声信号的传播时延主要取决于节点间的距离,因为水声信道的多径传输、时延变化与链路属性有关,或者说水平链路的时延变化通常大于垂直链路的时延变化。

由于衰落和多径传输特性,水声链路质量是无法预测的。因此,有必要开发鲁棒的路由算法来适应时断时续、不稳定的水声信道。

路由算法和协议应该能够检测、处理由于节点失效、节点移动或节点能源耗尽等节点故障引起的链路中断。

在水声通信网络中,需要开发一种机制来实现自主潜航器的接入,使传感器节点和自主潜航器之间能够相互通信。对于地理位置的特殊要求,还需要开发有效的水下定位技术。

(4)传输控制层

传输控制层主要负责数据流的传输控制,是保证通信服务质量的重要组成部分,目前对水声通信网络传输控制层协议的研究较少。

(5)应用层

应用层包括一系列基于监测任务的应用层软件,但对水声通信网络应用层协议的研究目前也相对较少。

(6)能量管理平台

能量管理平台管理传感器节点如何使用能量,在各个协议层均需考虑如何节省能量。

(7)移动管理平台

移动管理平台检测并记录传感器节点的移动,维护到 sink 节点的路由,使传感器节点能够动态追踪其邻居的位置。

(8)网络管理平台

网络管理平台的作用是在一个给定的区域内平衡和调度监测网络任务。

6.2 自主潜航器接入控制技术

接入控制技术针对的是有限频谱如何分配给多个用户使用的问题。用户之间根据不同的场景可能是合作的，也可能是竞争的。水下的接入控制场景包括多个 AUV 接入浮标，以及水下传感器网络接入簇头节点等。

典型的水声传感器网络是一个分层的网络，AUV 辅助信息搜集示意如图 6-2 所示。对于底层传感器网络首先需要进行分簇和簇头选择，这涉及分簇和簇头选择算法。其次是簇头节点接入 AUV 的方法，这涉及接入控制算法。因此我们首先在 6.2.1 节中介绍分簇和簇头、接入控制的相关研究，然后在 6.2.2 节中介绍系统模型，在 6.2.3 节中展开本章提出的基于 Leach 的分簇和簇头选择算法，在 6.2.4 节中介绍基于强化学习的接入控制算法。

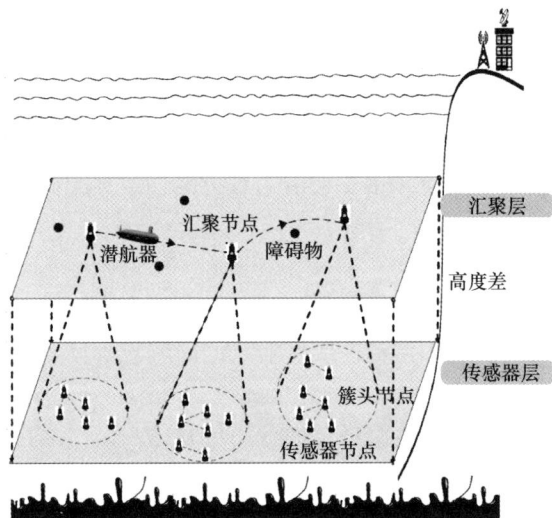

图 6-2　AUV 辅助信息搜集示意

6.2.1 相关技术研究综述

针对分簇和簇头选择算法，典型的方法包括 Leach 算法[7]、基于博弈论的算法[8]和基于确定性规则的方法[9-10]等。

Leach 算法是一种高效的分布式控制算法。在 Leach 算法中簇头节点采用了轮流担任的方式，有效地实现了能耗的均衡，提升了网络的生命周期。基于博弈论的算法包括价格博弈算法和拍卖模型等，通常假设节点之间进行多次博弈，最终选择合适的簇头节点，比如 Zhang 等[8]针对车联网中的分簇和簇头选择场景提出了一种基于内容的分簇和簇头选择算法，对于设定的场景具有较好的效果，但是不适合水声通信网络，因为水声通信网络信息传播较慢，多次博弈会需要大量的时间。基于确定性规则的方法通常选择一些确定性的指标，比如基于信号强度[9]、基于地理位置[10]等，比较适合静态的场景，对于水声这些高速变化的场景不太适合。

典型的接入控制技术包括 Aloha 算法[11-12]、基于博弈论的算法[13]、基于强化学习的算法[14]。这些算法在水下的场景均有相应的运用。

Aloha 算法是一种随机接入控制算法。纯 Aloha 算法可以在任意时刻发送信息，如果在发送期间没有发生冲突，则发送成功，反之失败重传[11]。时隙 Aloha 算法将时间离散化为多个时隙，每个时隙长度等于或稍大于一个帧，发送终端只能在特定时段发送信息。还有一些其他改进的 Aloha 算法，比如帧时隙 Aloha 算法以及动态帧时隙 Aloha 算法[12]。Aloha 算法实现和应用相对比较简单，但是效率比较低。基于博弈论的算法通常假设用户在获取频段或者竞争成功后会获得一定奖励，同时为了避免多个用户的频繁竞争导致网络瘫痪，对于每次竞争都会收取一定的费用，用户需要权衡竞争的收益从而决定是否参与竞争。基于强化学习的算法是通过参与实体的历史数据和训练规则决定是否参与频谱竞争，可以分为集中式和分布式两种强化学习算法。集中式强化学习算法只要求中央节点（即浮标或者簇头节点）具有智能性。分布式强化学习算法则假设每个参与的实体都具有一定的智能性[15]。

本节主要研究内容如下。

① 针对水声传感器网路，设计了基于 Leach 的能量优化的分簇和簇头选择算法，用于底层传感器网络进行分簇和簇头选择。提出的算法能够延长网络的生命周期，同时做到负载均衡。

② 对于簇头和 AUV 之间的接入控制，设计了一种基于强化学习的分布式控制算法，该算法能够较快地收敛且具有较高的信道利用效率。

③ 在多智能体体系和隐式合作形式的典型场景下，探究多 AUV 智能协同的一些方法和思路。

6.2.2　系统模型

1. 水声信道模型

本文采用的是文献[16]的信道模型。假设 p_0 为传感器节点正常接收消息所需要的最低功率，水声信号在水中的损耗函数为 $A(x)$，其中 x 表示距离，那么在发送端的发送功率至少需要达到 $p_0 \times A(x)$。同时，我们可以假设发送 T 比特数据，则需要的功耗 E_{tra} 如式（6-1）所示。

$$E_{tra} = T \times p_0 \times A(x) \tag{6-1}$$

损耗函数 $A(x)$ 和水声信道模型以及信号频率相关，可以表示为式（6-2）。

$$A(x) = x^k a^k \tag{6-2}$$

其中，k 为水声信道模型的一个参数。当 $k=1$ 时，适合柱形信道模型；当 $k=2$ 时，适合球形信道模型；通常 k 取 1.5 代表实际的水声信道模型。参数 a 是和能量吸收系数 $\alpha(f)$ 相关的，可表示为式（6-3）。

$$a = 10^{\frac{\alpha(f)}{10}} \tag{6-3}$$

其中，能量吸收系数 $\alpha(f)$ 可表示为式（6-4）。

$$\alpha(f) = 0.11 \times \frac{f^2}{1+f^2} + 44 \times \frac{f^2}{4\,100+f^2} + 2.75 \times 10^{-4} \times f^2 + 0.003 \tag{6-4}$$

其中，f 为水声频率。

2. 传感器模型

在一定区域中散落着 n 个传感器节点。传感器搜集信息，并最终将这些信息发送到 AUV[17]。传感器节点具有一定的初始能量 E_0，信息的发送和收集都会耗散一定能量。水声设备接收信号的功率最低要求为 p_0。传感器发送的数据包大小为 l_{data}，簇头节点的广播数据包大小为 $l_{broadcast}$，簇头节点的比例为 p。

簇头节点广播自己的位置和 ID 所耗散的能耗为 $E_{broadcast}$，根据水声信道模型可以定义为式（6-5）。

$$E_{broadcast} = l_{broadcast} \times p_0 \times d_{broadcast}^{1.5} \times a^{d_{broadcast}} \tag{6-5}$$

其中，$d_{broadcast}$ 为广播距离。传感器节点为发送自己的数据信号所耗散的能耗为 $E_{transmission}$。$E_{transmission}$ 根据水声信道模型可以定义为式（6-6）。

$$E_{transmission} = l_{data} \times p_0 \times d_{node\_to\_cluster}^{1.5} \times a^{d_{node\_to\_cluster}} \tag{6-6}$$

其中，$d_{node\_to\_cluster}$ 表示传感器节点和最终选择簇头的直接距离。

根据不同的假设，簇头节点的发送信号能耗包括多种形式。

① 假设簇头节点不对信息进行处理。簇头节点发送的信息大小为接入节点的信息大小的和。

② 假设传感器具有信息融合能力。因为传感器采集的信息之间存在一定的冗余，所以簇头节点发送给汇聚节点的信息并非所有接入节点的数据之和。这里假设处理后的信息大小为固定值。

在假设①的情况下，簇头节点的发送信号能耗 $E_{\text{transmission}}^{\text{h1}}$ 如式（6-7）所示。

$$E_{\text{transmission}}^{\text{h1}} = \sum_{i \in C} l_{\text{data}} \times \left(p_0 \times d_{\text{cluster\_to\_sink}}^{1.5} \times a^{d_{\text{cluster\_to\_sink}}} + E_{\text{fusion}}\right) \quad (6\text{-}7)$$

其中，C 表示接入节点的集合，$d_{\text{cluster\_to\_sink}}$ 表示簇头节点到汇聚节点的距离，E_{fusion} 为信息处理能耗。

同理，在假设②的情况下，簇头节点的发送信号能耗 $E_{\text{transmission}}^{\text{h2}}$ 如式（6-8）所示。

$$E_{\text{transmission}}^{\text{h2}} = l_{\text{fusion\_data}} \times \left(p_0 \times d_{\text{cluster\_to\_sink}}^{1.5} \times a^{d_{\text{cluster\_to\_sink}}} + E_{\text{fusion}}\right) \quad (6\text{-}8)$$

其中，$l_{\text{fusion\_data}}$ 为信息处理后发送所需要的时间。

6.2.3　基于 Leach 的分簇和簇头选择算法设计与分析

基于典型的 Leach 算法，本书提出几种改进算法。

1. 算法设计

在 Leach 算法中簇头节点采用轮流担任的方式，有效地实现了能耗的均衡，提升了网络的生命周期。具体地，用 G 表示本轮可以竞选簇头的节点集合，节点 s 竞选簇头的概率 $T(s)$ 如式（6-9）所示。

$$T(s) = \begin{cases} \dfrac{p}{1 - p \times \left(r \bmod \dfrac{1}{p}\right)} & , s \in G \\ 0 & , \text{其他} \end{cases} \quad (6\text{-}9)$$

其中，p 是一个选定的竞争概率，r 表示轮次。每个属于集合 G 的节点通过对比 $T(s)$ 和一个 0～1 范围内的随机数，决定是否成为簇头节点，如式（6-10）所示。

$$F(s) = \begin{cases} 1, & T(s) \geqslant \text{rand}(1) \\ 0, & \text{其他} \end{cases} \quad (6\text{-}10)$$

针对以上算法中簇头节点选择时没有考虑候选节点的剩余能量大小的情况，我们提出 Energy aware Leach9（E_{aw} Leach）算法。该算法将距离考虑到竞选簇头的概率 $T(s)$ 中，定义如式（6-11）所示。

$$T(s) = \begin{cases} \dfrac{E_s \times p}{E_0\left(1 - p \times \left(r \bmod \dfrac{1}{p}\right)\right)} & , s \in G \\ 0 & , 其他 \end{cases} \tag{6-11}$$

其中，E_0 表示初始能量，E_s 表示节点 s 在本轮的剩余能量。

2. 仿真验证

考虑一个 100×100 的区域，随机分布着 100 个传感器节点，汇聚节点位于区域中心正上方，上层汇聚层和下层传感器层距离 $D = 20\,\text{m}$。传感器节点和汇聚节点在二维平面的示意如图 6-3 所示。数据包大小 $l_{\text{data}} = 100$，广播数据包大小为 $l_{\text{broadcast}} = 5$，信息融合包 $l_{\text{fusion\_data}} = 2\,000$。簇头节点的比例 $p = 0.05$，初始能量 $E_0 = 10\,\text{J}$，$E_{\text{fusion}} = 2\,\text{mJ/bit}$。水声频率 $f = 25\,\text{kHz}$。

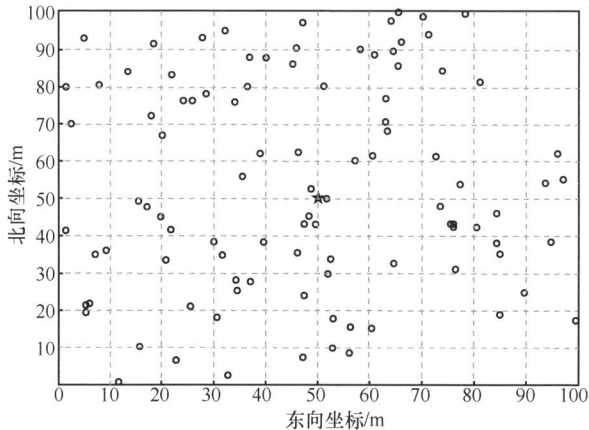

图 6-3　传感器节点和汇聚节点在二维平面的示意

对比两种算法的实际效果，Leach 算法和 E_{aw} Leach 算法分别在 1 110 轮次和 1 428 轮次出现首个节点的死亡。E_{aw} Leach 算法将首个节点死亡时间延长了 28.65%。图 6-4 所示为假设①情况下两种分簇算法对比，反映了具体的死亡节点数随轮次的变化，可以发现 E_{aw} Leach 算法优于 Leach 算法。此外，死亡节点数和轮次的斜率能够反应负载均衡的能力，从图 6-4 可以看出，E_{aw} Leach 算法斜率更大，即负载均衡效果更好。

同理，在假设②情况下两种分簇算法对比如图 6-5 所示。Leach 算法和 E_{aw} Leach 算法分别在 1 274 轮次和 1 483 轮次出现首个节点的死亡。计算可以得出，E_{aw} Leach 算法将首个节点死亡时间延长了 16.41%。此外，在假设②条件下，E_{aw} Leach 算法死亡节点数始终小于 Leach 算法。

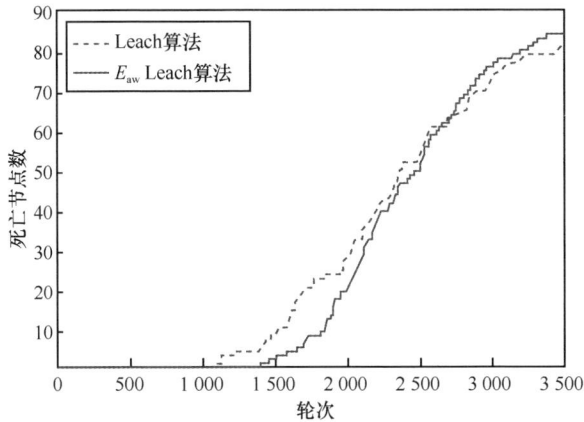

图 6-4　假设①情况下两种分簇算法对比

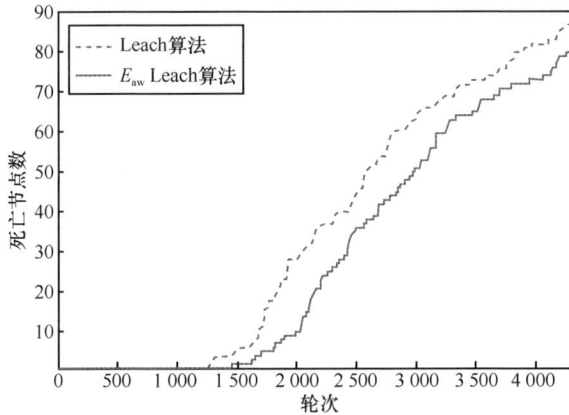

图 6-5　假设②情况下两种分簇算法对比

6.2.4　基于强化学习的接入控制算法设计与分析

在本节中我们分析和设计基于强化学习的接入控制算法。

1. 算法设计

基于强化学习的接入控制算法的基本框架如图 6-6 所示。

假设频谱个数为 N，动作的维度即为 $N+1$。输入由动作、信道容量和奖励共 3 部分组成。信道容量是观察到的频谱占有情况，奖励是反馈，动作代表 AUV 选择接入的频段，仿真中设置的两个频段以 0.5 和 1 表示，0 代表不接入。

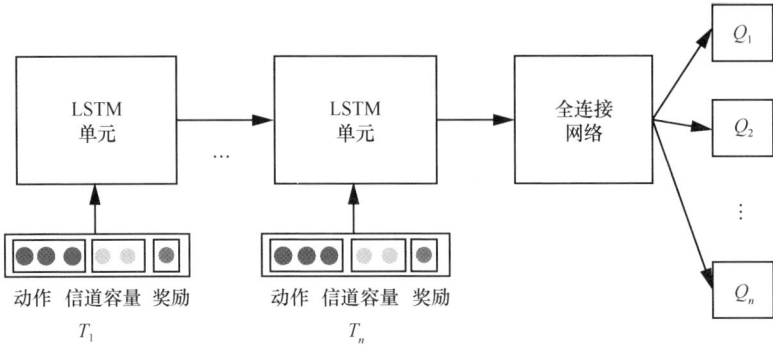

图 6-6　基于强化学习的接入控制算法的基本框架

我们用 BS 表示接入基站，User 表示用户集合，考虑到 4 个不同的布设方案。

方案一是集中式的，即只假设 BS 具有智能单元。在 BS 端训练模型，由 BS 发送给 User 指令，决定 User 是否在下一时刻接入。

方案二类似于 A3C，即所有 User 在决策时从 BS 中拉下模型参数，并且在训练模型后返回给 BS。

方案三是 User 独立训练各自的模型，但是在事件池层面共享。

方案四是完全独立式的框架，即 User 独立训练各自的模型，且在事件池层面也不共享。

2. **仿真验证**

方案一的实验结果如图 6-7 所示。

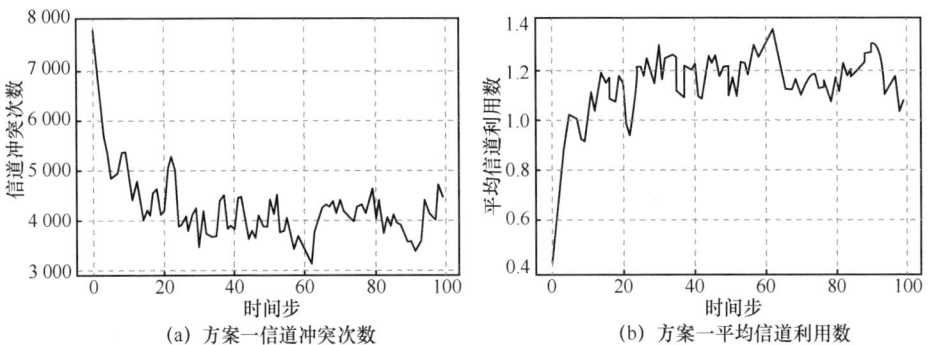

(a) 方案一信道冲突次数　　　　(b) 方案一平均信道利用数

图 6-7　方案一的实验结果

方案二的实验结果如图 6-8 所示。

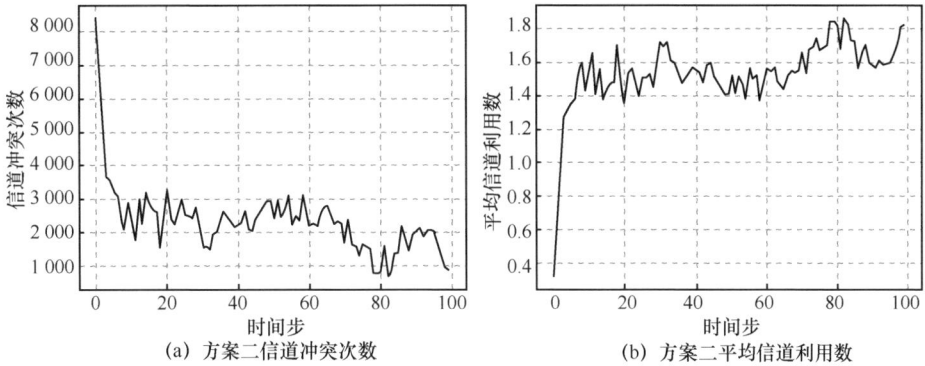

(a) 方案二信道冲突次数　　　　　　(b) 方案二平均信道利用数

图 6-8　方案二的实验结果

方案三的实验结果如图 6-9 所示。

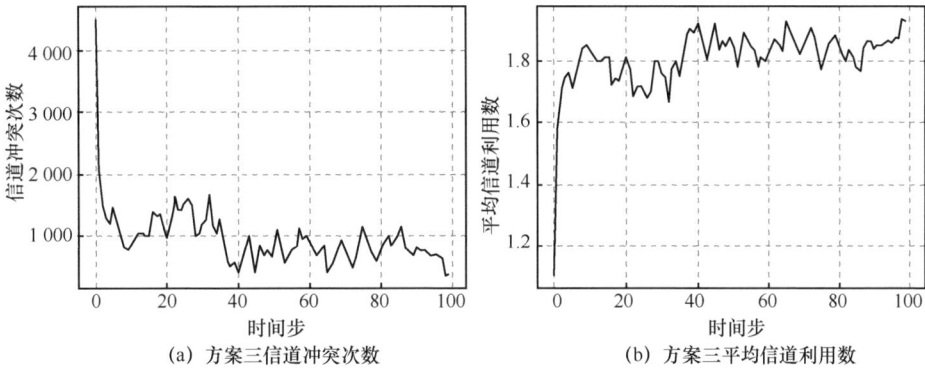

(a) 方案三信道冲突次数　　　　　　(b) 方案三平均信道利用数

图 6-9　方案三的实验结果

方案四的实验结果如图 6-10 所示。

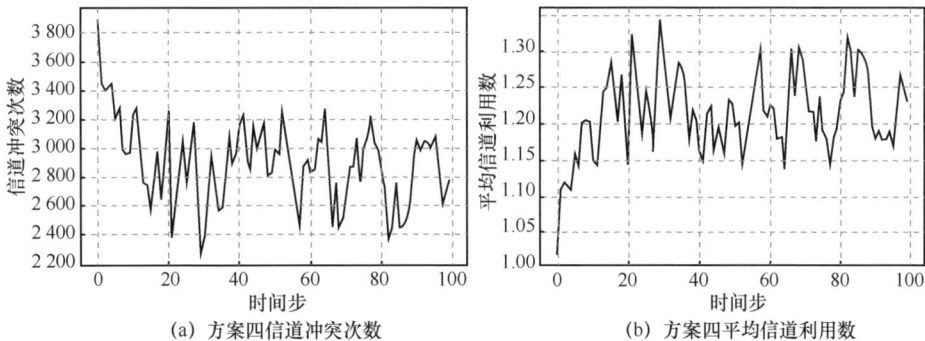

(a) 方案四信道冲突次数　　　　　　(b) 方案四平均信道利用数

图 6-10　方案四的实验结果

上面实验结果中，我们把每 5 000 时间步做一次平均，所以 500 000 个时刻共有 100 个平均时刻值。图 6-7～图 6-10 的（a）都是信道冲突次数随时间步的变化，可以看出，信道冲突次数逐步收敛到一个较小的值。同理，图 6-7～图 6-10 的（b）是平均信道利用数随时间步的变化，可以看出，平均信道利用数逐步收敛到一个较大的值。一方面验证了算法的收敛性质，另一方面证实了算法的有效性。

此外，我们将方案三在稳定后的 3 个个体的动作提取出来，得到图 6-11 所示结果。

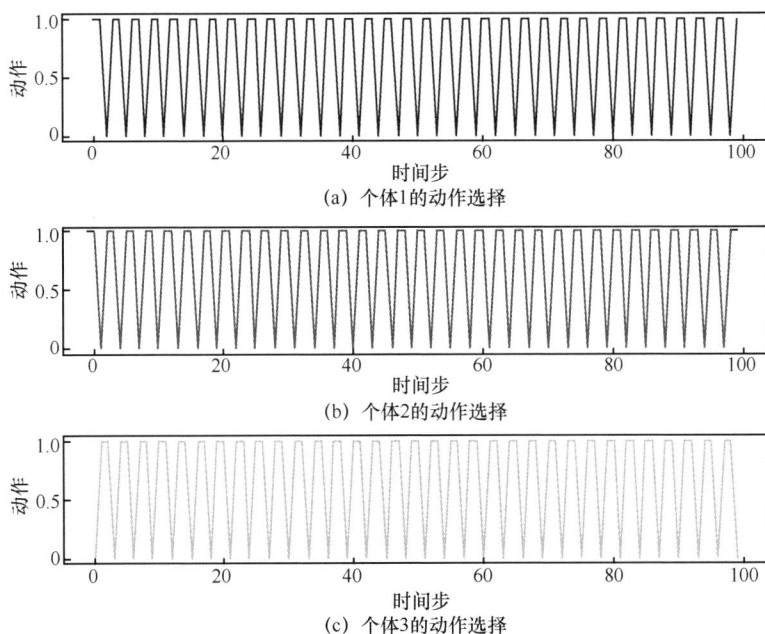

(a) 个体1的动作选择

(b) 个体2的动作选择

(c) 个体3的动作选择

图 6-11　方案三稳定后 3 个个体的动作选择

6.3　自主潜航器信息传播技术

AUV 信息传播算法的目的是让信息在一定时间范围内尽可能地覆盖整个拓扑的节点，若不能完全覆盖则追求信息覆盖率最大化。本节意在探究群体智能体系和显式合作形式组合下 AUV 智能协同。我们针对选定的 AUV 信息传播场景，基于复杂网络提出了一些算法。

6.3.1　相关技术研究综述

针对信息传播，存在的算法从方法层面上可以分为洪泛路由策略、基于图的策略、基于群体智能的策略和基于复杂网络的策略。洪泛路由策略相对而言是一种比较暴力的传播方法，典型的洪泛路由策略包括无控制的洪泛、序号控制洪泛[18]和反向路径传播（Reverse Path Forwarding，RPF）[19]。这种算法最大的问题在于存在大量的冗余。

基于图的策略就是将整个网络看成一个图，这时需要知道整个网络的拓扑结构，典型的算法包括基于 Prim 的生成树路由策略[20]和基于 Kruskal 的生成树路由策略[21]等。该算法的主要问题在于需要提前知道全网络的拓扑结构，且计算复杂度较高，优势在于能够得到最优解。

基于群体智能的策略将信息传播算法转化为寻找一条可以遍历所有节点的路径搜索问题[22]。

实际上，信息传播追求的是在信息消耗最小情况下信息覆盖最大，那么如何选择下一个信息传播的节点就具有重要意义，此时复杂网路中节点重要度评估策略就发挥了重要作用，典型的策略包括连接强度（Tie Strength，TS）、部分强度（Partial Strength，PS）和值强度（Value Strength，VS）[23]。

很多网络都可以从复杂网络的角度建模，大到恒星网络，小到微生物网络。图 6-12 所示为典型网络（Flickr 社交网络）的例子。我们把该方法迁移到自主潜航器网络中。

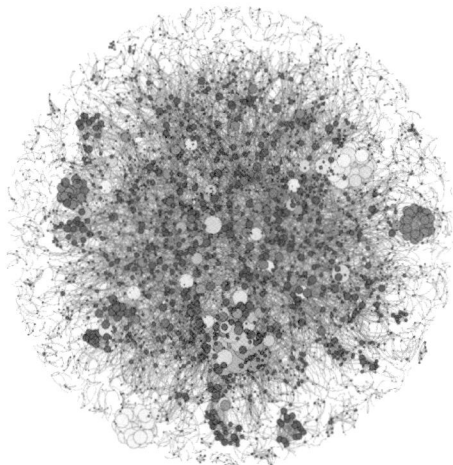

图 6-12　典型网络（Flickr 社交网络）的例子

6.3.2　系统模型

首先定义一个信息传播模型。本节采用 Zhao 等[24]和 Wang 等[25]提出的两种模型, 将其分别定义为模型 A 和模型 B。

信息传播从源节点开始, 下一个中继节点根据转发节点的邻居节点的某种转换概率进行选择, 一旦节点成为转发节点, 该节点通知其邻居。模型 A 和模型 B 之间的唯一区别是, 在以前被选择为传播节点的节点是否还可以被选择为转发节点。具体地说, 所有节点的初始状态是 I_0, 这意味着它从未收到信息。而 I_1 意味着节点已收到信息。第三种状态为 I_2, 只存在于模型 A 中, 这意味着节点已经转发了信息。处于状态 I_2 的节点在模型 A 中不可以再次作为转发节点, 但是在模型 B 中可以。

定义集合 Ω 为已经转发过信息的节点集合。定义集合 W 是已经收到信息但是还没发布信息的节点集合。定义每次中继节点的上限为 R_i, 这是一个和转发节点相关的变量。节点 i 的邻居个数为 K_i。

模型 A 和模型 B 的信息传播模型描述如算法 6-1 所示。

算法 6-1   信息传播模型

1: 初始化: 参数初始化。令所有节点状态为 I_0。将集合 Ω 和 W 置空。时间步 $t=0$, 最大迭代次数为 T;

2: 当 $T=0$ 时, 选择网络中的 k 个节点作为信息源 i 并将其状态更改为 I_1, 将 i 加到集合 W;

3: While W 为空且 $t<T$ do

4:      $t=t+1$;

5:      节点 i 通知所有邻居节点信息, 并将其所有邻居节点更改为 I_1;

6:      将节点 i 添加到集合 Ω 中, 其状态改为 I_2;

7:      计算转发节点数, 即 R_i, 其中, $R_i=K_i$。K_i 是介于 0 和 1 之间的转发折扣系数;

8:      for $k \in [1, R_i]$

9:           根据公式

$$P_{ij} = \frac{S_{ij}}{\sum_{i=1}^{K} S_{ik}}$$

         选择节点。其中, j 是 i 的邻居节点, S_{ij} 是强度因子;

10:          if 模型 B

11:               将 j 加到集合 W;

12:          else

13:               将 j 加到集合 W;

14:          end if

15:　　end for
16: end while
17: 结束

6.3.3　算法设计

从 6.3.2 节我们不难发现，模型的核心部分是强度因子，即 S_{ij}，可以是 TS、PS 和 VS。我们定义了 S_R、S_T、S_{SP}、S_{SV}、S_{AP}、S_{AV} 分别代表随机强度（Random Strength，RS）、TS、对称部分强度（Symmetric Partial Strength，SPS）、对称值强度（Symmetric Value Strength，SVS）、不对称的部分强度（Asymmetric Partial Strength，APS）和不对称值强度（Asymmetric Value Strength，AVS）对应的信息强度。

对称信息传播算法包括以下 7 种形式。

① 基于 RS 的信息传播算法如式（6-12）所示。

$$S_R(a \rightarrow b) = \text{rand}(1) \tag{6-12}$$

这样的信息交互是随机的。$S_R(a \rightarrow b)$ 表示节点集合 a 和节点集合 b 之间的随机强度。

② 基于强 TS 的信息传播算法如式（6-13）所示。

$$S_T(a \rightarrow b) = \frac{|C_a \cap C_b|}{|C_a \cup C_b|} \tag{6-13}$$

与形式①相比，交叉集 $C_a \cap C_b$ 表示节点集合 a 和节点集合 b 的共同节点，联合集 $C_a \cup C_b$ 表示节点集合 a 和节点集合 b 的全部节点。信息传播算法以这种方式表示意味着，节点集合 a 和节点集合 b 拥有越多的共同节点，节点集合 b 就越容易获选。

③ 基于弱 TS 的信息传播算法如式（6-14）所示。

$$S_T(a \rightarrow b) = \left(\frac{|C_a \cap C_b|}{|C_a \cup C_b|} \right)^{-1} \tag{6-14}$$

与形式②相比，节点集合 a 和节点集合 b 拥有越多的共同节点，节点集合 b 就越难获选。

现实生活中网络往往是异质的，呈现出幂律分布的特点。以上两种基于连接强度的信息传播算法的分母是两个集合的交集，容易受到异质性的影响，特别是对于高度节点（具有很多邻居节点的节点）。因此，我们提出了基于部分强度的信息传播算法，并对以前的模型进行了修正。

④ 基于强 SPS 的信息传播算法如式（6-15）、式（6-16）所示。

$$S_{\mathrm{SP}}(a \rightarrow b) = \frac{|C_a \cap C_b| + 1}{|C_b|} \qquad (6\text{-}15)$$

$$S_{\mathrm{SP}}(b \rightarrow a) = \frac{|C_a \cap C_b| + 1}{|C_a|} \qquad (6\text{-}16)$$

⑤ 基于弱 SPS 的信息传播算法如式（6-17）、式（6-18）所示。

$$S_{\mathrm{SP}}(a \rightarrow b) = \left(\frac{|C_a \cap C_b| + 1}{|C_b|} \right)^{-1} \qquad (6\text{-}17)$$

$$S_{\mathrm{SP}}(b \rightarrow a) = \left(\frac{|C_a \cap C_b| + 1}{|C_a|} \right)^{-1} \qquad (6\text{-}18)$$

它们与形式④互为倒数，含义也正好相反。

⑥ 基于强 SVS 的信息传播算法如式（6-19）、式（6-20）所示。

$$S_{\mathrm{SV}}(a \rightarrow b) = \frac{|C_b \setminus C_a|}{|C_a|} \qquad (6\text{-}19)$$

$$S_{\mathrm{SV}}(b \rightarrow a) = \frac{|C_a \setminus C_b|}{|C_b|} \qquad (6\text{-}20)$$

差异集 $C_b \setminus C_a$ 反映了与节点集合 b 相邻但和节点集合 a 不相邻的节点。

⑦ 基于弱 SVS 的信息传播算法如式（6-21）、式（6-22）所示。

$$S_{\mathrm{SV}}(a \rightarrow b) = \left(\frac{|C_b \setminus C_a|}{|C_a|} \right)^{-1} \qquad (6\text{-}21)$$

$$S_{\mathrm{SV}}(b \rightarrow a) = \left(\frac{|C_a \setminus C_b|}{|C_b|} \right)^{-1} \qquad (6\text{-}22)$$

通过对 PS 和 VS 表达式的分析，发现存在着不对称形式，这本质上是标准化方法的不同选择。具体来说，前面定义中分母是下一个中继节点或者源节点，这种规范化方法称为对称范式。非对称信息传播算法有以下 4 种形式。

① 基于强 APS 的信息传播算法如式（6-23）、式（6-24）所示。

$$S_{\text{AP}}(a \rightarrow b) = \frac{\left|C_a \bigcap C_b\right| + 1}{\left|C_a\right|} \tag{6-23}$$

$$S_{\text{AP}}(b \rightarrow a) = \frac{\left|C_a \bigcap C_b\right| + 1}{\left|C_b\right|} \tag{6-24}$$

② 基于弱 APS 的信息传播算法如式（6-25）、式（6-26）所示。

$$S_{\text{AP}}(a \rightarrow b) = \left(\frac{\left|C_a \bigcap C_b\right| + 1}{\left|C_a\right|}\right)^{-1} \tag{6-25}$$

$$S_{\text{AP}}(b \rightarrow a) = \left(\frac{\left|C_a \bigcap C_b\right| + 1}{\left|C_b\right|}\right)^{-1} \tag{6-26}$$

③ 基于强 AVS 的信息传播算法如式（6-27）、式（6-28）所示。

$$S_{\text{AV}}(a \rightarrow b) = \frac{\left|C_b \setminus C_a\right|}{\left|C_b\right|} \tag{6-27}$$

$$S_{\text{AV}}(b \rightarrow a) = \frac{\left|C_a \setminus C_b\right|}{\left|C_a\right|} \tag{6-28}$$

④ 基于弱 AVS 的信息传播算法如式（6-29）、式（6-30）所示。

$$S_{\text{AV}}(a \rightarrow b) = \left(\frac{\left|C_b \setminus C_a\right|}{\left|C_b\right|}\right)^{-1} \tag{6-29}$$

$$S_{\text{AV}}(b \rightarrow a) = \left(\frac{\left|C_a \setminus C_b\right|}{\left|C_a\right|}\right)^{-1} \tag{6-30}$$

6.3.4　仿真结果与讨论

在本节中首先在静态的社交网络中进行实验验证，因为上述方法起源于社交网络，且在静态的社交网络中结果更加明显，其次给出其在 AUV 动态网络中的效果，最后从图论的角度分析方案有效的原因。

1. 在社交网络中验证

在本节中首先在两个社交网络 Flickr 和 ca-GrQc 中进行验证，其中 Flickr 数据集包含 80 513 个节点和 5 899 882 条边，边表示两个用户之间的连接，ca-GrQc 数据集比 Flickr 数据集小，具有 5 242 个节点和 14 496 条边。该数据集中的节点代表了广义相对论和量子宇宙学界的学者，边表示两个学者曾经至少合著过一篇论文。图 6-13 所示为不同算法在两个社交网络上的算法性能对比。

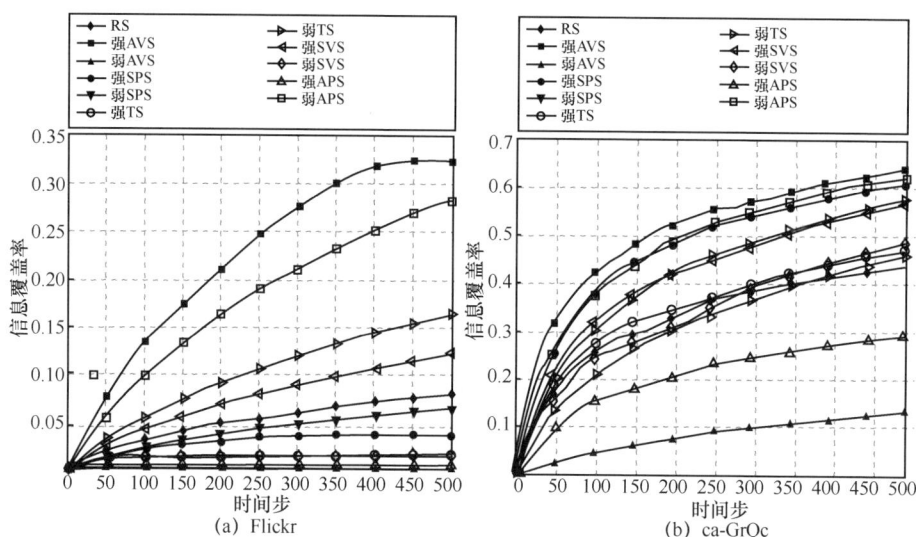

图 6-13　不同算法在两个社交网络上的算法性能对比

为了评估不同算法在社交网络上的性能，我们基于模型 A 设计了以下两个实验，实验参数集如下。在 Flickr 数据集中，随机选择一个信息源，每个算法运行 50 次重复实验。每组实验运行 500 时间步，除非算法提前终止。此外，ρ 为 0.01（ρ 用于计算转发节点数 R_i，其中，$R_i = \lceil \rho k_i \rceil$，$\rho$ 是介于 0 和 1 之间的转发折扣系数，$\lceil\ \rceil$ 表示舍入函数）。图 6-13（a）显示了不同转发节点选择方案的平均性能。

在 ca-GrQc 数据集中，在开始时随机选择 10 组信息源，这些信息源在接下来的 11 个选择方案中是恒定的。在每个信息源和每个算法下进行 50 次重复的独立实验，每组运行 500 时间步。考虑到该数据集远小于前一个数据集，所以这里的 ρ 设为 0.1。实验结果如图 6-13（b）所示。

从以上实验结果可知，非对称选择方案随着时间步的增加，信息覆盖率越来越大。上述结果证实了不对称形式有助于信息传播。此外，我们也发现了与著名的社会学理论相同的结果，即弱 TS 在两个群体之间架起桥梁的作用更为重要，该结论可以从强 TS 和弱 TS 的比较中得出。

2. 在 AUV 移动网络中的结果验证

在 AUV 移动网络实验中，我们设置初始在[0:10 000, 0:10 000]的范围内随机分布着 100 个 AUV（单位：m），假设 AUV 移动速度上限是 4 m/s，服从高斯分布，角度在[−30°, 30°]范围内随机分布。信息传播模型是模型 B。图 6-14 所示为 AUV 网络在 4 个时刻的图示。

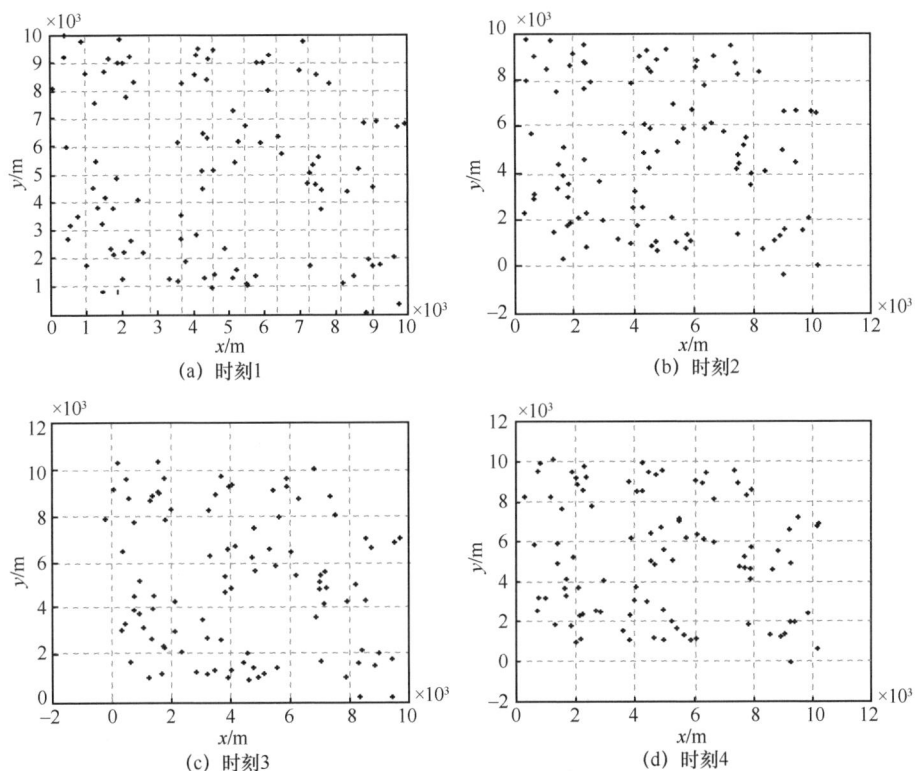

图 6-14　AUV 网络在 4 个时刻的图示

实验结论和社交网络基本一致。但是需要注意的是，我们在仿真时也发现，当网络很稀疏或者 ρ 过小、过大时会存在不同的结论。

AUV 网络中信息传播结果如图 6-15 所示。由图 6-15 可以看出，各个传播算法在 AUV 网络中的表现和社交网络基本一致。

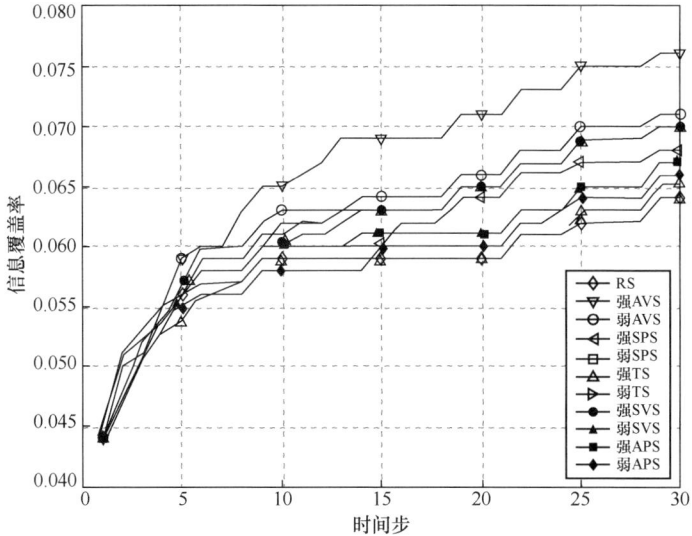

图 6-15　AUV 网络中信息传播结果

3. 从复杂网络角度分析实验结果

本节将从复杂网络的角度分析不同算法的差异。从图论的角度思考，前面提到考虑节点度的幂律分布，PS 和 VS 优于 TS。特别地，当 $C_a \gg C_b$ 时 TS 中的 $C_a \bigcap C_b$ 几乎是 C_a 决定的。

首先分析 VS 为什么优于 PS。典型的网络单元分析如图 6-16 所示。考虑图 6-16（a），当信息源节点 a 在节点 b 和节点 c 之间选择下一个中继时，显然，从模型 A 的第二个规则来看，当节点 a 发布信息时，节点 h 和 j 已经获得信息。因此，在不考虑其他特殊拓扑的情况下，节点 c 的信息覆盖率增长率将不大于节点 b。这是因为节点 d、e、f 还没有获得信息，如果节点 b 获得信息，则可以使用它来提高信息覆盖率。我们分别计算 VS 和 PS，发现 $S_{SP}(b \rightarrow a) = 1/4$，$S_{SP}(c \rightarrow a) = 3/4$，$S_{AP}(b \rightarrow a) = 1/4$ 和 $S_{AP}(c \rightarrow a) = 3/3$，此时节点 b 比节点 c 差，然而这是不合理的（节点 c 的信息覆盖率增长率大于节点 b 与上述分析相悖）。然而，$S_{SV}(b \rightarrow a) = 3/4$，$S_{SV}(c \rightarrow a) = 0/3$，$S_{AV}(b \rightarrow a) = 3/4$ 和 $S_{AV}(c \rightarrow a) = 0/4$，我们可以得到正确的结论。

其次分析强 AVS 和强 SVS。以强 AVS 优于强 SVS 说明，考虑图 6-16（b），可以得到 $S_{SV}(b \rightarrow a) = 1/4$，$S_{SV}(c \rightarrow a) = 1/2$，$S_{AV}(b \rightarrow a) = 1/4$ 和 $S_{AV}(c \rightarrow a) = 1/4$。在强 SVS 形式下，此时节点 b 比节点 c 差，这可能是不适当的。虽然节点 b 和节点 c 具有相同的新邻居节点，即节点 e 和节点 d。但是节点 b 有更多的可能性继续传播信息。如果节点 c 被选中，那么节点 d 将是下一个信息源。同样，在不考虑其他扩展拓扑的情况下，信息将被困在其中，因为没有下一个节点可以作为信息源。在模型 A 下，节点 c 在前一时刻已经作为信息发布节点，之后不可以再作为发布节点，导致信息陷入了局部的陷阱。

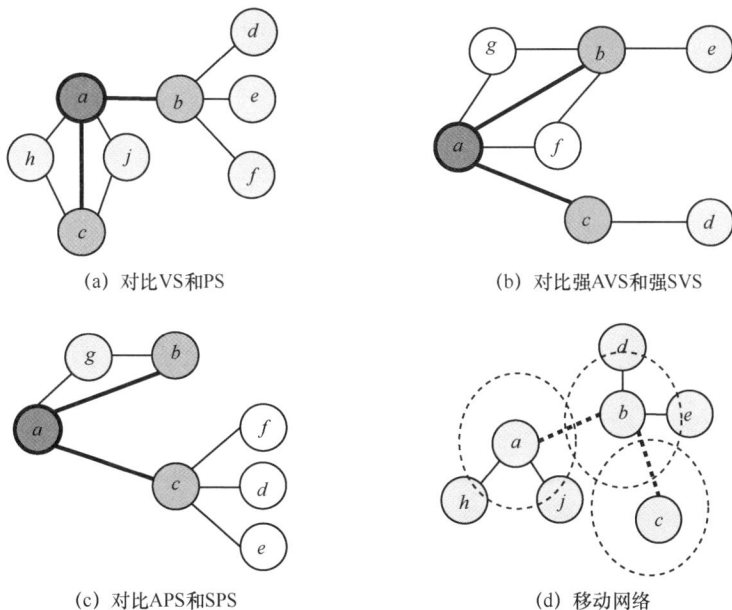

(a) 对比VS和IPS　　　　(b) 对比强AVS和强SVS

(c) 对比APS和SPS　　　　(d) 移动网络

图 6-16　典型的网络单元分析

再次，APS 和 SPS 也是类似的，数值分析不再重复。从本质上讲，它是归一化方法的选择。这里应该强调的是为什么"弱"而不是"强"，考虑图 6-16（c），我们有 $S_{AP}(b \to a) = 2/2$ 和 $S_{AP}(c \to a) = 1/4$。从 $S_{AP}(b \to a) = 2/2$ 来看，节点 b 比节点 c 好，但是节点 c 在一定程度上比节点 b 更重要，因为节点 c 连接着 3 个新节点。在 $S_{AP}(c \to a) = 1/4$ 下，选择结果是相反的，这正是我们需要的。

最后，动态网络通常是由断开的子网络组成的，如图 6-16（d）所示，信息传播不会太远。一方面，正是流动性使得信息传播成为可能，当节点移向另一个节点时，可以传递信息，如粗虚线，相反，如果移动范围不足以建立连接，则信息传播将被阻塞。另一方面，由于移动性的存在，导致了图形结构的频繁变化，削弱了算法之间的差异。在 AUV 移动网络中也发现了这种现象。

我们计算了在 Flickr 数据集中独立的 50 个测试中每个算法掉入局部陷阱的次数。局部陷阱是指某节点处信息无法传播，使触发算法提前终止，这是因为该节点周围的节点都已传播信息。图 6-17 所示为信息传播中提前终止的次数结果对比，其结果显示了性能良好的算法陷入局部陷阱的次数较少，这与上述算法的设计结构有关。

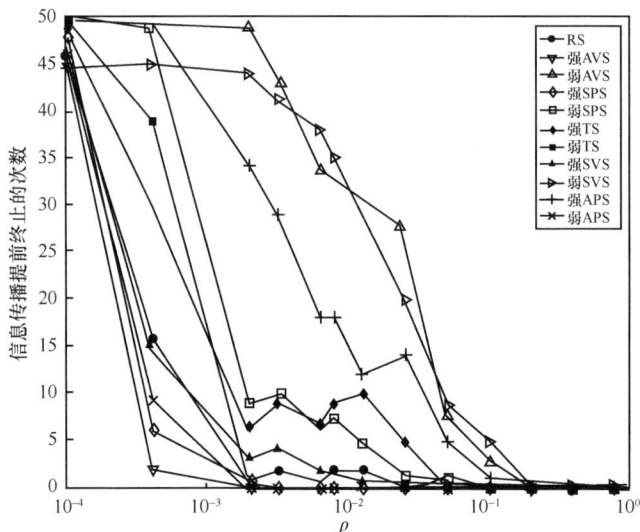

图 6-17　信息传播中提前终止的次数结果对比

6.4　自主潜航器功率分配技术

　　随着网络演化的多样化，异构网络（Heterogeneous Network，HetNet）越来越普遍，并且也发挥着重要作用[26]。在水上，蜂窝无线网络是典型的 HetNet。有效地利用微蜂窝实现资源共享，是支持未来密集和大流量用户的关键。同样，在水下，以 AUV 构成的或者由 AUV 和浮标联合构成的水声 HetNet 也发挥着重要作用[27]。为了更加有效地发挥 HetNet 的功效，需要制订一套能够实现网络效率最大化的功率分配方案。

　　本节考虑一个两层的 HetNet，如图 6-18 所示的场景，类比水上蜂窝网络。我们将具有较大覆盖范围的 AUV 作为宏基站（Macro Base Station，MBS），其服务于一些节点，这些节点称为宏基站用户设备（Macro Base Station User Equipment，MUE）。同理，具有较小覆盖范围的 AUV 作为毫微微基站（Femtocell Base Station，FBS），其服务的用户为毫微微基站用户设备（Femtocell Base Station User Equipment，FUE）。注意，这里只是为了和水上的场景对应统一，实际上可以定义其他场景。

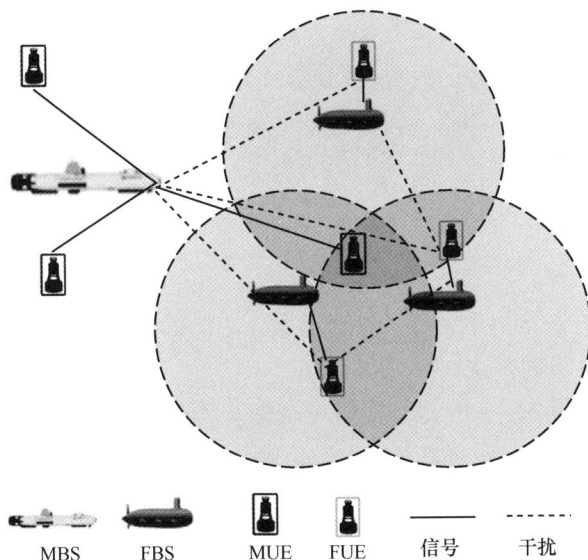

图 6-18 HetNet 场景示意

AUV 功率分配算法需要综合考虑 MUE 的服务质量（Quality of Service，QoS），同时公平地保障其他接入 FUE 的 QoS。

本节将基于 Q-learning 求解 HetNet 中资源分配的问题。此外，多智能体 Q-learning 方法的奖励函数、学习方式和多智能体协作方式都将对实验结果产生显著影响。本节系统地分析了这些因素对系统性能的影响。

6.4.1　相关技术研究综述

针对这个问题，学者们提出了很多方法，例如基于凸优化[28-29]和基于学习理论[26-27]的方法[30-31]。基于凸优化的方法需要完整地了解环境模型，不适用于动态的环境，此外，基于凸优化的方法大多采用的是集中式的计算方法，不适用于大规模的网络。而基于学习理论的方法，特别是基于强化学习的方法能够很好地适用于变化的、未知的环境。在接入控制[32]、能源优化[33]和网络选择[34]上均有较多且成功的尝试。

Q-learning 的关键在于奖励函数和学习率[35]。奖励函数用来指导智能体每次在特定状态下的决策。学习率分为固定学习率和动态学习率两种形式，其中，满足特定要求的动态学习率的方案在理论上有严格的收敛证明，而固定学习率的方案虽然无法严格证明其收敛性质，但是却更加适合动态变化的环境。对于 HetNet 资源分配问题，由于存在多个智能体，会涉及多智能体学习方式。多个智能体可以采用合作的方式达到最大化的网络通信效能，也可以采用独立的学习方式达到最大化的个体通信效能。因此，基于 Q-learning 求解水声 HetNet 资源分配问题的研究也主要研究以上问题。此外，多智能体 Q-learning 的迭代次数、计算速度和各智能体之间的公平性也是需要关注的。

针对奖励函数的设计是相对研究比较多的。文献[36]提出一种分布式合作的 Q-learning，设计的奖励函数如式（6-31）所示。

$$r_t^i = e^{-\left((C_t^M - \Gamma_M)^2\right)} \tag{6-31}$$

其中，r_t^i 表示第 i 个 FUE 在时刻 t 的收益。C_t^M 和 Γ_M 分别表示 MUE 在时刻 t 的信道容量和信道容量阈值。

该方案考虑了 MUE 的 QoS，但是没有考虑 FUE 的 QoS。文献[37]修改了奖励函数如式（6-32）所示。

$$r_t^i = \begin{cases} k_i C_t^i - \dfrac{1}{k_i}(C_t^M - \Gamma_M)^2 & , C_t^M \geqslant \Gamma_M \\[3mm] k_i C_t^i - \dfrac{k_p}{k_i} & , C_t^M < \Gamma_M \end{cases} \tag{6-32}$$

其中，C_t^i 是第 i 个 FUE 在时刻 t 的信道容量，k_p 是一个确定的常数。位置特性 k_i 定义为

$$k_i = \frac{d_{\text{fbs}_i,\text{mue}}}{d_{\text{th}}} \tag{6-33}$$

其中，$d_{\text{fbs}_i,\text{mue}}$ 表示对应 FBS 和 MUE 之间的距离，d_{th} 是一个用于距离归一化的常数。

该奖励函数中 FUE 的信道容量大时可以获取更大的回报，但是该算法实现时区分了 MUE 是否满足最低信道容量阈值，即状态空间较其他的多出了一倍。在算法的计算速度上具有明显的劣势。文献[12]进一步修改了奖励函数如式（6-34）所示。

$$r_t^i = k_i C_t^i (C_t^M)^2 - \frac{1}{k_i}(C_t^M - \Gamma_M)^2 - (C_t^i - \Gamma_F)^2 \tag{6-34}$$

其中，Γ_F 是 FUE 的信道容量阈值。

该奖励函数同时考虑了 MUE 和 FUE 的 QoS。但是该方案不能在 FUE 数量较大时保证 MUE 的信道容量，也就是说该方案不能大概率保证 MUE 的通信性能不低于阈值。

针对学习率，大部分文献均采用了固定学习率的方案[31,36-37]。文献[38]采

用 $\dfrac{1}{k+1}$ 的学习方式，该方案更方便从理论上严格证明收敛等性质。

此外，针对多智能体强化学习，智能体之间的合作能够有效地加快收敛速度并且提升训练效果。文献[39]提出一种加权的 Q-learning 学习方法，主要针对多用户的场景。文献[40]提出一种 Docitive Q-learning（DL）算法，对比了该学习方式和独立学习，验证了 Docitive Q-learning 的有效性质。文献[38]对比了合作式 Q-learning 和独立 Q-learning 的区别，同样验证了合作式 Q-learning 较独立 Q-learning 的优势。

6.4 节的主要创新点在于以下内容。

① 针对 HetNet 资源分配问题，提出了一种基于分布式 Q-learning 的方法。同时，就该方法涉及的奖励函数、学习率、学习方式进行了较为全面的研究。

② 本节提出了针对此类问题的奖励函数设计方法，并基于该方法设计了一些新的奖励函数。这些奖励函数能够更好地保障 MUE 的 QoS。在计算速度上维持较快的水平，能够同时优化 MUE 和 FUE 的 QoS，且具有较好的公平性。

③ 本节系统探究了固定学习率和动态学习率两种学习率下学习方式的差异，并进行了大量的仿真实验，结合实验结果进行了详细的分析。仿真结果验证了 HetNet 资源分配方案的合理性。

④ 本节对方案进行了相应的理论分析。定性和定量地给出了算法的收敛证明和收敛次数估计。

6.4.2 系统模型

类似于文献[31]和文献[37]，我们考虑图 6-18 所示的场景。环境中包括一个 MBS，M 个对应的 MUE，N 个 FBS 和对应的 N 个 FUE。假设一个 FBS 服务于其对应的 FUE。按照 MBS 和 MUE 的距离，我们对 FBS 划分相应的状态。

对于 MUE，其干扰来自周围的 FBS 的干扰和高斯白噪声。我们用 p_t^M 和 p_t^i 表示 MUE 和 FUE 的发送功率。用 $h_{\mathrm{mbs,mue}}$ 表示 MUE 和 MBS 之间的信道增益。用 $h_{\mathrm{fbs}_j,\mathrm{mue}}$ 表示第 j 个 FBS 和 MUE 之间的信道增益。那么 MUE 的信道容量可以表示为式（6-35）。

$$C_t^M = \mathrm{lb}\left(1 + \frac{p_t^M h_{\mathrm{mbs,mue}}}{\sum\limits_{j=1}^{N} p_t^i h_{\mathrm{fbs}_j,\mathrm{mue}} + \sigma^2}\right) \tag{6-35}$$

其中，σ^2 表示高斯白噪声。

同理，我们用 $h_{\mathrm{fbs}_j,\mathrm{fue}_i}$ 表示第 j 个 FBS 和第 i 个 FUE 之间的干扰。用 $h_{\mathrm{mbs,fuc}_i}$ 表示 MBS 对第 i 个 FUE 的干扰，那么 FUE 的信道容量可以表示为式（6-36）。

$$C_t^i = \mathrm{lb}\left(1 + \frac{p_t^i h_{\mathrm{fbs}_j,\mathrm{fue}_i}}{p_t^M h_{\mathrm{mbs,fue}_i} + \sum_{j=1,j\neq i}^{N} p_t^j h_{\mathrm{fbs}_j,\mathrm{fue}_i} + \sigma^2}\right) \tag{6-36}$$

假设 MUE 的发射功率，即 p_t^M 是固定的。FUE 的发射功率，即 p_t^i 的上限和下限分别为 $p_{\max}$ 和 $p_{\min}$，则实验的目的如式（6-37）所示。

$$\max_{\{p_t^1,p_t^2,\cdots,p_t^N\}} \sum_{j=1}^{N} C_t^j \tag{6-37}$$

$$\mathrm{s.t.} \quad p_{\min} \leqslant p_t^i \leqslant p_{\max}, i=1,2,\cdots,N \tag{6-37a}$$

$$C_t^M \geqslant \varGamma_M \tag{6-37b}$$

$$C_t^i \geqslant \varGamma_F, i=1,2,\cdots,N \tag{6-37c}$$

其中，优化的目的在于最大化 FUE 网络的容量，其限定条件是 FBS 的功率需要满足发射功率的上限和下限。式（6-35）、式（6-36）的限定条件对应的是 MUE 和 FUE 的 QoS。

此外，对于多智能体，我们需要关注网络的公平性。这里采用 Jain 公平指数（Jain Fairness Index）分析网络的公平性，其定义为式（6-38）。

$$f(x_1,x_2,\cdots,x_N) = \frac{\left(\sum_{i=1}^{N} x_i\right)^2}{N\sum_{i=1}^{N} x_i^2} \tag{6-38}$$

其中，x_i 是 FBS 分配的功率或者获得的信道容量。

6.4.3 算法设计

1. 基于 Q-learning 的基本框架

针对 6.4.2 节提出的系统模型，本章提出基于 Q-learning 的分布式算法。具体地，首先引入强化学习的基本概念，并和问题建立对应关系。其次，重点探究奖励函数的设计，对于单智能体的学习方式，我们主要分析固定学习率和动态学习率两种场景。

在本节中我们通过介绍一般的强化学习框架，引入 Q-learning，并建立 Q-learning 和 HetNet 功率分配问题的映射。

强化学习的一般框架如图 6-19 所示，强化学习的特点是实体和环境的交互。实体在每次决策后（这里以单步更新强化学习说明）环境会对实体在该状态下采取的当前动作给予评价，即奖励或者惩罚，实体则根据获得的反馈更新策略。本节以强化学习中的 Q-learning 为例，介绍强化学习的一般实现步骤。其中，每个决策的 FBS 都是一个个体，MBS 和其他的 FBS 共同构成了当前 FBS 的环境。

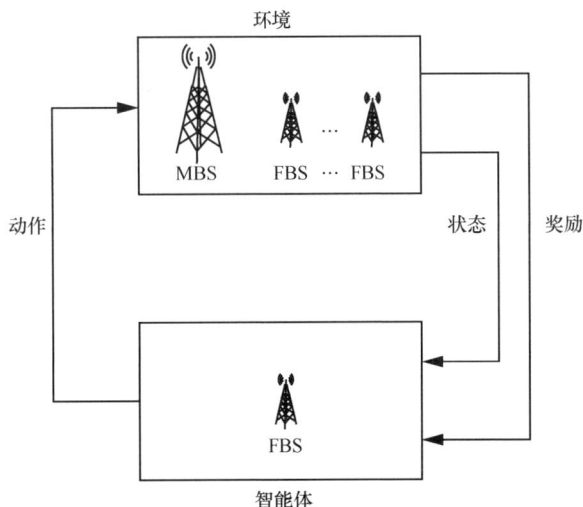

图 6-19　强化学习的一般框架

Q-learning 主要涉及几个基本概念，动作、状态和奖励。针对这些基本概念，结合 HetNet 功率分配问题，我们可以将动作集合、状态集合和奖励函数分别定义为如下内容。

（1）动作集合 $\mathcal{A}$

我们用 A_k 表示第 k 个智能体的动作集合，动作集合即 FBS 可以选择的功率集合。把功率 $p_{\max}$ 和 $p_{\min}$ 等分为 N_p 份。动作集合即为式（6-39）。

$$A_k = \{a_1, a_2, \cdots, a_{N_p}\} \tag{6-39}$$

对于整个多智能体系统而言，有式（6-40），

$$\mathcal{A} = U_k A_k \tag{6-40}$$

其中，U_k 表示 k 个集合的并集。

（2）状态集合 $\mathcal{S}$

用 S_k 表示第 k 个智能体的状态集合。关于状态集合，本节参考文献[31]和文献[37]，将其按照距离进行划分，定义 D_{MUE} 为 FBS 到 MUE 的距离。依据各 FBS 和 MUE 的距离范围，FBS 被划分为不同的状态。同理，我们定义 D_{MBS} 为 FBS 到 MBS 的距离。依据各 FBS 和 MUS 的距离范围，FBS 被划分为不同的状态。

具体的定义如下。

我们定义 $d_{\text{mue,fbs}_i}$ 为第 i 个 FBS 和 MUE 之间的距离。同时定义 $d_{\text{mue}_0}, d_{\text{mue}_1}, d_{\text{mue}_2}, \cdots, d_{\text{mue}_{\text{mue}}}$ 为 FBS 和 MUE 之间的距离分界值。其中 $d_{\text{mue}_0} = 0$，$D_{\text{MUE}} \in \{1, \cdots, N_{\text{mue}}\}$，当且仅当 FBS 到 MUE 的距离满足 $d_{\text{mue,fbs}_i} \geqslant d_{\text{mue}_{i-1}}$ 和 $d_{\text{mue,fbs}_i} < d_{\text{mue}_i}$ 时 $D_{\text{MUE}} = i$。

同理，我们定义 $d_{\text{mbs,fbs}_i}$ 为第 i 个 FBS 和 MBS 之间的距离。同时定义 $d_{\text{mbs}_0}, d_{\text{mbs}_1}, d_{\text{mbs}_2}, \cdots, d_{\text{mbs}_{\text{mbs}}}$ 是 FBS 和 MBS 之间的距离分界线。其中 $d_{\text{mbs}_0} = 0$，$D_{\text{MBS}} \in \{1, \cdots, N_{\text{mbs}}\}$，当且仅当 FBS 到 MBS 的距离满足 $d_{\text{mbs,fbs}_i} \geqslant d_{\text{mbs}_{i-1}}$ 和 $d_{\text{mbs,fbs}_i} < d_{\text{mbs}_i}$ 时 $D_{\text{MUE}} = i$。

此外，部分奖励函数需要一个标记 MUE 是否满足阈值的标记状态 I_t，如式（6-41）所示。

$$I_t = \begin{cases} 0, & C_t^M \geqslant \Gamma_M \\ 1, & C_t^M < \Gamma_M \end{cases} \tag{6-41}$$

根据不同的奖励函数，状态集合由 3 个部分组成，$S_k = \{I_t, D_{\text{MUE}}, D_{\text{MBS}}\}$ 或者两个部分组成，$S_k = \{D_{\text{MUE}}, D_{\text{MBS}}\}$。

对于整个多智能体系统而言，有式（6-42），

$$\mathcal{S} = \bigcup_k S_k \tag{6-42}$$

已知 A_k 和 S_k 表达式后，可以引入 Q-learning 的基本迭代公式，用 $Q(s_t, a_t)$ 表示实体在 s_t 时采用 a_t 动作的 Q 值，其中，$s_t \in S_k$，$a_t \in A_k$，有式（6-43），

$$Q(s_t, a_t) = (1-\alpha)Q(s_t, a_t) + \alpha \max_a (r_t + \gamma Q(s_{t+1}, a_t)) \tag{6-43}$$

其中，α 表示学习率，γ 表示折损因子。从式（6-43）不难看出，r_t 具有至关重要的意义。

2. 奖励函数设计

在本节中我们分析奖励函数的设计方法，并根据方法给出几个具体的例子，用于仿真实验验证。

我们分别把式（6-31）、式（6-32）和式（6-34）提到的 3 个奖励函数称为

REF1、REF2 和 REF3。

（1）奖励函数应该考虑 C_t^i

在奖励函数中加入 C_t^i，其对应着优化的目标。在奖励函数的设计中需要保证奖励和 C_t^i 正相关。REF1 没有考虑 C_t^i，导致了 FBS 更多地关注自身对 MUE 的影响，没有体现优化目标。REF2 引入了 C_t^i，能够引导算法提升 FBS 网络的整体通信性能。REF3 考虑了 C_t^i 但是 REF3 的奖励函数包含了对 C_t^i 的约束，即 $(C_t^i - \varGamma_F)^2$。特别是当 FBS 数目不多时，这个约束会限制 C_t^i，后续实验将验证这点。

（2）奖励函数应该考虑 k_i

在多智能体学习中，加入 k_i 对于提升网络性能具有益处。实际上，由于干扰和距离直接相关，距离 MUE 近的 FBS 对 MUE 的影响远远大于距离远的 FBS 的影响。考虑比较极端的情况，当 FBS 距离 MUE 足够大时，即便 FBS 采用最大功率也不会对 MUE 产生显著影响，此时，如果采用 REF1，FBS 的学习将比较随机，即和动作没有显著关系，相反地，通过在奖励函数中加入 k_i 可以有效地避免这些问题。

（3）保障 MUE 的性能

HetNet 一个关键的限定条件是 $C_t^M \geqslant \varGamma_M$，为了保障这一点通常有 3 种比较直观的方法。

第一种方法是引入 I_t，I_t 按是否满足 MUE 的阈值要求划分为不同状态表示。这种方法效果不是很好，特别是在迭代次数和计算时间上具有明显的劣势。

第二种方法是不在状态表示上区分，而是直接在奖励函数上进行控制。比如 REF3 虽然通过对 C_t^M 进行平方强化了 C_t^M 的效果，具有了较快的计算速度和较少的迭代次数，但是并不能保障平均 MUE 大于阈值。同时，该方法在设计奖励函数上需要比较精细的考虑。

第三种方法比较直接，即针对是否满足阈值采用不同的奖励函数。该方法不仅保障了平均 MUE 大于阈值，而且计算速度和迭代速度均维持在较快的水平。该方法可以通过调整惩罚力度对 MUE 进行不同程度的保护。

（4）奖励函数方案设计

通过上面提出的奖励函数设计思路，我们针对性地设计了几个奖励函数，用于验证以上分析。

对于奖励函数考虑 C_t^i 和 K_i，我们可以通过分析 REF1、REF2 和 REF3 的实验结果得到。

我们提出设计奖励函数的方法用于验证引入 I_t 会降低速度，且不能保障平均 MUE 大于阈值。我们直接采用 REF3 对状态函数进行扩展。此时奖励函数依旧是 REF3，状态集由 $S = \{D_{\mathrm{MUE}}, D_{\mathrm{MBS}}\}$ 变成了 $S = \{I_t, D_{\mathrm{MUE}}, D_{\mathrm{MBS}}\}$。我们把该方案称为 PRO1。

这里考虑一种结合 REF2 和 REF3 的方法。对于保障 MUE 的性能，设置小于 MUE 阈值的奖励函数为动作选择的惩罚。一种思路是效仿 REF2，即在惩罚的同时鼓励 FUE 考虑 k_i 和 C_t^i。对此，我们可以直接采用如式（6-44）所示的奖励函数。

$$r_t^i = \begin{cases} k_i C_t^i (C_t^M)^2 - \dfrac{1}{k_i}(C_t^M - \Gamma_M)^2 - (C_t^i - \Gamma_F)^2 & ,C_t^M \geqslant \Gamma_M \\ k_i C_t^i - \dfrac{k_p}{k_i} & ,C_t^M < \Gamma_M \end{cases} \tag{6-44}$$

实际上 k_p 的取值会对实验产生很大的影响。一般而言，较大的 k_p 会倾向于保护 MUE。我们把原始和 REF2 一样取值的方案称为 PRO2，k_p 的取值经过优化的方案称为 PRO3。

设计奖励函数的方法是采用一个固定值作为惩罚，如式（6-45）所示。

$$r_t^i = \begin{cases} k_i C_t^i (C_t^M)^2 - \dfrac{1}{k_i}(C_t^M - \Gamma_M)^2 - (C_t^i - \Gamma_F)^2 & ,C_t^M \geqslant \Gamma_M \\ c & ,C_t^M < \Gamma_M \end{cases} \tag{6-45}$$

其中，c 通常是一个负的常数。我们把这个方案称为 PRO4。

3. 两种奖励函数

本节探讨的学习方式主要针对学习率 α。

一般而言，当 α 是一个固定的常数时，采用固定学习率的 Q-learning 会更加适合于变化的环境。而动态学习率的方案，在满足一定条件下有较好的收敛。

我们将对采用固定学习率和动态学习率的两种学习方法分别讨论。其中固定学习率方案中 $\alpha = 0.5$。动态学习率的方案中 $\alpha = \dfrac{1}{tt+1}$，其中 tt 表示动作和状态 (s_t, a_t) 组合出现的次数。定义矩阵 T，其矩阵维度和 Q 一致，用于存储在时间 t 时，动作和状态 (s_t, a_t) 组合出现的次数。

4. 3 种协作方法

因为涉及多个 FBS，所以本质上是一个多智能体问题。

最基本的方法是独立学习（Independent Learning，IL），在该方法下每个 FBS 只关注自身的收益，因此动作也仅仅关注自身，即 $a_i = \text{argmax}(Q_i(S_i, a))$。

合作学习（Cooperative Learning，CL）考虑了其他 FBS 的情况，能促进收敛性且通常具有更好的效果，其动作选择为 $a_i = \text{argmax}(\sum_j Q_j(s_j, a))$。合作学习需要比较大的通信开销。我们用 $|A|$ 表示 Q 表（Q 表是 Q-learning 中状态–动

作与估计的未来奖励之间的映射表）中一行的信息量，那么需要的通信量为 $N(N-1)|A|$。

DL 类似于 CL。不同的是 DL 对其他 FBS 的 Q 表信息不是求和而是取最大值。具体定义为 $a_i = \mathrm{argmax}(\max(Q_j(s_j,a)))$，其中，内层的 $\max(\cdot)$ 函数是对所有 FBS 的同一状态下的所有动作对应取最大。

举一个例子说明以上 3 种协作方法。假设有 3 个 FBS，一共有 3 个动作。在状态 s 下，其 Q 表分别为 $Q_1(s,a_1)=4$，$Q_1(s,a_2)=3$，$Q_1(s,a_3)=1$，$Q_2(s,a_1)=3$，$Q_2(s,a_2)=7$，$Q_2(s,a_3)=3$，$Q_3(s,a_1)=4$，$Q_3(s,a_2)=9$ 和 $Q_3(s,a_3)=12$。

对于 IL，3 个 FBS 的动作选择将依次为 a_1、a_2、a_3。

对于 CL，因为先求和，3 个 FBS 看到的将均是 $Q(s,a_1)=10$，$Q(s,a_2)=18$ 和 $Q(s,a_3)=16$，所以 3 个 FBS 均会选择 a_2。

对于 DL，3 个 FBS 看到的将均是 $Q(s,a_1)=4$，$Q(s,a_2)=9$ 和 $Q(s,a_3)=12$，所以 3 个 FBS 均会选择 a_3。

文献[31]、文献[38]指出 CL 要比 IL 优，因此本文直接采用 CL 的学习方法。

此外，为了提升算法性能，本节采用探索和利用 Q-learning 的方法，具体方法为在算法的前 80%轮进行探索和利用结合，其他时段直接利用。

6.4.4　仿真验证

1. 实验参数设置

我们考虑一个类似于图 6-18 的场景。其中 $M=1$，$N=8$。MUE 的发射功率 P_t^M 设置为恒定值 50 dBm。σ^2 设置为-120 dB。FUE 的发射功率上限设置为 25 dBm，下限设置为-20 dBm。功率间隔为 1.5 dBm，因此 N_p 为 31。N_{mue} 为 3，对应的距离分界值分别为 500 m、1 000 m、2 000 m。N_{mbs} 为 3，对应的距离分界值分别为 1 000 m、2 000 m、4 000 m。

MUE 和 FUE 的信道容量阈值 Γ_M、Γ_F 均设置为 1。k_p 在 REF2 和 PRO2 中为 100，在 PRO3 中为 25。

α、γ 和 ϵ 分别代表学习率、策略选择概率和贝尔曼（Bellman）方程中的参数，本节实验中分别设置为 0.5、0.9、0.1。迭代次数上限为 50 000 次。

2. 奖励函数性能对比与分析

在本节中我们验证 7 种奖励函数的实际效果，对 7 种奖励函数，在固定学习率下采用 CL 的协作方法各进行了 100 次独立重复实验。实验结论如图 6-20 所示。

从 6-20（a）中不难看出，REF1 不能保障 MUE 的信道容量在平均意义上满足阈值的要求。而 REF3 和 PRO1 则维持在阈值附近。其他 4 种都能保障。

图 6-20（b）所示为 FUE 的最小信道容量，不考虑因为不能满足 MUE 信道容量的 REF1、REF3、PRO1 和 PRO4，PRO3 在密集 FBS 时表现更好。此外不难发现，REF2 和 PRO2 基本上在 FUE 的数目超过 6 后就难以满足 FUE 的信道容量的要求。综合图 6-20（a）和图 6-20（b），效果比较好的是 REF3。

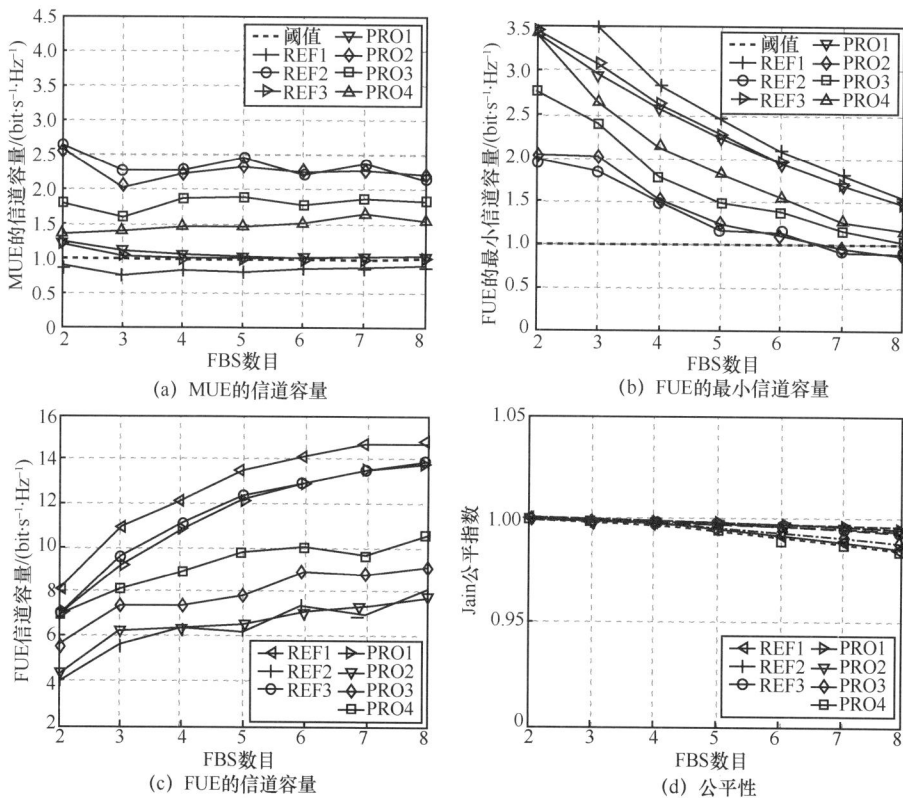

(a) MUE的信道容量

(b) FUE的最小信道容量

(c) FUE的信道容量

(d) 公平性

图 6-20　固定学习率下不同奖励函数的实验结果

图 6-20（c）所示为不同奖励函数下 FUE 的信道容量和 FBS 数目的关系。我们发现 PRO3 在激励整个网络容量最大化上也保持了较好的性质。而在网络容量指标上与 PRO3 持平或者更好的几个方案基本上都牺牲了对 MUE 信道容量保障的约束。

在上文我们提到 REF3 由于增加了对 FUE 信道容量阈值的约束，导致在一定程度上 FBS 稀疏时不能有效地发挥最大化 FBS 网络容量的效果，这点可以从图 6-20（b）和图 6-20（c）对应的曲线看出。

图 6-20（d）所示为公平性和各种方案的关系。我们发现在这个场景下均具有较好的公平性，Jain 公平指数基本都在 0.99 以上。

直观对比以上分析结果，我们可以总结实验结论，见表 6-1。表 6-1 中"MUE 平均信道容量保障"即指平均意义上信道容量能否保障高于阈值，"考虑 FUE"是指奖励函数中是否涉及 FUE，"指示状态"即是否使用了 I_t。

表 6-1　各种奖励函数特征对比

奖励函数	MUE 平均信道容量保障	考虑 FUE	指示状态	Jain 公平指数	迭代次数	时间复杂度
REF1	否	否	否	0.994 8	小	低
REF2	是	是	是	0.998 7	大	高
REF3	否	是	否	0.996 2	大	低
PRO1	否	是	是	0.996 1	大	高
PRO2	是	是	否	0.998 8	大	低
PRO3	是	是	否	0.998 6	大	低
PRO4	是	是	否	0.997 9	大	低

3. 学习率的影响分析

本节分析不同学习率对实验结果的影响。对于本组实验，我们令 $\alpha = 1/k$。从图 6-21 可以看出，采用动态学习率的方法使不同奖励函数低于阈值的次数降低。实验结果如图 6-21、图 6-22 所示。

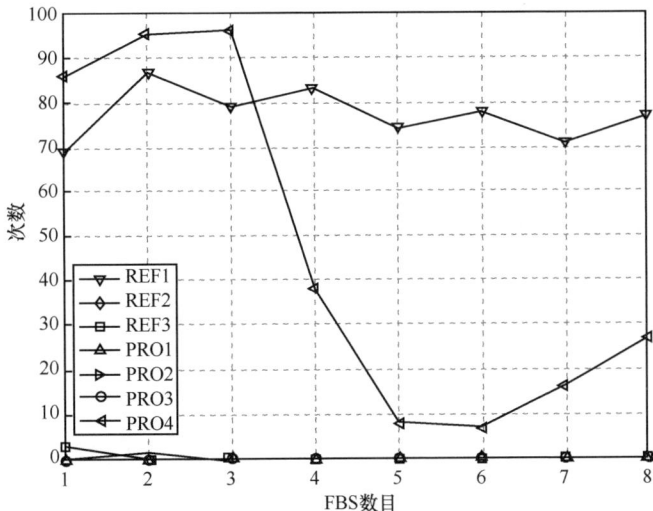

图 6-21　动态学习率下不同奖励函数低于阈值的次数的实验结果

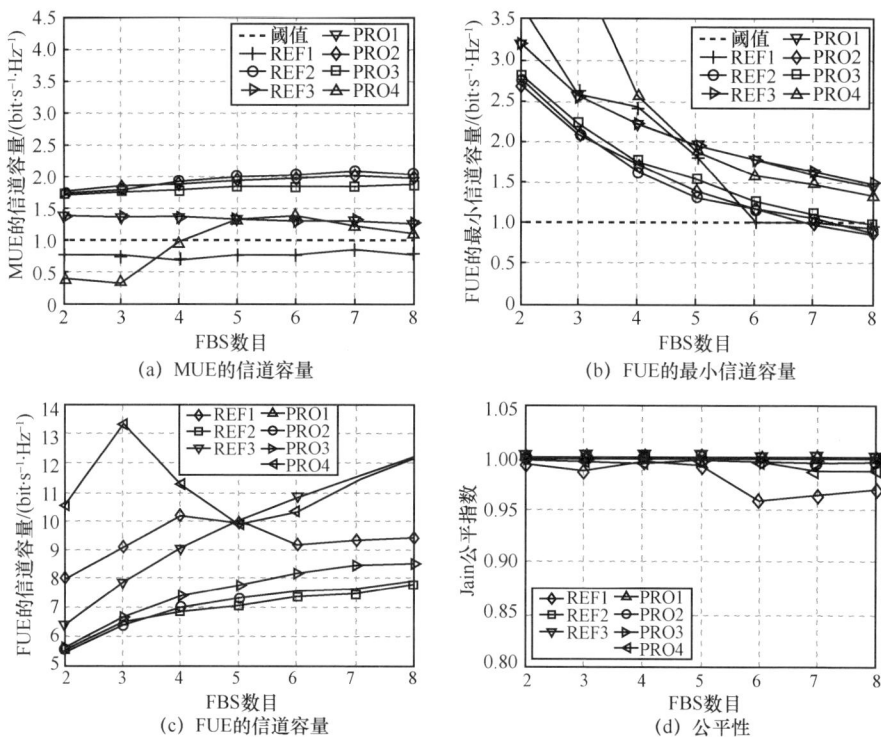

图 6-22　动态学习率下不同奖励函数的实验结果

从图 6-22（a）可以看出，REF1、REF2、PRO2 和 PRO3 在 MUE 的信道容量上和之前结果基本一致。REF3 和 PRO1 对 MUE 的信道容量的保护变得更加有效了，然而相同参数下 PRO4 则失效了。

从图 6-22（b）可以发现基本结论和图 6-20（b）一致。但是 REF1 的性能显著下降了。对比图 6-22（c）和图 6-20（c），可以发现能满足 MUE 信道容量要求的方案在信道容量指标上均有所下降。此外，从图 6-22（c）的 PRO4 还可以看出在 FBS 数目为 3 时具有很高的 FUE 信道容量，此时也正好对应其对 MUE 保护最低的时候，说明 MUE 和 FUE 之间是相互制约的。此外从图 6-22（d）可以看出，REF1 的公平性也相对下降了。

参考文献

[1] 刘敏, 惠力, 杨立, 等. 水声传感器网络及其在海洋监测中的应用研究[J]. 山东科学, 2010, 23(2): 22-27.

[2] 周莹. 水下无线传感器网络的研究和设计[D]. 西安: 西安电子科技大学, 2008.

[3] 张宏滔, 陆佶人, 童峰. 一种用于水声通信网的多址接入协议[J]. 电路与系统学报, 2004(3): 46-49.

[4] 张剑. 水下传感器网络组网通信协议研究[D]. 武汉: 华中科技大学, 2007.

[5] FANG Z R, WANG J J, JIANG C X, et al. QLACO: Q-learning aided ant colony routing protocol for underwater acoustic sensor networks[C]//2020 IEEE Wireless Communications and Networking Conference (WCNC). Piscataway: IEEE Press, 2020: 1-6.

[6] 段瑞洋, 王景璟, 杜军, 等. 面向 "三全" 信息覆盖的新型海洋信息网络[J]. 通信学报, 2019, 40(4): 10-20.

[7] FAN X N, SONG Y L. Improvement on leach protocol of wireless sensor network[C]//Proceedings of the 2007 International Conference on Sensor Technologies and Applications (SENSORCOMM 2007). Piscataway: IEEE Press, 2007: 260-264.

[8] ZHANG K, WANG J, JIANG C, et al. Content aided clustering and cluster head selection algorithms in vehicular networks[C]//Proceedings of the 2017 IEEE Wireless Communications and Networking Conference (WCNC). Piscataway: IEEE Press, 2017.

[9] BENSLIMANE A, TALEB T, SIVARAJ R. Dynamic clustering-based adaptive mobile gateway manage-ment in integrated vanet—3G heterogeneous wireless networks[J]. IEEE Journal on Selected Areas in Communications, 2011, 29(3): 559-570.

[10] SALEET H, BASIR O, LANGAR R, et al. Region-based location-service-management protocol for vanets[J]. IEEE Transactions on Vehicular Technology, 2010, 59(2): 917-931.

[11] BACCELLI F, BLASZCZYSZYN B, MUHLETHALER P. An aloha protocol for multihop mobile wireless networks[J]. IEEE Transactions on Information Theory, 2006, 52(2): 421-436.

[12] BONUCCELLI M A, LONETTI F, MARTELLI F. Tree slotted aloha: a new protocol for tag identification in RFID networks[C]//Proceedings of the 2006 International Symposium on World of Wireless, Mobile and Multimedia Networks. Piscataway: IEEE Press, 2006: 603-608.

[13] JI Z, LIU K R. Cognitive radios for dynamic spectrum access-dynamic spectrum sharing: a game theoretical overview[J]. IEEE Communications Magazine, 2007, 45(5): 88-94.

[14] NAPARSTEK O, COHEN K. Deep multi-user reinforcement learning for distributed dynamic spectrum access[J]. IEEE Transactions on Wireless Communications, 2019, 18(1): 310-323.

[15] WANG J J, JIANG C X, ZHANG H, et al. Thirty years of machine learning: the road to pareto-optimal wireless networks[J]. IEEE Communications Surveys and Tutorials, 2019, 22(3): 1472-1514.

[16] SOZER E M, STOJANOVIC M, PROAKIS J G. Underwater acoustic networks[J]. IEEE Journal of Oceanic Engineering, 2000, 25(1): 72-83.

[17] FANG Z R, WANG J J, JIANG C X, et al. AoI inspired collaborative information collection for AUV assisted internet of underwater things[J]. IEEE Internet of Things Journal, 2021.

[18] RAHMAN A, OLESINSKI W, GBURZYNSKI P. Controlled flooding in wireless ad-hoc

networks[C]//International Workshop on Wireless Ad-Hoc Networks. Piscataway: IEEE Press, 2004: 73-78.

[19] DALAL Y K, METCALFE R M. Reverse path forwarding of broadcast packets[J]. Communications of the ACM, 1978, 21(12): 1040-1048.

[20] WIESELTHIER J E, NGUYEN G D, EPHREMIDES A. On the construction of energy-efficient broadcast and multicast trees in wireless networks[C]//Nineteenth Annual Joint Conference of the IEEE Computer and Communications Societies. Piscataway: IEEE Press, 2000: 585-594.

[21] RUTHMAIR M, RAIDL G R. A kruskal-based heuristic for the rooted delay-constrained minimum spanning tree problem[C]//International Conference on Computer Aided Systems Theory. Berlin: Springer, 2009: 713-720.

[22] DAS A K, MARKS R J, EL-SHARKAWI M, et al. The minimum power broadcast problem in wireless networks: an ant colony system approach[C]//Proceedings of the IEEE Workshop on Wireless Communications and Networking. Piscataway: IEEE Press, 2002: 5-6.

[23] ZHANG K, WANG J, JIANG C, et al. Asymmetric normalization aided information diffusion for socially-aware mobile networks[C]//Proceedings of the 2017 IEEE International Conference on Communications. Piscataway: IEEE Press, 2017: 1-6.

[24] ZHAO J, WU J, XU K. Weak ties: subtle role of information diffusion in online social networks[J]. Physical Review E, 2010, 82(1): 016105.

[25] WANG J, JIANG C, QUEK T Q, et al. The value strength aided information diffusion in socially-aware mobile networks[J]. IEEE Access, 2016, 4: 3907-3919.

[26] ZHOU Y, YU F R, CHEN J, et al. Communications, caching, and computing for next generation hetnets[J]. IEEE Wireless Communications, 2018, 25(4): 104-111.

[27] YAN L, LI X, MA K, et al. Joint relay selection and power allocation in underwater cognitive acoustic cooperative system with limited feedback[C]//Proceedings of the 2016 IEEE 83rd Vehicular Technology Conference (VTC Spring). Piscataway: IEEE Press, 2016: 1-5.

[28] PENG M, ZHANG K, JIANG J, et al. Energy-efficient resource assignment and power allocation in heterogeneous cloud radio access networks[J]. IEEE Transactions on Vehicular Technology, 2015, 64(11): 5275-5287.

[29] YIN R, ZHONG C, YU G, et al. Joint spectrum and power allocation for D2D communications underlaying cellular networks[J]. IEEE Transactions on Vehicular Technology, 2016, 65(4): 2182-2195.

[30] GHORBEL M B, HAMDAOUI B, GUIZANI M, et al. Distributed learning-based cross-layer technique for energy-efficient multicarrier dynamic spectrum access with adaptive power allocation[J]. IEEE Transactions on Wireless Communications, 2016, 15(3): 1665-1674.

[31] AMIRI R, MEHRPOUYAN H, FRIDMAN L, et al. A machine learning approach for power allocation in hetnets considering QoS[C]//Proceedings of the 2018 IEEE International Conference on Communications. Piscataway: IEEE Press, 2018: 1-7.

[32] ZANDI M, DONG M, GRAMI A. Distributed stochastic learning and adaptation to primary

traffic for dynamic spectrum access[J]. IEEE Transactions on Wireless Communications, 2016, 15(3): 1675-1688.

[33] MIN M, XIAO L, CHEN Y, et al. Learning-based computation offloading for IoT devices with energy harvesting[J]. IEEE Transactions on Vehicular Technology, 2019, 68(2): 1930-1941.

[34] JIANG C, ZHANG H, REN Y, et al. Machine learning paradigms for next-generation wireless networks [J]. IEEE Wireless Communications, 2017, 24(2): 98-105.

[35] WATKINS C J, DAYAN P. Q-learning[J]. Machine Learning, 1992, 8(3-4): 279-292.

[36] SAAD H, MOHAMED A, ELBATT T. Distributed cooperative Q-learning for power allocation in cognitive femtocell networks[C]//Proceedings of the 2012 IEEE Vehicular Technology Conference (VTC Fall). Piscataway: IEEE Press, 2012: 1-5.

[37] TEFFT J R, KIRSCH N J. A proximity-based Q-learning reward function for femtocell networks[C]//Proceedings of the 2013 IEEE 78th Vehicular Technology Conference (VTC Fall). Piscataway: IEEE Press, 2013: 1-5.

[38] AMIRI R, ALMASI M A, ANDREWS J G, et al. Reinforcement learning for self-organization and power control of two-tier heterogeneous networks[J]. arXiv preprint arXiv:1812.09778, 2018.

[39] SHAHID A, ASLAM S, KIM H S, et al. A docitive Q-learning approach towards joint resource allocation and power control in self-organised femtocell networks[J]. IEEE Transactions on Emerging Telecommunications Technologies, 2015, 26(2): 216-230.

[40] SAAD H, MOHAMED A, ELBATT T. A cooperative Q-learning approach for distributed resource allocation in multi-user femtocell networks[C]//Proceedings of the 2014 IEEE Wireless Communications and Networking Conference. Piscataway: IEEE Press, 2014: 1490-1495.

第7章
自主潜航器导航定位相关技术

⭐ 7.1 自主潜航器定位相关技术综述

  由于复杂的海洋环境与困难的通信条件，自主潜航器的高精度导航定位面临着许多陆地上不存在的难题。海洋环境中电磁波衰减强烈、无线通信困难，以及很多不确定因素，使得陆地和海面的导航系统难以照搬到潜航器上。目前潜航器的导航定位精度最高约为航程的千分之一，远远低于 GPS 的导航精度，高精度导航定位技术已经成为自主潜航器发展中面临的巨大难题。

  目前自主潜航器采用的导航定位技术主要有基线定位、多普勒计程仪、声学导航、卫星导航、惯性导航等。为了保证可靠性，自主潜航器往往同时采用两种或两种以上的导航技术。其中最常见的是基线定位系统，以及惯性导航和多普勒计程仪的组合导航方案。惯性导航和多普勒计程仪的组合导航不需要外界协助，因此存在误差累积的问题，精度最高可达到航程的千分之一。为了获得较高的导航精度，惯性导航和多普勒计程仪的组合导航可能需要以降低航行深度和牺牲隐蔽性为代价，人们仍在探索新的自主潜航器导航定位技术。

7.1.1 航位推算与惯性导航

  航位推算早在 16 世纪的航海活动中就有应用，它是指通过测量运动过程中的位移，在已知某一时刻自身位置的前提下推算其他时刻位置的方法[1]。这种方法理论上只需要利用传感器测量船体的速度与航向，具备操作简单、成本低的优点。目前常用的航向传感器有光纤陀螺与电罗经，速度传感器常用多普勒计程仪。但是，在水下环境中存在海流影响船体速度的问题，在长时间航行的场景下，航位推算的精度会受传感器测量精度和外界因素的影响，随时间存在累计误差，需要通过其他方式来辅助校准位置。

惯性导航系统（Inertial Navigation System，INS）开始发展于 20 世纪 60 年代，它通过惯性传感器精确测量自身旋转运动角速率和直线运动加速度信息，然后将其送至计算机中进行积分计算，得出自身位置。惯性导航的原理与航位推算是一致的，随着新型陀螺技术的不断进步，惯性导航系统的体积、精度、可靠性已经基本满足作为潜航器载荷的条件，可以作为潜航器的导航与控制模块。惯性导航系统主要分为捷联式和平台式。捷联式惯性导航系统直接将惯性传感器固定连接在载体上，将传感器的输出结果经过积分解算，得出自身运动状态[2]。捷联式的安装形式不需要为惯性传感器提供专门安装导航的平台，降低了系统的体积与成本，具有结构简单、维护方便的优点，目前大多数惯性导航系统采用的都是捷联式惯性导航系统。

航位推算与惯性导航在工作过程中不需要接收任何来自外部的信息，这一特点使它们在应用于自主潜航器时具备隐蔽性、自主性的优点，但也带来了长时间航行时定位累计误差无法消除的缺陷。当长时间航行的潜航器需要获得高精度的定位信息时，必须使用其他的定位方法对惯性导航系统产生的误差进行校正。

7.1.2　基线定位系统

由于水下的环境特殊，水声设备是水下定位和导航的主要工具。目前常用的水下定位系统按照基线的长短分为：长基线（Long Base Line，LBL）[3]定位系统、短基线（Short Base Line，SBL）定位系统、超短基线（Ultra Short Base Line，USBL）定位系统[4]。LBL 定位系统在 1958 年就有成功应用的记录，美国海军利用其建立三维的水下靶场。SBL 定位系统出现于 1963 年。而 USBL 定位系统出现在 20 世纪 80 年代初。LBL 定位系统需要相邻的 3 个或 3 个以上基元同时收到目标发射信号，通过测量信号从目标到达各基元的传播时延，以同步球面交汇或非同步双曲面交汇方法，得到目标的最终位置；SBL 定位系统通过测量目标声信号到各个基元间的传播时延或时延差，根据几何原理计算出目标的距离和方位，得到目标与基元的相对位置，再配合罗经、方位姿态仪、GPS 等外围设备得到目标的大地坐标。

LBL 定位系统如图 7-1 所示，它是指基线长度在几百米至几千米的定位系统，一般由布放在海底的应答器基阵或布放在海面的浮标基阵构成，其跟踪范围可达几十至几百平方千米。

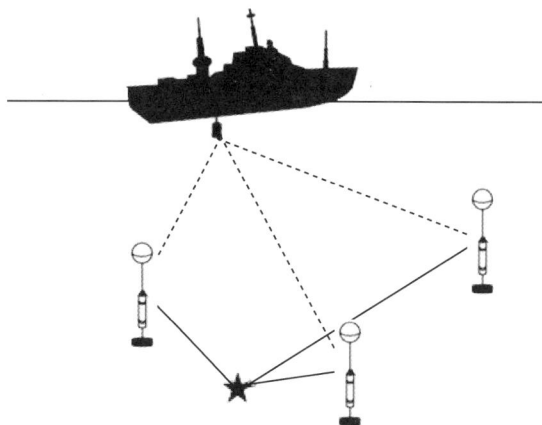

图 7-1　LBL 定位系统

　　LBL 定位系统的优点是可以在较大的海域内确定目标的位置坐标，定位精度相对较高，可靠性好，数据刷新率高，而且由于基线长度较长，其阵位安装误差对定位结果影响较小，系统不需做大量安装精度校准工作；缺点是系统构成复杂，基线阵布设需要高昂的费用，耗费大量的时间。

　　SBL 定位系统如图 7-2 所示，它是指基线长度为几米至几十米的定位系统，一般由 3 个以上布放在船底或船舷的基元构成基阵，通过测量目标声信号到各个基元间的传播时延或时延差，根据几何原理计算出目标的距离和方位。此时得到的目标坐标是相对于基阵坐标系的，还需要配合罗经、方位姿态仪、GPS 等外围设备得到目标的大地坐标。SBL 定位系统相较于 LBL 定位系统虽然跟踪范围较小，但可通过增加基阵的数目来扩大跟踪范围，主要用于水下近程目标的轨迹测量。

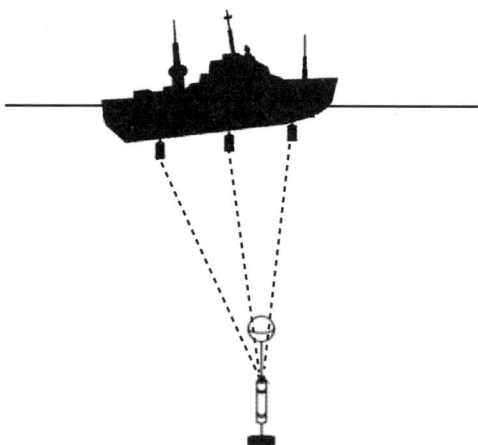

图 7-2　SBL 定位系统

SBL 定位系统的主要优点是基线长度较小，系统组成结构简单，布放回收方便，不需要组建复杂大规模的基阵即可完成测量。缺点是基元安装误差对定位精度影响较大，需要对基阵进行大量校准以提高基阵安装精度。此外某些基元可能被安装在高噪声区，严重影响定位性能。

USBL 定位系统如图 7-3 所示，其基线长度一般小于发射信号的半波长，通常只有几厘米至几十厘米。与 LBL、SBL 定位系统利用时延定位不同，USBL 定位系统主要通过目标声信号到各基元的时延差或相位差进行测向，再结合信号的传播时延换算成的距离信息进行定位。与 SBL 定位系统类似，USBL 定位系统也需要与罗经、方位姿态仪、GPS 等外围设备结合使用得到目标的大地坐标。USBL 定位系统由于其基线长度很小，具有很高的灵活性，可以安装在多种平台，既可以安装在船体或潜艇上，也可以布放在水中或水底，多是轻便系统，目前主要用于深潜器跟踪。

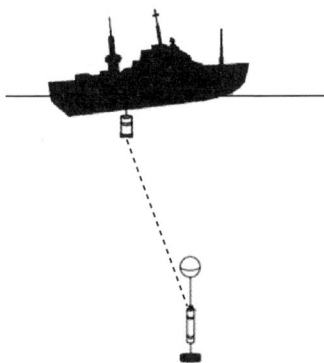

图 7-3　USBL 定位系统

USBL 定位系统的主要优点是尺寸小，轻便灵活，布放回收方便，缺点是对基阵安装精度要求较高，对校准工作要求高。在常见的自主潜航器非固定海域长时间工作场景下，USBL 定位系统比其他两种基线定位系统更加实用，因此也得到国内外的广泛研究。

7.1.3　国外超短基线定位系统发展现状

国外 USBL 定位系统的技术比较成熟，有具体产品的公司主要有：法国的 IXSEA OCEANO SAS 公司，挪威的 Kongsberg 公司，美国的 LinkQuest 公司和 EdgeTech ORE 公司，澳大利亚的 Nautronix 公司，英国的 Applied Acoustics Engineering Limited 公司和 Sonardyne 公司等。他们的设备基本完成了工程化生产,占据了市场绝大部分份额。通常拥有 USBL 定位系统的产品定位精度在 2‰～

5‰斜距，定位深度为 0～6 km，可跟踪目标 1～10 个。Sonardyne 公司的 Fusion 系统的定位精度高达 1‰斜距，定位深度大于 6 km，跟踪目标达到 10 个。

国外对声学定位系统研究较早的是 Kongsberg 公司，该公司于 1997 年推出了世界领先水平的高精度长程超短基线定位系统——Hi PAP350，定位深度达 3 km，距离测量精度优于 20 cm，随后推出 Hi PAP500，定位深度达 4 km，测距精度优于 20 cm，新近推出的 Hi PAP700，定位深度达 10 km，测距精度优于 50 cm，也是世界上唯一定位深度上万米的长程超短基线定位系统。Kongsberg 公司拥有一系列成熟的产品投入军用及民用领域，多项指标已经成为行业技术标准。其产品 Hi PAP 系列中的 Hi PAP700 的基阵采用 50 个换能器单元组成半球形，提供尽可能大的定位开角。2009 年 9 月，Kongsberg 公司 AUV 参与了挪威海军搜寻 1928 年失踪的 Roald Amundsen 号飞机工作，其 AUV 定位系统就是 Hi PAP350 USBL 定位系统。

IXSEA OCEANO SAS 公司始建于 1977 年，是一家专业从事水声设备、海洋学仪器和水下导航设备开发的公司。该公司的新型超短基线定位系统 Posidonia 6000 长程超短基线定位系统，定位深度为 6 km，最大作用距离为 8 km，在 6 km 水深 30°开角范围内，测距精度为 0.3%，询问频率为 8.0～14.0 kHz，应答频率为 14.0～18.0 kHz，该系统已经成功推向市场。从 1997 年开始已经装备在法国海洋开发研究院的 AUV 和深拖系统以及德国的 GEOMAR 深拖系统，"大洋一号"综合海洋科学考察船装备的就是 Posidonia 6000 长程超短基线定位系统。从 20 世纪 90 年代起，USBL 定位系统的发展方向主要集中在两个方面，用宽带发射信号代替传统的单频发射信号，从而达到抗多径、提高处理增益等要求，如前面介绍的法国 Posidonia 6000 长程超短基线定位系统；对基阵阵型改进，增加定位信息冗余，以提高定位精度，如 Kongsberg 公司的 Hi PAP 系列。近年来，IXSEA OCEANO SAS 公司研制的新型 USBL 定位系统——全球声学定位系统（Global Acoustic Positioning System，GAPS）引起广泛的关注，GAPS 是世界首个便携式、即插即用、不需坐标校准的 USBL 定位系统。GAPS 的最大优点是将 GPS、惯性导航系统及水声定位系统的传感器组装在一起，利用信息融合技术直接给出水下目标的全球定位坐标，以避免不同传感器坐标间不吻合引起定位误差，从而不需进行额外的校准试验[5]。

Sonardyne 公司除了 Fusion 系统，还有 Scout 系统和 Ranger 系统。Scout 系统是高频浅水产品，有外置和内置姿态传感器两种工作方式，定位精度分别为 5‰和 2.7‰斜距，定位精度差异很可能是安装误差引起的。Ranger 系统可使用单频信号和宽带信号，定位精度分别为 2‰和 1‰斜距，定位精度差异可能是由设备相位估计精度引起的。LinkQuest 公司的 TrackLink 产品采用宽带声学扩谱（Broadband Acoustic Spread Sprectrum，BASS）技术，有很好的通信功能。表 7-1 对国外典型 USBL 定位系统的性能进行了对比。

表 7-1　国外典型 USBL 定位系统性能对比

产品	Posidonla II	GAPS	Hi PAP102	Ranger 2 pro	TrackLink 10000HA	S2CR 7/17D
定位精度	0.2%斜距	0.2%斜距	0.2%斜距	0.1%斜距	—	—
测距精度	—	0.02 m	0.02 m	0.015 m	0.40 m	0.01 m
测向精度	—	0.09°	0.14°	—	0.25°	0.1°
定位深度	7 000 m	—	7 000 m	7 000 m	7 000 m	10 000 m
作用距离	10 000 m	4 000 m	10 000 m	10 000 m	11 000 m	11 000 m
发射频带	8～14 kHz	21.5～30.5 kHz	10～12.5 kHz	14～18 kHz	7.5～12.5 kHz	7～17 kHz
声源级	（190±3）dB	191 dB	—	200 dB	—	65 W
接收基元	4	4	31	—	—	—
接收频带	8～14 kHz	21.5～30.5 kHz	13～15.5 kHz	14～18 kHz	7.5～12.5 kHz	7～17 kHz
信号形式	M-FSK	M-FSK	Cymbal	第二代宽带数字技术（Wideband 2）	声学宽带扩频	扫频扩展载波 S2C
覆盖角度	120°	200°	120°	180°	—	80°
同步方式	声学应答/同步触发	声学应答/同步触发	声学应答/同步触发	脉冲堆栈	声学应答	声学应答
罗经	外置	内置	外置	外置	外置	内置
标定方式	8 字形	不需标定	4 个方位基点+应答器上方4 个航向角	—	—	—
更新率	与距离有关	与距离有关	与距离有关	1 s	—	—
通信功能	—	160 bit/周期	具备通信功能	1.5～15 kbit/s	2 400 Baud	6.9 kbit/s
安装方式	舷侧/船底	便携式	船底	船底	船底	—
空气重量	34 kg	16 kg	—	41 kg	—	13.5 kg
声阵高度	420 mm	638 mm	—	487 mm	—	434 mm
声阵直径	580 mm	296 mm	460 mm	600 mm	—	170 mm

注：Cymbal 是一种用于通信和定位的声学协议。

7.1.4　国内超短基线定位系统发展现状

国内有许多机构在进行 USBL 定位系统技术的研究，如中国科学院声学研究所、哈尔滨工程大学、厦门大学、国家海洋技术中心、中船重工第七一五研究所等单位。哈尔滨工程大学的研究成果较有代表性，陆续有"深水重潜装潜水员超短基线定位系统"，"探索者"号无人潜航器超短基线定位系统，"灭雷具配套水声跟踪定位装置"，"水下目标位姿引导定位系统"等。国内 USBL

定位系统又以哈尔滨工程大学和自然资源部第一海洋研究所共同研发的"长程超短基线定位系统"最为典型，它是我国自行研制、具有知识产权的深水高精度 USBL 定位系统，其作用距离达到 8 km，定位精度达到 5‰斜距。

国内 USBL 定位系统设备精度和国外的 USBL 定位系统依然存在的一定的差距。除了工艺、材料外，本书指出的差距主要包括以下两个方面。一是海上的安装校准问题。因标定精度对于设备的精度有着较大影响，而安装校准算法少见于文献，只能"推敲"国外设备的标定原理。安装校准是超短基线定位的一项关键技术。二是声线的跟踪问题，对于单根声线定位的定位模式，声线跟踪的算法及性能均存在较多疑问。表 7-2 对国内部分 USBL 定位系统的性能进行了对比，其中 PS138、PS117、PS113 和 PS155 均由嘉兴中科声学科技有限公司研制。

表 7-2　国内部分 USBL 定位系统性能对比

型号	PS138	PS117	PS113	PS155
工作频率	低频（8～16 kHz）	中频（18～30 kHz）	高频（35～55 kHz）	中频（20～30 kHz）
信号形式	CW、FM、可编程	CW、FM、可编程 HPR 400 直流转换器（兼容 Ranger）	CW、FM、可编程兼容 Scout 系统	CW、FM、可编程
作用距离	3 000 m	2 000 m	1 000 m	2 000 m
声头深度	200 m	50 m	50 m	200 m
测向精度	0.3°	1°	0.6°	0.3°
定位精度	1 m±0.5%D（RMS，不含航姿和 GPS 误差）1 m±1%D（RMS，使用基阵内置惯性导航，外接 RTK GPS）	1 m±1.5%D（RMS，不含航姿和 GPS 误差）1 m±2%D（RMS，使用基阵内置磁罗盘，不含 GPS 误差）	1 m±1%D（RMS，不含航姿和 GPS 误差）1 m±1.5%D（RMS，使用基阵内置磁罗盘，不含 GPS 误差）	1 m±0.5%D（RMS，不含航姿和 GPS 误差）1 m±1%D（RMS，使用基阵内置磁罗盘，不含 GPS 误差）
航姿传感器	内置惯导	内部/外部（可选配）	内部/外部（可选配）	内部/外部（可选配）
目标个数	5			
工作方式	同步触发方式（外同步/内同步），应答方式（询问）			

注：CW 为连续波（Contionous Ware）；FM 为调频调制（Frequency Modulation）；RTK 为实时动态（Real-Time Kinematic）载波相位差分技术；D 为斜距；RMS 为 GPS 的定位精度单位。

7.2　自主潜航器协同定位技术

由于电磁波在海水中传播会有极大的能量衰减，自主潜航器难以使用无线电导航。声波成为水下信息传输的最有效的载体，由此也发展出了水声定位技术，其中的超短基线定位系统具备使用方便灵活、导航范围大、能够适应水下工作环境等特点，已成为实际工程领域广泛使用的潜航器导航定位系统。

多普勒计程仪利用测量水下环境中声波的多普勒效应实现测速功能。仪器向海底发射超声波信号，根据产生的多普勒效应计算出仪器当前的速度，在潜航器导航定位领域有较为广泛的应用。由于超声波波束较窄，可以以特定角度发射到海底，多普勒计程仪拥有时延较低、抗干扰能力强、稳定性高的优势，但是当超声波波束传播距离过长时，测速的精确度会受到较大的影响，另外海洋中复杂多变的水文参数，如水温、水深、盐度等都会对多普勒计程仪产生无法消除的干扰。

惯性导航系统通过陀螺仪和加速度计两种惯性器件测量角速度与加速度，计算得出潜航器与初始位置的相对位移、速度与姿态。惯性导航系统不需要与外界进行信息交流，具备高度的自主性，只需要设定初始位置即可隐蔽地全天候提供定位信息。因此，惯性导航系统被广泛地运用于军用自主潜航器中。

惯性导航系统的封闭性也带来了导航误差累积的问题。在长时间航行下导航的系统误差会随着航行距离累加，产生较大的定位误差，因此，实际使用中常常将惯性导航系统作为导航的主系统，辅以其他导航子系统来校正累积的误差。

现有的基线定位系统可以估计水下目标与信标之间的距离，并计算出目标的位置。基线定位系统可以实现比较精确的定位，但阵列的校准往往比较复杂。在测量距离的过程中，AUV 和信标需要进行通信，这意味着当多个 AUV 节点同时发射信号时，有限带宽的水下声道会变得非常拥挤。为了解决这一问题，研究人员提出了基于信标和 AUV 的精确时钟同步的单程传播时间（One Way Travel Time，OWTT）测距方法[6]。该方法不需要 AUV 发射信号，从而节省了水下声道的带宽。基于扩展卡尔曼滤波器（Extended Kalman Filter，EKF）的模型也被用于校正 LBL 定位系统中的 AUV 定位[7]。此外，由于 AUV 通常配备惯性导航系统，以单信标校正惯性导航系统误差的导航场景[8-10]也引起了较多研究人员关注，比较热门的研究是引入单输入多输出（Single Input Multiple Output，SIMO）模型来解决异步化问题[11-12]，并将独立的 AUV 坐标融合在一起，成为更高精度的群体 AUV 整体坐标系[13]。

本节提出一种单信标校正惯性导航系统误差的定位模型，在该模型中，多个 AUV 组成的阵列充当原有的定位基线的角色。AUV 群保持一个相对固定的队形，并作为基线，水上用于校准的信标只需要配备 GPS 模块，并将自己的位置发送给水下的 AUV。在这种模式下，定位的校准是由水下 AUV 自发进行的，不需要在海面上测量校准基线。在深远海航行的情况下，AUV 校准位置误差不需要浮上水面以接收卫星信号，也省去了派遣船只一路设置基线的成本。

7.2.1 系统模型

协同定位的模型包含一组 AUV 群和一个简单的水上信标，这个信标可以是一个浮标、一艘船、一个钻井平台或另一个刚刚从卫星上获得位置的 AUV。固定在海底的水下传感器也可以作为信标，前提是它们能通过水下声波传输报告自己的准确位置。信标将自己的位置信息发送给 AUV 群，AUV 群通过到达时间差（Time Difference of Arrival，TDoA）的方法计算自己的位置。每艘 AUV 的距离保持在数十米，这样可以保证它们接收的声学信号之间的时间间隔足以计算准确位置。另外，这样的间距还可以保持信道传输特性的相似性，减少多径效应造成的误差。由于水下通信环境复杂，AUV 在长时间航行后很难与水上信标保持时钟同步。为了模拟这一场景，在模型中，仅有 AUV 群中的各个 AUV 是时钟同步的，在这种情况下开始定位校准时，至少需要一个 AUV 发送信号以激活信标回答，之后，信标按照预定的时间间隔发送其位置和激活信号到达的时间。这样，AUV 与信标之间的时钟误差可以被求得。在接下来的定位过程中，AUV 和信标即可视为时钟同步，通过声信号的传输时间可以得出它们之间的距离。

考虑一个由 N 个 AUV 组成的 AUV 群，用 $u_i(i=1,2,\cdots,N)$ 表示惯性导航系统预测的各个 AUV 位置。通过 AUV 之间的声信号测距，可以确定一个矩阵 D，其中 d_{ij} 表示 AUV_i 和 AUV_j 之间的测量距离。这个测量距离是由水下的声速乘以信号行进时间得到的，当 AUV 间距为几十米时，时间测量的误差比声速估计的误差大得多。因此，我们认为，测量距离与实际值之间的差值主要由时间测量误差决定，并遵循高斯分布。

将经过互相测距修正后的 AUV 位置表示为 $v_i(i=1,2,\cdots,N)$。可以通过求解以下优化问题来修正 AUV 群的相对位置。

$$\min_{V} \sum_{i=1}^{N}\sum_{j=i}^{N}\left(d_{ij}-\|v_i-u_i\|\right)^2 + \sum_{i=1}^{N}\sigma_i\|v_i-u_i\|^2 \tag{7-1}$$

其中，$V=(v_1,v_2,\cdots,v_N)$ 表示各个 AUV 的位置，σ_i 是反映 d_{ij} 不确定度与 u_i 不确定度之比的系数，考虑在测量距离的短暂时间内，各个 AUV 的相对位置保持不变。为了确定 AUV 和信标之间的相对位置，AUV 群中必须至少有 4 个接收信标发射信号的 AUV。在理想的 TDoA 情况下，信标的相对位置可以由 4 个 AUV 准确确定。假设有 4 个接收信号的 AUV，将第 i 个 AUV 接收信标信号的时刻表示为 t_i。通常情况下 AUV 与信标的距离远大于基线（即 AUV 之间的间距）长度，因此可以认为信标发出的声信号为平面波，传播方向可由 V 和 t_i 确定。结合传播方向和传播距离，即可确定信标与 AUV 的相对位置，信标的位置已经由 AUV 接收，因此 AUV 可以确定自身准确位置。

从上述方法来看，AUV 只需要发送一次激活信号，接收信标响应就可以实现定位。在大洋场景中，相比传统的水下定位则需要船舶跟随航行或更密集的信标网络[14]，才可以节省基线部署的成本。

7.2.2　算法设计

在上述模型中，AUV 经过一次通信后与信标实现时间同步，通过遗传算法可以得到相对准确的 AUV 阵列结构估计，然后得出信标信号的传播方向。考虑到深度信息的差异可以通过测量水压差来转换，AUV 之间的深度估计误差可能远小于水平距离估计误差，在这种情况下，估计传播方向和水平面之间的角度是符合实际的，基于这个前提，首先估计 AUV 在运动过程中的深度，再利用最大后验（Maximum a Posteriori，MAP）估计来修正方位角误差，并生成 AUV 的轨迹估计。

1. 阵列结构估计

首先，利用遗传算法求解式（7-2）所示的优化问题，进而得到水听器阵列结构的估计。

$$\min_V \sum_{i=1}^{N} \sum_{j=i}^{N} \left(d_{ij} - \|v_i - u_i\|\right)^2 + \sum_{i=1}^{N} \sigma_i \|v_i - u_i\|^2 \tag{7-2}$$

由于 V 的维度较高，而定位过程对自主潜航器相对位置估计的精确度要求不苛刻，因此，遗传算法十分适合这种在短时间内找出符合精确度要求的解的场景。

我们将遗传算法的搜索中心设置为 u_i，沿 x 轴方向的搜索范围设置为±20 m，沿 y 轴方向的搜索范围设置为±20 m，沿 z 轴方向的搜索范围设置为±0.5 m。为了简化操作，对这个区域进行网格化处理，并将网格的每个位置用二进制编码。在仿真中，更倾向于将遗传算法的初始种群设置为接近于 u_i，在计算出每个个体（即一组二进制编码）的适应度后，根据它们的适应度等级确定它们的生存概率，调整它们在种群中的比例。新的种群经过杂交和突变，产生下一代种群，在这个过程中，个体可能会交换部分代码或修改自己的部分代码，而新的种群又会重复上述过程。在经过有限的循环之后，我们可以得到 V 的一个相对准确的解。

2. 初步定位与深度估计

通过阵列结构 V 可以得出信标信号的传播方向 S。用矩阵 P 表示其他 AUV 和参考 AUV（不妨设为 AUV 1）的相对位置，用矩阵 T 表示其他 AUV 和参考 AUV 接收信号的时间差，如式（7-3）所示。

$$P = \begin{bmatrix} v_2 - v_1 \\ v_3 - v_1 \\ v_4 - v_1 \end{bmatrix}, \quad T = \begin{bmatrix} t_2 - t_1 \\ t_3 - t_1 \\ t_4 - t_1 \end{bmatrix} \tag{7-3}$$

则 S 可以表示为式（7-4）。

$$S = P^{-1}T \qquad (7-4)$$

将 S 单位化，并乘以信标和 AUV 之间的测量距离，即可得到 AUV 相对于信标的位置。但是，在这种情况下 AUV 相对位置的误差会严重影响定位的精度。考虑到传播方向 S 和水平面之间的角度与实际值相差不大，我们认为深度误差的均值近似为零，这是由于在水下阵列保持大致对称的情况下，在遗传算法的搜索空间中，得出的解在对称的位置也有同样适应度的解存在。在第 n 个定位周期收到第 n 次信标传来的信号并校准后，自主潜航器深度的最大后验估计值 $\tilde{z}_n$ 可以表示为式（7-5）。

$$\tilde{z}_n = a_n + \frac{1}{n}\sum_{i=1}^{n}(z_i - a_i) \qquad (7-5)$$

其中，z_i 和 a_i 分别代表第 i 个定位周期时由 S 测得的深度和水压计测得的深度。特别地，如果 AUV 在定位过程中保持航行深度不变，测得的水压也保持不变，则 $\tilde{z}_n$ 是 $\tilde{z}_i(i=1,2,\cdots,n)$ 的平均值。

3. 方位角校正

潜航器阵列在拓扑上是时变的，而且在遗传算法的搜索范围内有许多次优解，因此，由矢量 S 确定的信标位置的方位角将与实际值有较大差异。这个误差对定位的影响与信标和 AUV 之间的距离成正比。与深度修正类似，我们将这个误差表示为 θ，并将其视为高斯分布的随机变量。由于在遗传算法中，一个定位周期的解会影响下一个定位周期的初始种群分布，方位角误差会在导航过程中传递，且其平均值不为零。相应地，我们利用惯性导航信息来估计 θ，虽然我们假设惯性导航系统经过长时间的航行后产生了较大的误差，但在整个定位过程中，我们认为惯性导航系统提供的位移信息是准确并可以利用的。

由于方位角的误差，导致由 S 得出的行进轨迹与惯性导航系统测量的轨迹之间存在差异。事实上，在较大的时间尺度上，两个轨迹的位移产生的角度会趋近于 θ 的平均值。这意味着我们可以将这个角度在长时间内的平均值作为 θ 的估计值，并将其表示为 $\overline{\theta}_k$，其中 k 代表定位周期的序号。在每个定位周期内，用位移信息在短时间对 θ 作出最大后验概率估计。用 β_k 表示惯性导航系统记录的位移所对应的方位角增量与初步定位计算出的位移所对应的方位角增量之差，则可得出 θ 的最大后验概率估计如下。

$$\theta_n = \frac{1}{m+2}\sum_{k=n-m}^{n}(\overline{\theta}_k + \beta_k) \qquad (7-6)$$

其中，m 表示时间窗口的长度，时间窗口用于防止结果不受之前数据的影响。此外，我们可以得到一个无偏估计 $\tilde{\theta}_n$。

$$\tilde{\theta}_n = \frac{1}{m+1} \sum_{k=n-m}^{n} (\overline{\theta}_k + \beta_k) \tag{7-7}$$

AUV 将初始定位位置转换为柱状坐标系，并根据上述估计误差进行相应调整，作为最终定位的结果。以此结果作为卡尔曼滤波的观测量，融合惯性导航系统记录的位移信息，即可在行进过程中逐步校正漂移误差。

7.2.3　仿真验证

用上述定位方法处理仿真环境下最简单的 4 自主潜航器协作定位模型，自主潜航器的初始位置分别设置为[0, 0, −1 500]、[0, 0, −1 450]、[0, 50, −1 500]、[50, 0, −1 500]，模拟 1 500 m 水深环境下间距在 50～80 m 的多自主潜航器协作定位，信标的位置设定为[0, 1 200, 1 500]，信标以 20 s 为周期向自主潜航器群发射声信号，自主潜航器接收到声信号即可获知信号发射时间与当前信标位置。在这个过程中，自主潜航器保持 5 节的速度绕信标航行一周，协作定位轨迹与实际轨迹比较如图 7-4 所示，初始位置位于菱形轨迹的左顶点。自主潜航器接收信号的时间误差设定为 0.2 ms，海流对各个自主潜航器的速度影响被设置为不同分布的高斯函数。为了模拟长时间航行后出现的累计误差，每个自主潜航器的惯性导航初始位置都设定为偏移初始位置 200 m。遗传算法的参数设置为交互概率 90%，变异概率 10%，种群数量为 750。

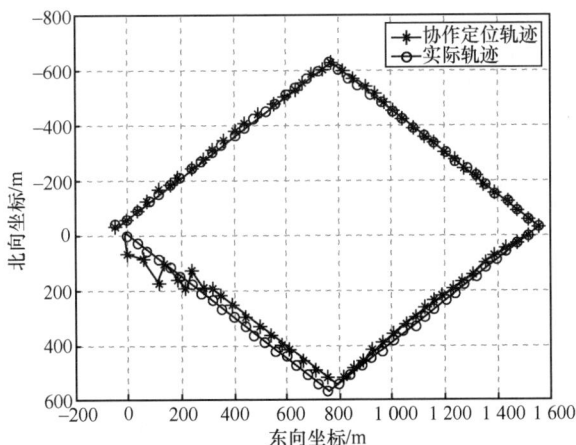

图 7-4　协作定位轨迹与实际轨迹比较

从图 7-4 中可以看出，在刚开始接收定位信号时，惯性导航设定的初始位置与实际位置的偏差对定位结果有较大的影响，但经过数个定位周期后，自主潜航器已经在较大程度上校正了惯性导航的累计误差。图 7-5 所示为不同遗传

代数下协作定位算法与以测距作为观测量的卡尔曼滤波定位方法的均方误差比
较，从图 7-5 中可以看出，当遗传代数从 200 代增加到 300 代时，协作定位算
法的均方误差开始优于测距卡尔曼滤波定位方法，当遗传代数从 300 代继续增
加到 500 代时，定位的精度没有出现显著提升，这说明遗传算法在 300 代时已
经基本达到最优解。

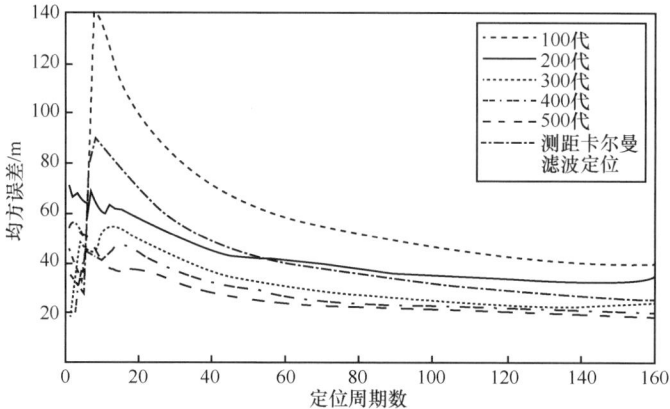

图 7-5　不同遗传代数下协作定位算法与以测距作为观测量的
卡尔曼滤波定位方法的均方误差比较

图 7-6 和图 7-7 所示分别为在方位角误差和深度误差方面协作定位算法的
性能。经过协作定位后，自主潜航器对信标测量的方位角误差稳定在 2° 以内，
在自主潜航器没有深度先验信息的情况下，自主潜航器定位的深度误差在 10 m
以内，考虑到自主潜航器定位深度也是由角度测量得到的，深度误差应与自主
潜航器实际深度成正比，其比值小于 1%。

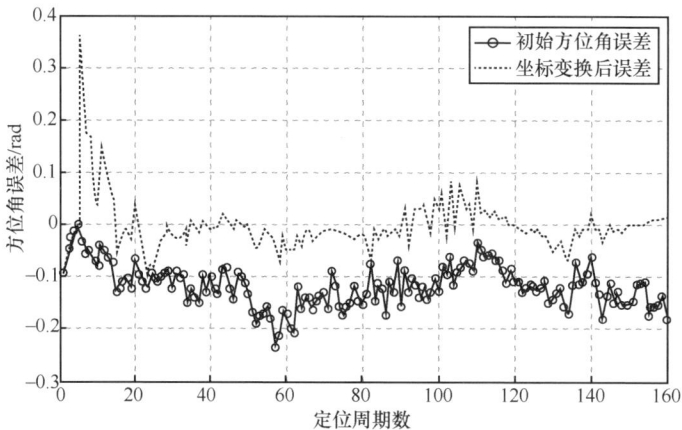

图 7-6　协作定位算法的方位角误差

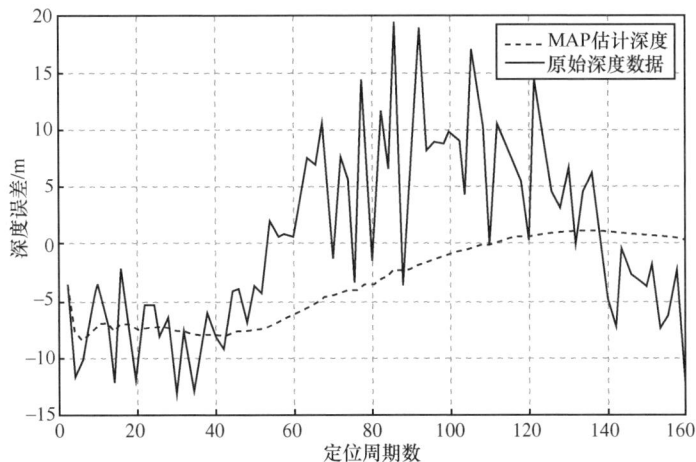

图 7-7　协作定位算法的深度误差

参考文献

[1] 冯子龙, 刘健, 刘开周. AUV 自主导航航位推算算法的研究[J]. 机器人, 2005, 27(2): 168-172.

[2] FANG Z R, WANG J J, JIANG C X, et al. QLACO: Q-learning aided ant colony routing protocol for underwater acoustic sensor networks[C]//2020 IEEE Wireless Communications and Networking Conference (WCNC). Piscataway: IEEE Press, 2020: 1-6.

[3] VAGANAY J, LEONARD J J, BELLINGHAM J G. Outlier rejection for autonomous acoustic navigation[C]//Proceedings of IEEE international conference on robotics and automation. Piscataway: IEEE Press, 1996, 3: 2174-2181.

[4] 李守军, 包更生, 吴水根. 水声定位技术的发展现状与展望[J]. 海洋技术学报, 2005(1): 130-135.

[5] FANG Z R, WANG J J, JIANG C X, et al. AoI inspired collaborative information collection for AUV assisted internet of underwater things[J]. IEEE Internet of Things Journal, 2021.

[6] RYPKEMA N R, FISCHELL E M, SCHMIDT H. One-way travel-time inverted ultra-short baseline localization for low-cost autonomous underwater vehicles[C]//2017 IEEE International Conference on Robotics and Automation (ICRA). Piscataway: IEEE Press, 2017: 4920-4926.

[7] ZHANG J, SHI C, SUN D, et al. High-precision, limited-beacon-aided AUV localization algorithm[J]. Ocean Engineering, 2018, 149: 106-112.

[8] WANG Y, WU L, CHAI H, et al. Technology of gravity aided inertial navigation system and its trial in South China Sea[J]. IET Radar Sonar and Navigation, 2015, 10(5): 862-869.

[9] WEBSTER S E, EUSTICE M, SINGH H, et al. Advances in single-beacon one-way-tra-

vel-time acoustic navigation for underwater vehicles[J]. The International Journal of Robotics Research, 2012, 31(8): 935-950.

[10] GATSENKO A, DUBROVIN F, SCHERBATYUK A.Comparing some algorithms for AUV single beacon mobile navigation[C]//OCEANS 2014-St. John's. Piscataway: IEEE Press, 2014: 1-5.

[11] DUBROVIN F S, SCHERBATYUK A F. Studying some algorithms for AUV navigation using a single beacon: the results of simulation and sea trials[J]. Gyroscopy and Navigation, 2016, 7(2): 189-196.

[12] SUN S, YU S, SHI Z, et al. A novel single-beacon navigation method for group auvs based on simo model[J]. IEEE Access, 2018, 6: 75155-75168.

[13] WANG J J, JIANG C X, ZHANG H, et al. Thirty years of machine learning: the road to pareto-optimal wireless networks[J]. IEEE Communications Surveys and Tutorials, 2019, 22(3): 1472-1514.

[14] 段瑞洋, 王景璟, 杜军, 等. 面向"三全"信息覆盖的新型海洋信息网络[J]. 通信学报, 2019, 40(4): 10-20.

第8章
自主潜航器任务和规划相关技术

🔶 8.1 自主潜航器任务协同技术

8.1.1 水下协同任务归纳

　　近年来，自主潜航器的应用越来越广泛，越来越重要。首先，多自主潜航器（AUV）的协作系统使 AUV 能够相互支持，组成攻防兼备的战术团体，一方面能够对目标进行协同围捕、协同打击等，另一方面，可以智能地对路线进行规划，迷惑并摆脱追踪者。其次，它们可以互相协调并接受调度，共同完成较大较复杂的水下任务，比如在较大规模的区域进行海文采样，侦察救护，多异构平台协作作业，组成高可靠性的智能 AUV 系统等[1]。实际上，这些复杂而多变的任务通常不是单 AUV 能够完成的，因此，发展多 AUV 协同任务规划的相关技术十分必要。

　　多 AUV 协同任务规划是一个复杂的多约束多目标优化问题，主要研究在满足各类约束条件下，合理地将任务分配给具备任务完成潜力的 AUV。在任务分配之后，对每个 AUV 在未知环境下执行任务时的航行路径进行规划。多 AUV 的研究越来越成为 AUV 相关研究者关注的焦点[2]。协作的多 AUV 作为整体要完成预定的任务，就必须具备协作决策的能力，而协作以结构方式进行，这种结构的形式目前尚无定论。此外，决策过程由数个不同的阶段组成，且不同阶段对 AUV 之间通信的要求各异[3]。

相比单 AUV 的工作模式，多 AUV 协作系统模式具备各种方面的优势，具体来说，多 AUV 协作系统的优点可以简单概括为如下几点[4]。

① 对复杂任务的处理能力。某些任务是单 AUV 无法完成的，必须由多 AUV 协作系统才能够完成。无论 AUV 的设计多么完善、配置如何齐全，某些任务必须由多 AUV 协作完成。比如，对水下分布式传感网络来说，指定区域的水声信道监测必须由分布在不同位置的多 AUV 共同完成。

② 任务的高度并发执行。相比单 AUV，多 AUV 协作系统在速度上具有绝对优势。多 AUV 协作系统可以形成覆盖面积较大的实时探测区域，能够快速完成大范围搜索任务，节省作业时间、提高作业效率。大任务分解的并发执行是具有实时特性要求的系统必须具备的能力，显然，单 AUV 系统无法具备上述能力，或者需要极高的成本。

③ 新功能的涌现。异构的 AUV 团队可以组成一个功能强大而且全面的系统。在水下无人作战系统中难以设计出一个满足所有作战需要的平台，但对多 AUV 协作系统来说，即使每个 AUV 的功能比较简单，不同功能和性能的无人水下作战单元所组成的整个立体作战系统也能实现各种特殊的作战功能。这将是现有的任何单个水下装备无法比拟的。

④ 知识、数据共享。AUV 之间的信息共享将使多 AUV 协作系统获得更全面、更鲁棒的知识库和方法集。多 AUV 协作系统能够通过共享资源（信息、知识等）弥补单 AUV 能力的不足，扩大系统完成任务的能力范围，由 N 个 AUV 组成的协作系统通过共享其他 AUV 数据和知识，其能力可以远大于其中一个 AUV 能力的 N 倍[5]。

⑤ 多 AUV 协作系统构成和组织的多样性可以提供单 AUV 系统无法比拟的解决方案的多样性。将多个单一功能的 AUV 组成一个适当的 AUV 团队即可以完成特定的任务，这种组织将会随着任务的不同而不同，不会为某一特定任务而制造特殊的 AUV。

本节我们对水下协同任务的研究和应用意义做了说明，并且对协同任务规划的基本问题进行了归纳和总结，比较了多 AUV 协作系统和单 AUV 系统之间的优劣，阐明了多 AUV 协作系统的研究意义。

8.1.2　水下通信问题

在陆地无线蜂窝网络中，电磁波以大约 $3.0×10^8$ m/s 的速度在空中传播。但是，无线电磁波极不适用于水下。高频无线电在水中的衰减非常严重，特别是对于导电性比纯水更强的海水。虽然频率为 $1～10$ kHz 的长波无线电可用于水下短距离（$1～20$ m）数据传输[3]，但在实际情境下，水声通信是水下通信唯一可行的方法。

声学信道相对于水下复杂的环境条件具有比陆地无线信道更多的问题，并且声传播本身的一些特征无法保证水下数据传输的可靠性。为了更直观地了解这些问题，我们将从以下几个方面分别简要说明。

水下声速约为 1 500 m/s，比电磁波传播的光速低 20 万倍左右，导致水声通信具有比陆地无线电通信更大的传播时延。声信号在水中的低传播速度会在频移和相移两个方面产生多普勒效应。多普勒频移主要来自两个不同的方面，由时变介质引起的频移和相对运动引起的频移。就相对运动引起的频移而言，多普勒效应情况如下。

$$f' = \frac{v + v_0}{v - v_s} f \tag{8-1}$$

其中，f' 是观察者感知的频率，v 是相应介质中波的传播速度，v_0 是观察者的速度，v_s 是信号源的速度，f 是信号的原始载波频率。由于水声信道的传播速度约为 1 500 m/s，在海洋地球科学中，AUV 的速度通常为 1.5～2 m/s[4]，我们可以计算出多普勒系数在 0.997 3 到 1.002 7 之间，最大相对偏差为 0.27%。但是这个问题在实际环境中是可以解决的，因为在水下传感器网络中，数据包通常携带有关发送器的行进速度的信息，接收器可以利用该信息恢复原始载波频率[6]。

时变介质所引起的多普勒频移因其随机性和不可预测性成为多普勒频移中的关键部分。与空气不同，水下的物理特性容易受到频繁的湍流、水面上的风场和潮汐等突变环境的干扰。例如，可以根据式（8-2）估计由海面运动引起的频率变化。

$$\Delta B = 0.08 \pi f \frac{v^{\frac{3}{2}}}{c} \cos \theta_0 \tag{8-2}$$

其中，f 是载波频率，c 是声传播速度，v 是水面风速，θ_0 是目的地的掠射角。为了给出直观的说明，我们假设风速为 10 m/s，掠射角为 $\pi/4$。通过计算得到相对偏差为 0.37%。由于风场信息通常对接收器是不可知的，这种多普勒频移难以有效处理。

相移实际上是声道多径效应的结果。为了简要说明这一现象，我们将该模型描述如下。源 S 向目的地 D 发射信号，这里假设它沿着两条路径行进。路径 A 是朝向目的地 D 的理想直接路径，而路径 B 在介质边界处反射并且以迂回的方式到达目的地。两个路径的欧几里得距离差取决于两个站点的方位角及其深度，两个路径的接收端处拥有不同的相位。多径效应比上述描述更为复杂，因为其不属于本章的主要关注点，所以不做具体的解释。

我们继续分析水声信道的带宽和噪声的问题。

相位和幅度波动导致水声信道相对于大多数无线信道具有高误码率，需要前向纠错（也称为纠错编码）。此外，声学信道随着频率的增加而具有强衰减，导致水声信道的带宽非常有限。

水声信道中的噪声一般包括环境噪声和场地噪声。环境噪声虽然通常被描述为高斯噪声，但并非高斯白噪声，而是具有衰减的功率谱密度。其信道容量取决于距离，并且可能非常有限。除了吸收损耗之外，水声信号还会经历扩散损耗，扩散损耗随着距离的增加而增加。整体路径损耗由式（8-3）给出。

$$A(l,f) = \left(\frac{l}{l_k}\right)^k [a(f)]^{(l-l_r)} \tag{8-3}$$

其中：f 是信号频率；l 是传输距离；l_r 与 l_k 是参考距离，一般设置为固定常数；路径损耗指数 k 模拟扩散损耗特性，其值通常在 1 和 2 之间（在值为 1 和 2 时分别表示圆柱形和球形扩展）[7]；吸收系数 $a(f)$ 可以通过经验式获得。

与环境噪声不同，场地噪声通常包含重要的非高斯分量。在深海中，环境噪声占主导地位，而在海岸附近和运输活动中，场地噪声会显著增加噪音水平。

此外，声学带宽通常和中心频率 f_c 在同一量级。这一事实对水声信号处理方法影响较大，它使得人们无法进行许多无线电通信原理所基于的窄带假设（$B \ll f_c$），这是水声信号处理领域中的重点与难点。

本节分析了对水下任务协同有主要影响的水下通信问题，从多普勒频移和带宽与噪声角度对整个水下通信信道做了简单的剖析，更为详尽的水声信道分析建议读者参阅文献[8]。

8.1.3 水下运动协调

本章研究在一系列水下环境约束条件限制下的自主潜航器的分布式协调控制。事实上，AUV 运动协调的需求是由观测活动产生的，例如空间和时间分布、持久性、事件检测和监视等，对于现实生活中的通过分布式算法来实现的应用而言，能够较好地满足上述需求是重要的性能指标。相关应用的例子有气候变化，环境的可持续性监测，自然资源的管理、监督和安全等领域[9]。

　　多 AUV 任务协同要在水下通信系统中发挥实用性必须要解决一个关键问题：多 AUV 的协调规划问题，也被称为水下运动协调问题。经典的协调方法可以分为两类：集中规划和解耦规划。集中规划指的是由一个集中系统来统一规划各 AUV 的协调运动，这里集中系统作为任务的发布方，承担任务的所有规划活动：一方面包括总任务的发布，如前往某地采集数据、前往某地进行地形勘测、在原地进行信息捕捉等；另一方面包括具体的执行细节，如应该采用何种途径前往，前往的路径是什么，采集的数据量是多少等。解耦规划更为智能，由各 AUV 对自己的运动进行规划，这也是目前我们面临的问题，各个 AUV 需要根据总任务需求对总任务进行子任务分解并承担相应的执行任务，而对于单 AUV 而言，其他的 AUV 既是协作的对象，也是其路径上需要考虑的障碍物。

　　水下运动协调的基本问题有如下表述。假设一个多 AUV 协作系统中有 n 个 AUV，用 A_i 表示第 i 个 AUV，那么每个 AUV 的位置用状态空间 C 中的点来表示，路径图 R 作为自由空间中的一维连通子图。我们先考虑一个静态的情况，对于事先给定的问题，如果在存在静态障碍物的工作空间中存在一条无障碍物的路径，那么自然可以容易地得到这条路径。这就意味着，对于每个 AUV 而言，它的路径在 R 中是无障碍物的，对于一个 AUV 而言，如果它的初始状态和目标状态可以得到确定，相应地，我们所要求解的静态多 AUV 运动协调问题就也得到了确定。

　　那么，在水下运动协调问题中，自主潜航器 A_i 所要完成的规划如下。

① 确定一条连续路径，以及其初始状态和终止状态。

② 确定一个沿该路径运动的速度函数。

③ 确定对路径和速度的选择，使得这些 AUV 不会发生相互碰撞。

④ 最小化每个 AUV 所花费的代价。

　　但是仅讨论一个静态的模型是具有极大局限性的，现实情况的水下多 AUV 协作系统必然是高动态的，而且多 AUV 之间必然具有密切的协作关系，因此衍生出诸多分布式合作控制问题。

　　类似模型预测控制（Model Predictive Control，MPC）的方案已被广泛用于分布式合作控制问题。其中，文献[10-11]在理论上解决了基本的 MPC 稳定性、最优性和鲁棒性问题，为进一步研究分布式合作控制奠定了重要基础。一般而言，在分布式合作控制的方法中，控制规律取决于局部状态变量和可能延迟获取的来自邻近的信息。文献[12]提出的信息交换策略，提高了信息交换的稳定性和鲁棒性，同时，使通信拓扑中的变化也具有鲁棒性。感知和传达的信息流由图形建模，并且根据图拉普拉斯算子的特征值获得稳定性条件。MPC 控制器输出和执行器输入之间的通信信道不可靠的问题已在文献[13]中得到解决。此外，按文献[11]所述，用于补偿数据包丢失的机制已经被包含在用于离散时间问题的 MPC 方案中。文献[11]还包括渐近可控性假设下的一些稳定性和次优性分析。为了显示算法的稳定性，作者证明，在所考虑的假设下，与潜在最优控制问题相关的价值函数表现出李雅普诺夫（Lyapunov）性质。

尽管这些文献中提出的方法对于解决运动协调控制的问题非常重要，但这些方法并未针对海洋环境进行特定的改进。水下环境的复杂时变，严重的通信约束和载荷的复杂性使得组网的 AUV 控制成为特殊的问题[14]。虽然在水下环境中强度衰减，但声学仍然是最常见的通信形式，遗憾的是，它既表现出低带宽、高噪声水平和不高的可靠性，又需要相对较高的功耗[15]。

本节我们分析了水下运动协调问题，对问题进行了建模并对相关工作进行了归纳，同时对当前工作存在的问题进行了说明，以便为后续章节解决问题提供思路。

🔷 8.2　自主潜航器路径规划技术

路径规划可以分为单目的节点规划和多目的节点规划。单目的节点规划即指在给定环境下，可能存在障碍物，寻找一条从出发节点到目的节点的满足限定条件的最优路径。多目的节点规划相对于单目的节点规划的区别在于目的节点不止一个，极端的情况包括环境中所有节点，并且要求回到出发节点，此时路径规划问题等价于旅行商问题（TSP）。这里的限定条件通常包括但不限于避开障碍物，满足 AUV 的 6 个自由度（即进退、横移、升沉、横倾、纵倾和回转）上的速度和转角限制。

AUV 的路径规划技术是决定 AUV 智能化水平高低的关键技术。此外，路径规划是 AUV 诸多运用的基础，对资源探测、协同搜索和协同围捕等应用，具有重要价值。因此本节将研究 AUV 的路径规划算法。由于海洋深处工作环境的复杂性和不可预测性，AUV 要实现高效水下作业任务，必须具备自动规划水下航行路径的功能，且能够有效避开障碍物。虽然目前地面移动机器人路径规划技术已经有了较为深入的研究，取得了一系列的研究成果。但智能型 AUV 路径规划与安全航行的研究成果却非常有限。

与地面移动机器人路径规划研究相比，水下环境与一般地面环境有本质的区别：首先，地面环境可以不考虑气流对机器人运动的影响，但水下环境中海流的影响很大，而且海流还是动态时变的；其次，在地面移动机器人路径规划中，可以应用多种传感器进行目标探测与识别，而智能型 AUV 由于本身载荷及深海作业环境的限制，传感器资源相对较少，必然影响潜航器对目标和障碍物的准确判定；最后，和地面环境相比，水下噪音的干扰也更频繁、更严重。上述各种因素使得智能型 AUV 水下路径规划比地面移动机器人路径规划更加复杂困难。

8.2.1　相关技术研究综述

近年来，针对自主潜航器的路径规划问题的研究非常活跃。AUV 路径规划方法大体上可以分为以下几类：基于图论的方法 [广度优先搜索（Breadth-First Search，BFS）算法、深度优先搜索（Depth-First Search，DFS）算法、迪杰斯特拉（Dijkstra）算法、A*算法][16]，基于采样的方法 [快速扩展随机树（Rapid-Exploration Random Tree，RRT）算法、沃罗努瓦（Voronoi）算法][17]，人工势场算法[18]，群体智能算法[19]，基于强化学习的算法和基于深度学习的算法[20]。

基于图论的方法通常将环境离散化，采用搜索的方法去寻找满足要求的路径。典型的算法包括 BFS 算法、DFS 算法、Dijkstra 算法和 A*算法。A*算法和 Dijkstra 算法最先被用来解决路径规划问题。Garau 等[21]提出了一种改进的 A*算法，用于搜索不同涡旋尺度以及不同海流强度下的最优路径。Lee 等[22]考虑了海洋环境中的水动力及流体动力效应，并开发了一种改进的 Dijkstra 算法，用于计算海流干扰下的能量最优路径。但此类方法由于需要对环境进行建模，且具有较高的计算复杂度，不适用于复杂的场景。

基于采样的方法，以 RRT 算法为例，该方法通过对状态空间中的采样点进行碰撞检测，可以对高维度复杂环境进行处理。但是对于一些场景可能具有较低的搜索效率，即产生很多无用的搜索路径。RRT 算法通过随机采样构建无向图，进而搜索最优路径，该算法可以快速规划可行路径，有效解决复杂约束下的路径规划问题。Heo 等[23]应用快速扩展随机树算法成功地解决了自主潜航器的局部路径规划问题。Williams 等[24]提出了一种改进的快速扩展随机树算法，成功地实现了自主潜航器对动态目标的定位和跟踪。为了解决自主潜航器回收时的路径规划问题，Wang 等[25]将信息理论成本纳入快速探索随机树的路径规划框架中，从而使得自主潜航器既能够实现定位也能够成功到达回收船。

人工势场算法是一种局部路径规划算法，其假设障碍物对运动物体产生斥力，目的地对障碍物产生引力，在环境中形成一个势场，物体在势场环境中移动。Cheng 等[26]将人工势场算法和速度合成算法相结合，提出了一种新型的路径规划算法，该算法利用改进的人工势场算法躲避障碍物，并采用速度合成算法计算最优路径，成功解决了障碍物及海流干扰下自主潜航器的路径规划问题。为了使自主潜航器具备海底跟踪的能力，Noguchi 等[27]提出了一种基于二值贝叶斯滤波器的人工势场算法，经仿真验证，该算法可以成功地跟踪垂直墙，并保持适当的参考距离。针对该方法的研究大体上包括两类，一是设计更加合理的场函数去满足特定的场景，二是和其他全局路径规划算法进行结合。人工势场算法作为一种局部路径规划算法，直接使用通常难以保障搜索的效果。因此，该算法通常和其他全局路径规划算法结合使用，用来平滑路径。

群体智能算法，包括粒子群（Particle Swarm Optimization，PSO）算法、遗传算法（Genetic Algorithm，GA）、进化算法（Evolutionary Algorithm，EA）等。它们的共同点是模仿自然界生物的规律。以蚁群算法为例，通过蚂蚁在环境中行走，反馈信息素，总距离小的路径信息素的浓度不断增加，被选中的概率也随之增加，这样保障了系统在短时间内收敛到一个局部的最优解。Saska 等[28]修改了粒子群算法，以计算自主潜航器在海流干扰下的最优路径。Yang 等[29]提出了一种自适应惯性权重的粒子群算法，用于解决强海流环境下自主潜航器的路径规划问题，经仿真验证，该算法可以有效节约能量。Zhu 等[30]结合模糊逻辑控制法和粒子群算法，成功地解决了动态环境下自主潜航器的路径规划问题。此外，Yu 等[31]结合蚁群算法和 A*算法提出了一种两层路径规划算法，成功地解决了密集障碍物干扰下的路径规划问题。这部分的研究以改进智能算法本身居多，比如针对蚁群算法的改进版本，包括精英蚁群算法、最大最小蚂蚁系统（Max-Min Ant System，MMAS）、基于排序的蚁群系统（Rank-Based Ant System，ASrank）等[32]，同时也包括一些结合的算法，以发挥不同智能算法的优势。

随着人工智能技术的迅速发展，基于强化学习的算法也被逐渐应用于解决自主潜航器的路径规划问题。Liu 等[33]提出了一种基于 Q-learning 的路径规划算法，用于计算电子海图中的最优路径。Kawano 等[34]提出了一种基于贝叶斯网络的层次化的强化学习算法，成功地解决了强海流干扰下自主潜航器的路径规划问题。基于强化学习的算法的特点是实体和环境的交互。以单步更新强化学习为例，实体在每次决策后，环境会对实体在该状态下采取的当前动作给予评价，即奖励或者惩罚，实体则根据获得的反馈更新策略[35]。

基于深度学习的算法以监督学习居多。通常采用其他方法对最优路径进行一定的标记，然后以监督学习的方式训练网络，是一种离线完成的方式。在新的场景下，路径规划任务输入后通过神经网络获取决策。比如文献[20]就是利用卷积神经网络解析激光信息，采用 A*算法打标签，进行监督学习。同理，值迭代网络（Value Iteration Network，VIN）也是类似的思路[36]。

为了对比和评估以上方法，我们列出以下指标：是否需要环境建模，是否需要对环境进行离散化处理，解法是否完备。这里的解法完备性是指如果在起始点和目标点之间有路径解存在，那么算法是否能够找到最优解。各种算法的对比见表 8-1。

表 8-1　各种算法的对比

算法	典型算法代表	是否需要 环境建模	是否需要对环境 进行离散化处理	解法是否完备
基于图论的方法	A* 算法	是	是	完备
基于采样的方法	RRT 算法	否	否	概率完备
人工势场算法	人工势场算法	否	否	概率完备
基于群体智能的启发式算法	粒子群算法	否	否	概率完备
基于强化学习的算法	Q-learning 算法	否	否	概率完备
基于深度学习的算法	VIN	否	否	概率完备

大多数针对 AUV 路径规划的算法把 AUV 看成一个刚体，即不考虑 AUV 的姿态和转向。这种做法单纯地优化 AUV 运动的路径，忽略了角度的控制。实际上 AUV 的运动模型涉及 6 个自由度，即进退、横移、升沉、横倾、纵倾和回转。不难发现，角度的控制是很重要的一个部分。以 NPS AUV II 为例，NPS AUV II 是美国海军研究局开发的一种中型 AUV。其转动惯量分别为 $[I_x, I_y, I_z] = [2\,038, 13\,587, 13\,587]$，惯性积分别为 $[I_{xy}, I_{yz}, I_{xz}] = [-13.58, -13.58, -13.58]$。其运动受到以上参量影响，因此我们提出一种同时优化 AUV 路径长度和转角的方案。

8.2.2　系统模型

我们用 E 表示环境，并根据一定标准将区域离散化。$E_{ij}=1$ 表示位置 (i, j) 处有障碍物，反之没有。我们用 s 表示源节点，t 表示目的节点。路径规划算法是需要找到一条从 s 到 t 的路径 route：$\{p_s, p_1, p_2, p_3, p_t\}$。我们用 dis_{ij} 表示位置 i 到位置 j 的距离。AUV 的角度转化涉及 3 个位置点，我们用 cor_{ijk} 表示当从位置 i 和位置 j 的向量转移到从位置 j 和位置 k 的向量所需要的转角。

$$\min a \sum_{i,j \in \text{route}} \text{dis}_{ij} + b \sum_{i,j,k \in \text{route}} \text{cor}_{ijk} \qquad (8\text{-}4)$$

其中，a 和 b 表示距离和角度在方程中的相对重要程度。

8.2.3 基于蚁群算法的路径规划算法设计

1. 蚁群算法

本节我们采用蚁群算法求解 8.2.2 节中的系统模型。蚁群算法的具体介绍见 5.1.2 节。

2. AUV 点到点算法设计

针对点到点路径规划算法，我们采用蚁周（Ant-Cycle）模型。

具体的路径更新算法分为基础蚁周模型、距离优化模型和距离角度联合优化模型。它们分别如式（8-5）～式（8-7）所示。

$$\Delta \tau_{ij}^{k} = \xi \qquad (8\text{-}5)$$

$$\Delta \tau_{ij}^{k} = \frac{\varsigma}{\text{dis}} \qquad (8\text{-}6)$$

$$\Delta \tau_{ij}^{k} = \frac{\gamma}{\text{dis}} + \frac{\upsilon}{\text{cor}} \qquad (8\text{-}7)$$

其中，ξ 和 ς 为固定常数，γ 和 υ 是权重因子，$\Delta \tau_{ij}^{k}$ 表示第 k 只蚂蚁在本次迭代中残留在路径上的信息素量。不难发现，我们把角度的更新作为了信息素更新的一个依据。

AUV 点到点算法如算法 8-1 所示。

算法 8-1 AUV 点到点算法

1: 初始化：参数初始化。令时间 $t = 0$, times $= 0$，设置 times_max，$\tau_{ij}(t) =$ const，其中，$\tau_{ij}(t)$ 表示 t 时刻位置 (i, j) 之间路径上的残留信息素浓度，const 为常数，$\Delta \tau_{ij}(0) = 0$;

2: for times $\in [1, \text{times\_max}]$ do

3: for 每只蚂蚁 $k \in [1, m]$ do

4:   清空蚂蚁 k 的禁忌表（用来存储该蚂蚁已经访问过的节点）C;

5:   while 1 do

6:    蚂蚁 k 根据状态转移概率式（5-1）所计算的概率选择位置 j;

7:　　　　if 找到位置 j

8:　　　　　将位置 j 加入禁忌表 C，将蚂蚁移动到新的位置；

9:　　　　else

10:　　　　　k=k+1，开始下只蚂蚁搜索；

　　　　　　退出；

11:　　　　end if

12:　　　if 位置 j 是禁忌表 C 中的节点

13:　　　　　记录并且退出；

14:　　　　end if

15:　　end while

16:　end for

17:　if 蚂蚁 k 到达目的节点

18:　　依据式（8-5）～式（8-7）更新信息素表；

19:　end if

20: end for

21: 结束

3. AUV TSP 算法设计

针对 TSP 场景，本章提出两层蚁群算法结构。上层蚁群算法控制 TSP 遍历选择下一个位置点。下层蚁群算法控制点到点路径规划。AUV TSP 算法如算法 8-2 所示。

算法 8-2　AUV TSP 算法

1: 初始化：参数初始化。令时间 $t = 0$, times $= 0$，设置 times_max，$\tau_{ij}(t) =$ const，其中，const 为常数，$\Delta \tau_{ij}(0) = 0$；

2: 利用算法 8-1 计算各个节点之间的距离和角度；

3: for　times $\in [1, \text{times\_max}]$　do

4:　for　每只蚂蚁 $k \in [1, m]$　do

5:　　清空蚂蚁 k 的禁忌表 C；

6:　　while 禁忌表 C 不是完整位置节点　do

7:　　　蚂蚁 k 根据状态转移概率式（5-1）所计算的概率选择还没有访问的位置 j；

8:　　　将位置 j 加入禁忌表 C，将蚂蚁移动到新的位置；

9:　　end while

10:　　依据式（8-5）～式（8-7）更新信息素表；

11:　end for

12: end for

13: 结束

4. 基于马尔可夫奖励过程的蚁群算法

针对上述问题，我们还设计了一种基于马尔可夫奖励过程（Markov Reward Process，MRP）的蚁群算法，我们称之为 R-ACO 算法。蚁群算法的本质是基于信息素浓度作出最优行为选择，但传统的蚁群算法仅考虑当前状态下的信息素浓度，而没有考虑之后状态的信息素浓度，因此存在陷入局部最优的困局。为了解决上述问题，我们在传统蚁群算法的基础上引入了马尔可夫奖励过程，将 AUV 的运行距离和偏航角度作为一种奖励，作用于 AUV 的路径选择过程。

马尔可夫奖励过程是指系统从状态 s 向状态 s' 转变时，获得一个及时奖励和后续奖励折扣值的叠加。此过程旨在最大化预期奖励，以指导系统完成最优选择。该过程也可以用式（8-8）表示。

$$v(s) = R_s + \gamma \sum_{s' \in s} P_{ss'} v(s') \tag{8-8}$$

其中，数组（S, v, R, P）分别表示系统状态集合、获得的奖励值、及时奖励以及系统的状态转移概率，γ 是折扣因子，它表示未来状态对系统的影响，其取值范围是[0, 1)。将上述过程作用于蚁群算法的信息素更新，那么一只蚂蚁 k 信息素浓度增加的值 $\Delta \tau_{ij}^k$ 可以用式（8-9）表示。

$$\Delta \tau_{ij}^k = \frac{Q_1}{d_{ij}} + \frac{Q_2}{r_{ij}} + \gamma \sum_{s \in n(j), s \neq i} P_{js} \Delta \tau_{js}^k \tag{8-9}$$

其中，Q_1 和 Q_2 是常数，d_{ij} 和 r_{ij} 分别表示距离和角度，P_{js} 表示蚂蚁下一时刻的状态转移概率。R-ACO 算法如算法 8-3 所示。

算法 8-3 R-ACO 算法

1: 初始化：参数初始化。令时间 $t = 0$, times $= 0$，设置 times_max，$\tau_{ij}(t) =$ const，其中，const 为常数，$\Delta \tau_{ij}(0) = 0$；

2: 利用算法 8-1 计算各个节点之间的距离和角度；

3: for times $\in [1, \text{times\_max}]$ do

4:     for 每只蚂蚁 $k \in [1, m]$ do

5:         清空蚂蚁 k 的禁忌表 C；

6:         while 禁忌表 C 不是完整位置节点 do

7:             蚂蚁 k 根据状态转移概率式（5-1）所计算的概率选择还没有访问的位置 j；

8:             将位置 j 加入禁忌表 C，将蚂蚁移动到新的位置；

9:         end while

10:　　　依据式（8-7）～式（8-9）更新信息素表；

11:　　　end for

12: end for

13: 结束

8.2.4　实验验证

为了简单清晰，我们把 5 m 作为仿真水下环境的最小分辨率，将环境转换为一个 20×20 的二维矩阵，AUV 环境示意如图 8-1 所示，灰色的区域表示障碍物或者不可达处。AUV 可以在上下左右和斜对角这 8 个方向进行移动。图 8-1 中的五角星表示网关节点。验证方案在路径规划中的效果。

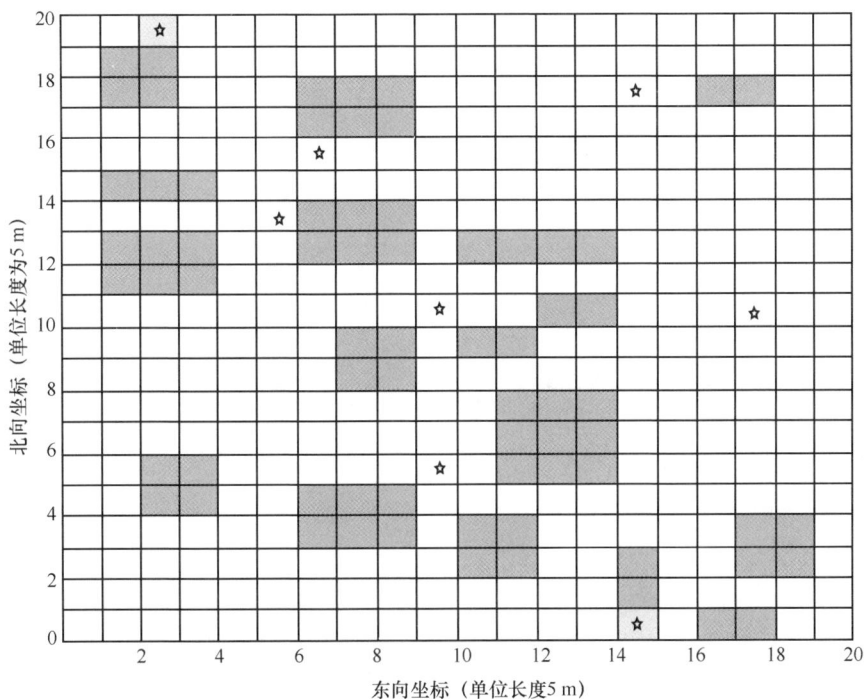

图 8-1　AUV 环境示意

下面对点到点和 TSP 两种场景分别进行实验验证。点到点实验场景中，选择图 8-1 中灰色且带有五角星的两个格子作为起点和终点。AUV 在点到点场景下的路径规划如图 8-2 所示。AUV 在 TSP 场景下的路径规划如图 8-3 所示。从实验结果中我们可以看出，本节提出的方案在降低距离的同时可以有效地降低 AUV 的转角，从而节约能耗。

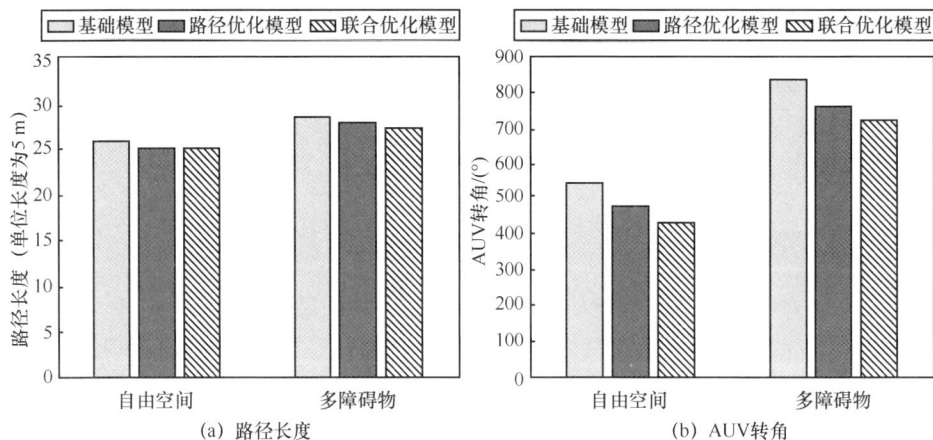

(a) 路径长度　　　　　　　(b) AUV转角

图 8-2　AUV 在点到点场景下的路径规划

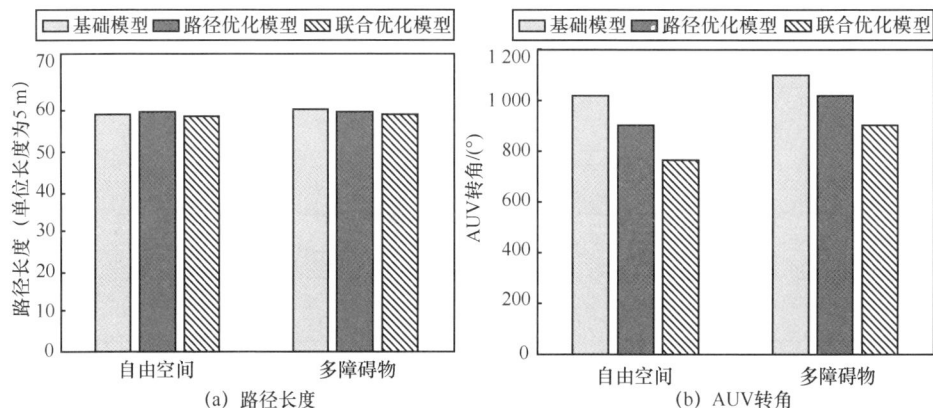

(a) 路径长度　　　　　　　(b) AUV转角

图 8-3　AUV 在 TSP 场景下的路径规划

　　此外，我们提取了点到点场景下单次蚁群算法的路径，如图 8-4 所示。其中，图 8-4（a）所示为算法最终的最优路径，图 8-4（b）所示为算法搜索过程中的路径。可以看出，基于蚁群算法的路径规划本质上也是一种搜索。此外，在对应的最优路径区域具有较多的路径，也就是在这个区域的蚂蚁较多。这点和蚁群算法的正反馈是一致的。

　　运用 R-ACO 算法进行 AUV 的路径规划，在点到点和 TSP 场景下，AUV 运行轨迹如图 8-5 所示。

　　两种场景下路径长度和转角的优化结果如图 8-6 和图 8-7 所示。

　　从实验结果中我们可以看出，不论是在点到点还是 TSP 场景下，我们所提出的 R-ACO 算法较传统的 ACO 算法，均在路径长度和转角上实现了优化，并且具有更好的稳定性和收敛速度。

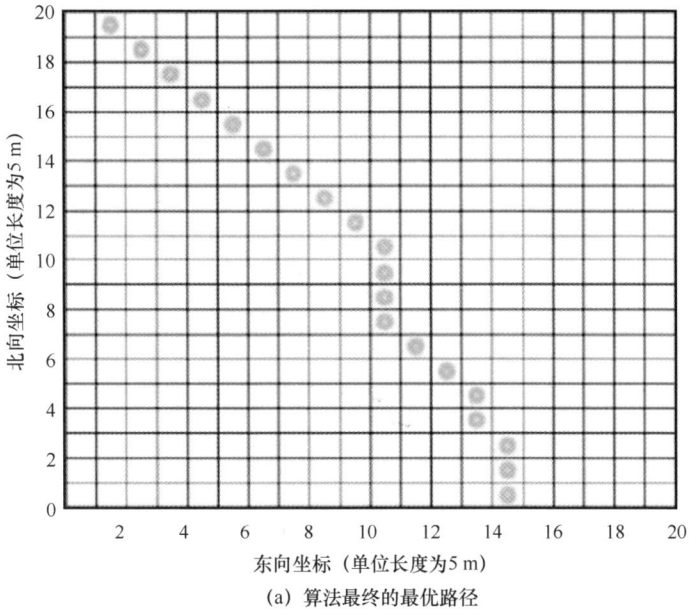

(a) 算法最终的最优路径

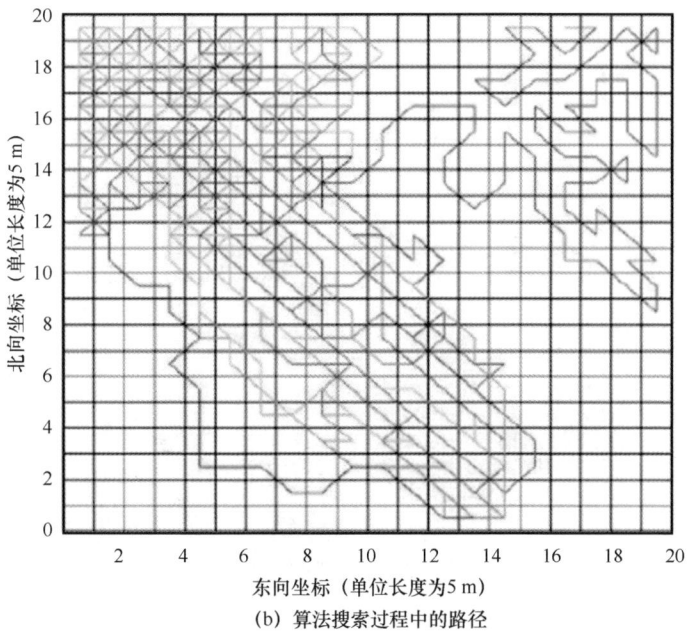

(b) 算法搜索过程中的路径

图 8-4 点到点场景下单次蚁群算法的路径

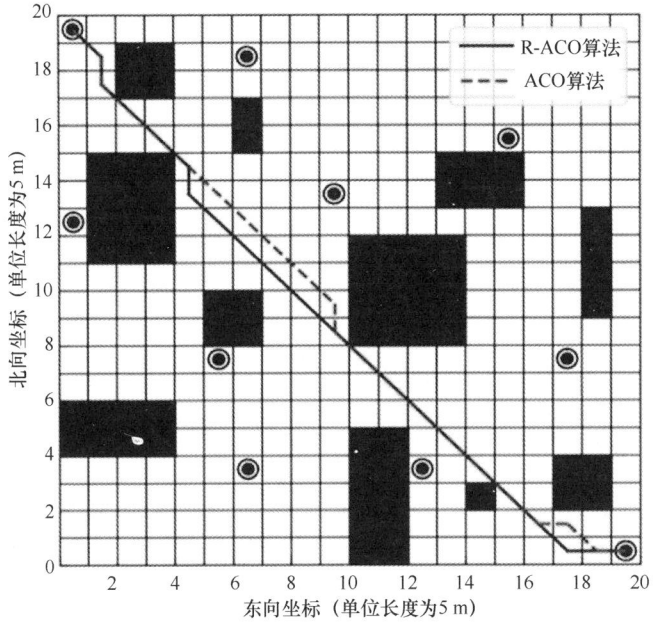

(a) 点到点场景

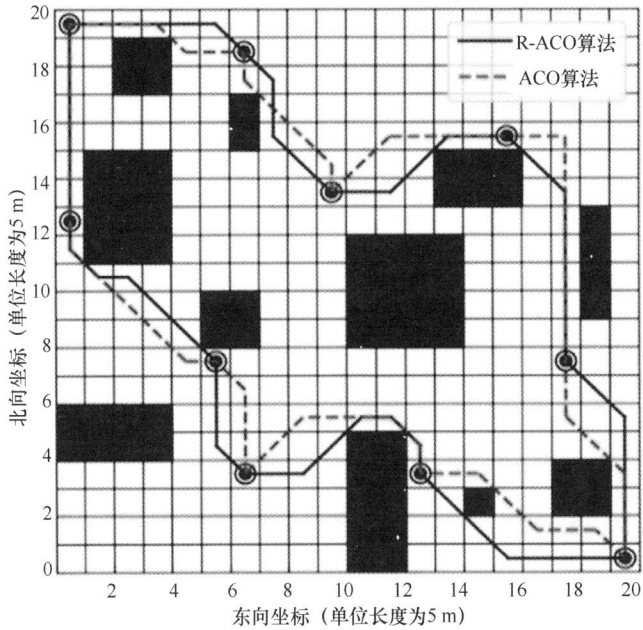

(b) TSP 场景

图 8-5 AUV 运行轨迹

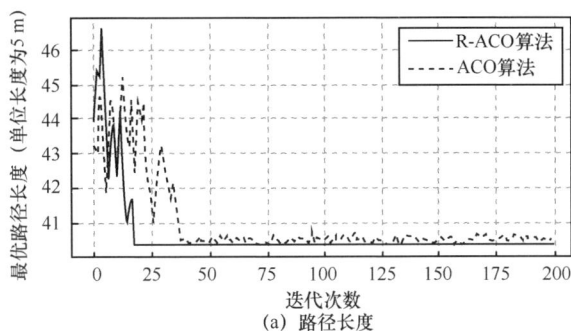

(a) 路径长度

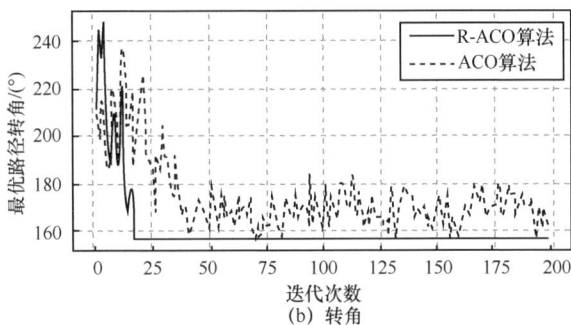

(b) 转角

图 8-6 点到点场景路径长度和转角的优化结果

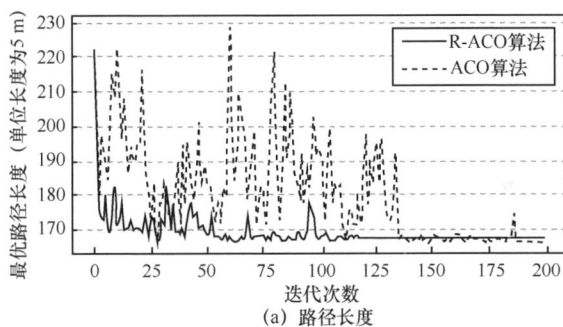

(a) 路径长度

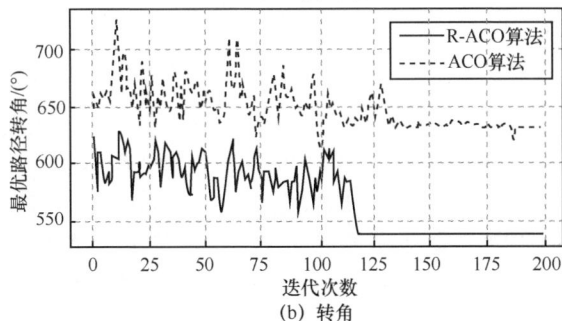

(b) 转角

图 8-7 TSP 场景下路径长度和转角的优化结果

❖ 8.3　AUV 轨迹追踪技术

8.3.1　研究背景

　　尽管陆地上资源丰富，但是伴随着人类社会的逐渐发展以及人口数量的日益增加，陆地上可利用的各类资源日趋减少，而占地球总面积 71%左右的海洋同样是孕育生命的摇篮，蕴藏着非常丰富的各类资源，人类亟须开发这些资源来维持经济社会的稳定发展。在过去的几十年里，海洋技术已经取得了长远的发展，在各种海洋技术中，作为极为重要的工具和得力助手，潜航器的发展让海洋开发进入新时代，在海洋探索中担任着重要的角色，对潜航器的研究无疑已经成为目前世界各国海洋工程领域的热点。无论是对海洋中矿物资源的勘探与开采、海洋地形地貌的考察、水下救助打捞，还是军事应用等方面的需求，都离不开潜航器的配合和参与。而随着潜航器功能的日益完善，以及人工智能技术的逐渐进步，在复杂的海洋环境下潜航器所能够应用的范围也越来越广，逐步形成了一个综合应用各种技术服务于工业和生活的学科[37]。

　　由于深海环境极为复杂，潜航器自身的非线性、强耦合、有限载荷等影响，使得智能型 AUV 研发与应用极具挑战性。为了实现智能型 AUV 水下作业的可靠有效应用，首先需要突破智能型 AUV 的诸多关键技术，如水下环境感知与地图构建技术、水下目标探测与识别技术、潜航器故障自诊断与容错控制技术、水下轨迹跟踪控制技术、水下路径规划与安全避障技术等。本书主要研究水下轨迹跟踪控制技术及水下路径规划与安全避障技术，下面对这两项技术做一些简单介绍。

　　跟踪控制问题是智能型 AUV 研究的一个重要方面，它主要包括路径跟随与轨迹跟踪两个方面，两者的主要区别在于跟踪轨迹是否与时间相关，前者参考轨迹与时间无关，后者与时间相关，路径跟随可以看作轨迹跟踪的一种特例，因此轨迹跟踪问题更具挑战性，近年来已引起了许多控制领域专家、学者的关注，但目前仍有不少问题未得到很好解决。

　　比例积分微分（Proportional Integral Differential，PID）控制算法最先被应用于解决自主潜航器的追踪控制问题。Wan 等[38]改进了经典的 PID 控制算法，提出了一种分数阶 PID 控制策略，成功地提高了自主潜航器的运动控制性能。Liu 等[39]提出了一种前馈两自由度的 PID 控制算法，提高了自主潜航器的抗干扰能力以及轨迹追踪性能。

　　此外，滑膜控制算法同样被广泛应用于解决自主潜航器的追踪控制问题。为了解决自主潜航器的深度控制问题，Tang 等[40]提出了一种改进的滑膜控制算法，该算法可以有效消除自主潜航器非线性动力学特性以及不确定性模型引起的干扰。Shen 等[41]设计了一种二阶滑膜控制算法，用于减少自主潜航器轨迹追踪控制中的抖动。Zhang 等[42]提出了一种收敛速度快、控制精度高、鲁棒性强的滑膜变结构控制系统，成功地解决了变参数非线性的自主潜航器的控制问题。

　　自适应控制算法能够识别环境的动态特性，并据此修改自身特性以适应环境的动态变化，可以有效解决不确定性环境下的控制问题。Wang 等[43]引入同构变换以建立追踪误差，并设计了一种鲁棒性强的自适应控制器，保证了追踪误差均匀有界。Lebedev[44]提出了一种基于参考模型自调整的多维自适应控制系统，用于自主潜航器空间运动的集中控制，成功地降低了自调整信号的能量损耗。Li 等[45]提出了一种改进的自适应控制算法，提高了控制的响应速度，并且减小了静态相位的振荡幅度，极大地改善了自主潜航器的控制性能。

　　模糊逻辑控制算法同样被广泛应用于解决自主潜航器的追踪控制问题。Xu 等[46]设计了一种自适应模糊逻辑控制器，用于自主潜航器的可变浮力系统，该系统可以基于自主潜航器动态模型的关键参数自适应地确定用于压载物调整的深度点。Hu 等[47]提出了一种改进的模糊逻辑控制算法，该算法应用模糊逻辑近似自主潜航器的未知非线性参数，成功地降低了追踪误差。Wu 等[48]提出了一种可变空间模糊逻辑控制器，用于自主潜航器水平面的轨迹追踪控制，有效地提高了追踪精度。

　　此外，随着人工智能技术的发展，强化学习技术也被逐渐地应用于解决自主潜航器的追踪控制问题。Wu 等[49]提出了一种无模型的强化学习算法，有效地解决了自主潜航器动力学模型未知时的轨迹追踪问题。Zhang 等[50]提出了一种深度交互式强化学习算法，用于解决强化学习稀疏奖励的问题，成功地实现了自主潜航器的直线和正弦曲线追踪。Hu 等[51]将自主潜航器的追踪控制问题建模为具有连续状态空间和动作空间的马尔可夫决策过程，并提出了一种基于记忆的强化学习算法，该算法充分利用了历史信息，有效地降低了追踪误差。

8.3.2　基于强化学习技术的轨迹追踪技术研究

　　强化学习也称为增强学习，可以描述为一个智能体从与环境的交互中不断学习以完成特定目标（如取得最大累积奖赏值），强化学习模型如图 8-8 所示。强化学习可以用马尔可夫决策过程（$S, A, \boldsymbol{P}, R, \gamma$）描述，其中 S 是智能体的状态集合，A 是智能体的行为集合，$\boldsymbol{P}$ 是状态转移概率矩阵 $P_{ss'}^a = E[R_{t+1} \mid S_t = s, A_t = a]$，$R$ 是基于状态和行为的奖励函数 $R_s^a = E[R_{t+1} \mid S_t = s, A_t = a]$，$\gamma \in [0,1]$ 是衰减因子。

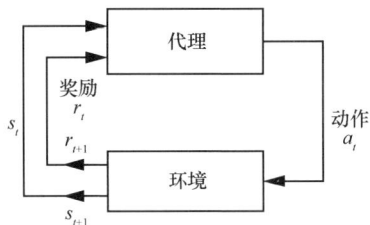

图 8-8　强化学习模型

在与环境的交互过程中，收获（Return）是指从状态 S_t 开始采样到终止状态时所有奖励的衰减之和，如式（8-10）所示。

$$G_t = R_{t+1} + \gamma R_{t+2} + \cdots = \sum_{k=0}^{\infty} \gamma^k R_{t+k+1} \tag{8-10}$$

状态价值函数是指从某状态 S_t 开始，状态收获的期望，如式（8-11）所示。

$$v(s) = E[G_t \mid S_t = s] \tag{8-11}$$

动作价值函数是指从状态动作对（S_t, A_t）开始，状态收获的期望，如式（8-12）所示。

$$Q_\pi(s,a) = E[G_t \mid S_t = s, A_t = a] \tag{8-12}$$

其中，π 是指智能体的策略，策略不同，智能体在与环境的交互中所获得的收益也不同，当采取某个策略 π 使得智能体获得的收益最大时，该策略即为最优策略，采取最优策略得到的值函数被称为最优值函数，如式（8-13）所示。

$$v_* = \max_\pi v_\pi(s) \tag{8-13}$$

$$Q_*(s,a) = \max_\pi Q_\pi(s,a) \tag{8-14}$$

$$\pi_* = \mathrm{argmax}_a Q_*(s,a) \tag{8-15}$$

强化学习获取最优策略的方法可分为：值函数法、策略梯度法以及 Actor-Critic 法等。值函数法是指通过策略评估和策略迭代得到最优动作值函数，然后根据式（8-15）得到最优策略。其中策略评估是指计算指定策略下的状态值函数的过程，策略迭代是指完成对一个策略的评估，并改进策略的过程。应用值函数法求解最优策略的方法通常包括 Sarsa 算法，Sarsa(λ)算法，Q-learning 算法以及深度 Q-learning 算法等。早期的值函数法如 Sarsa 算法和 Q-learning 算法采用表格式存储结构存储值函数，因此无法解决连续状态空间的强化学习问题。近年来随着深度学习的兴起，提出了深度 Q-learning 算法，采用深度神经网络拟合值函数，从而完美解决连续状态空间的问题，但是无法解决连续行为空间的问题。

策略梯度法是将策略看成是带参数的策略函数，通过建立恰当的目标函数，利用个体与环境进行交互产生的奖励来学习得到策略函数的参数，如式（8-16）和式（8-17）所示，其中 $J(\theta)$ 为目标函数，即累积奖励的期望，τ 为采样序列，$r(\tau)$ 为序列奖励，$\pi_\theta(\tau)$ 为序列概率。策略函数针对连续行为空间将可以直接产生具体的行为值，进而绕过对状态价值的学习，但是单纯的策略梯度学习法难以直接应用到实际问题中。

$$J(\theta) = E_{\tau \sim \pi_\theta(\tau)}[r(\tau)] = \int \pi_\theta(\tau) r(\tau) \mathrm{d}\tau \tag{8-16}$$

$$\nabla J(\theta) = E_{\tau \sim \pi_\theta(\tau)} \left[\sum_{t=1}^{T} \nabla_\theta \log \pi_\theta(a_t \mid s_t) \sum_{t=1}^{T} r(s_t, a_t) \right] \tag{8-17}$$

将策略梯度法和值函数法相结合，于是形成了 Actor-Critic 法，如式（8-18）所示，该方法在实际应用中通过分别建立对于状态价值的近似函数和策略函数，一方面可以基于价值函数进行策略评估和优化，另一方面优化的策略函数又会使得价值函数更加准确地反应状态的价值，两者相互促进最终得到最优策略。在这一思想背景下产生的深度确定性策略梯度算法以及 Actor-Critic 法成功地解决了连续行为空间中的诸多实际问题。

$$\nabla J(\theta) = \frac{1}{N} \left[\sum_{i=1}^{N} \sum_{t=1}^{T} \nabla_\theta \log \pi_\theta(a_{i,t} \mid s_{i,t})(Q'(s_t, a_t) - V'(s_t)) \right] \tag{8-18}$$

结合海流时变特性及 AUV 非线性特征，研究在未知干扰下，AUV 的轨迹追踪问题，如图 8-9 所示。

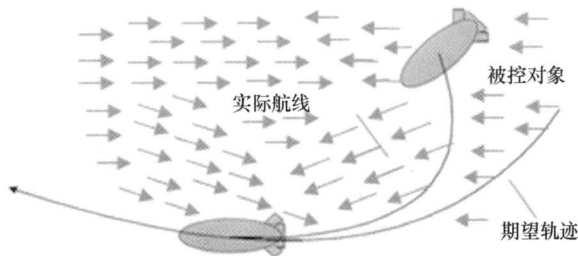

图 8-9　在未知干扰下，AUV 的轨迹追踪问题

为了精确跟踪期望轨迹，首先根据式（8-19）将 AUV 运动解耦成水平面以及垂直面的运动。以水平面运动为例，仅需考虑纵向、横向、艏向 3 个自由

度的运动，可建立如式（8-19）的数学模型。

$$Mv' + C(v)v + D(v)v + g(\eta) + \tau_d = \tau \tag{8-19}$$

式（8-19）中，$v = [u, v, r]^T$ 各物理量依次分别表示 AUV 的纵向速度、横向速度和艏向角速度，$\eta = [x, y, \psi]^T$ 则表示惯性坐标系下 AUV 的位置和姿态向量，各物理量分别表示纵向位移、横向位移和艏向角度。惯性矩阵 M，科氏力和向心力矩阵 $C(v)$，流体阻力矩阵 $D(v)$ 以及重力和浮力所产生的恢复力和力矩向量 $g(\eta)$ 均可作相应的简化表示。

应用强化学习技术求解 AUV 水平面轨迹追踪问题，其状态空间可表示为 (η, v)，其动作空间可表示为 π_θ，其奖励函数可设定为：$r(s, a) = [-(s_t' - s_t)^2]$。应用确定性策略梯度算法求解 AUV 水平面轨迹追踪问题的算法，如算法 8-4 所示。

算法 8-4 AUV 水平面轨迹追踪问题的强化学习算法

1: 初始化：参数初始化。用 w 和 θ 初始化 $Q(s_t, a_t | w)$，$u(s_t, \theta)$。用 w' 和 θ' 初始化 $Q'(s_t, a_t | w')$，$u'(s_t, \theta')$。初始化缓存区 R;

2: while $\left(\sqrt{\dfrac{\sum\limits_{J=M-100}^{M} \sum\limits_{i=1}^{T} [r_j(s_i, a_i) - r(s_t, a_t)]^2}{100T}} > \varepsilon_r \right)$（$M$ 是当前的训练集）do

3:     初始化状态 s_0;

4:     for $t = [1, T]$ 时间 times $\in [1, \text{times\_max}]$ do

5:         选择 $a_t = \mu(s_t | \theta)$;

6:         根据环境更新状态 s_{t+1};

7:         计算 $r(s_t, a_t)$;

8:         将结果存储在 $R(s_t, a_t, r_t, s_{t+1})$;

9:         从 R 中随机选取 N 个数组;

10:        计算 $y_i = r_i + \gamma Q'(s_i, a_i | w')$;

11:        计算 $\text{Loss} = \dfrac{1}{N} \sum\limits_{i=1}^{N} (y_i - Q(s_i, a_i | w))^2$;

12:        计算 $\nabla_w \text{Loss} = \dfrac{1}{N} \sum\limits_{i=1}^{N} (y_i - Q(s_i, a_i | w))^2 \dfrac{\partial Q(s_i, a_i | w)}{\partial w}$;

13:        更新权重 $w_{t+1} = w_t + \alpha \nabla \text{Loss}$;

14:        计算 $\nabla_\theta J = \dfrac{1}{N} \sum\limits_{i=1}^{N} \dfrac{\partial Q(s_i, a_i | \mu(s_i | \theta))}{\partial a_i} \dfrac{\partial \mu(s_i | \theta)}{\partial \theta}$;

15:        计算 $m_t = \wp m_{t-1} + (1-\wp)\nabla_\theta \mu$（$\wp$ 是指上一时刻状态占的比例）;

16:　　　　计算 $s_t = \beta s_{t-1} + (1-\beta)\nabla_\theta \mu$；

17:　　　　计算 $s_t = \dfrac{s_t}{1-\beta^t}$；

18:　　　　更新权重 $\theta_{t+1} = \theta_t - \eta \dfrac{1}{\sqrt{s_t}} m_t$；

19:　　　　更新权重 $w' = \rho w + (1-\rho)w'$；

20:　　　　更新权重 $\theta' = \rho\theta + (1-\rho)\theta'$ （ρ 是学习率）；

21:　　　end for

22:　　end while

23: 结束

8.3.3　系统模型

本节基于视线法构建自主潜航器的追踪控制模型。视线法通过不断调整自主潜航器的航向至视线角方向，从而使自主潜航器的实际航线逐渐收敛至期望轨迹。视线法如图 8-10 所示，坐标系 {a} 为惯性坐标系，坐标系 {b} 为运动坐标系。假设自主潜航器的位置为 p，期望轨迹为直线 $p_k p_{k+1}$，期望轨迹 $p_k p_{k+1}$ 与惯性坐标系的 x_a 轴之间的夹角，即其倾斜角为 ψ_k。自主潜航器拥有半径为 r_{la} 的圆形视野，圆形视野与期望轨迹的交点 p_{los} 即为当前时刻的目标点。自主潜航器的期望航向即为视线 pp_{los} 的倾斜角 ψ_{los}，自主潜航器当前时刻的实际航向为 ψ_t，自主潜航器到期望轨迹的垂线距离，即为横向轨迹误差 $e_{\text{cross\_track}}$。

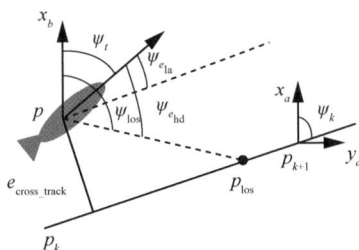

图 8-10　视线法

定义 $\psi_{e_{la}}$ 表示自主潜航器的实际航向与期望轨迹倾斜角之间的误差。

$$\psi_{e_{la}} = \psi_k - \psi_t \tag{8-20}$$

定义 $\psi_{e_{hd}}$ 表示自主潜航器的实际航向与期望航向之间的误差。

$$\psi_{e_{\mathrm{hd}}} = \psi_{\mathrm{los}} - \psi_t \qquad (8\text{-}21)$$

由视线法可知，为了控制自主潜航器的实际航线逐渐收敛至期望轨迹，横向轨迹误差 $e_{\mathrm{cross\_track}}$ 应该逐渐减小至零，同时自主潜航器的速度应当满足一定的限定条件。为了在障碍物干扰下追踪期望轨迹，视线法采用声呐传感器探测周围的障碍物信息，因此，设计环境状态如下。

① 自主潜航器的纵向速度为 u，横向速度为 v 以及偏航角速度为 r。

② 自主潜航器实际航向与期望轨迹倾斜角之间的误差为 $\psi_{e_{\mathrm{la}}}$ 以及其与期望航向之间的误差为 $\psi_{e_{\mathrm{hd}}}$。

③ 自主潜航器的横向轨迹误差为 $e_{\mathrm{cross\_track}}$。

④ 自主潜航器的声呐阵列的测量值 $(s_1, s_2, \cdots, s_N)$。

综上，自主潜航器在水下环境中追踪期望轨迹时，其观测到的环境状态可表示为 $(u, v, r, \psi_{e_{\mathrm{la}}}, \psi_{e_{\mathrm{hd}}}, e_{\mathrm{cross\_track}}, s_1, s_2, \cdots, s_N)$。

在强化学习中，奖励函数的设计应当与强化学习要完成的任务相对应，不同的强化学习任务应当设计不同的奖励函数。在设计轨迹追踪问题的奖励函数时，减小横向轨迹误差或躲避障碍物的行为有助于强化学习任务的完成，应当得到奖励；而增大横向轨迹误差或靠近障碍物的行为则应当受到惩罚。因此，轨迹追踪问题的奖励函数设计如下。

① 自主潜航器与期望轨迹之间存在误差时，获得惩罚 r_{error}。

$$r_{\mathrm{error}} = -k e_{\mathrm{cross\_track}} \qquad (8\text{-}22)$$

其中，惩罚信号 r_{error} 的大小与横向轨迹误差 $e_{\mathrm{cross\_track}}$ 成正比。

② 自主潜航器靠近障碍物时，获得惩罚 r_{obstacle}，该惩罚已经在路径规划问题建模时详细描述过，在此不再赘述。

③ 为了避免自主潜航器调整航向时，因速度过快而出现调整不及的情况，设定自主潜航器的最大速度为 s_{max}，当自主潜航器的实际航速超过最大速度时，受到惩罚 r_{speed}。

$$r_{\mathrm{speed}} = -\max(\sqrt{u^2 + v^2 + r^2} - s_{\mathrm{max}}, 0) \qquad (8\text{-}23)$$

其中，$\max(\cdot)$ 函数确保了只有当自主潜航器的速度超过最大速度时，才会受到惩罚。

综上，自主潜航器在水下环境中追踪期望轨迹时，受到的总奖励信号 r 如下。

$$r = a r_{\mathrm{error}} + \beta r_{\mathrm{obstacle}} + \gamma r_{\mathrm{speed}} \qquad (8\text{-}24)$$

其中，α、β、γ 为奖励系数，用于调整各部分奖励信号占总奖励信号的比例。

在将轨迹追踪问题建模为强化学习问题后，采用深度确定性策略梯度算法

求解该问题。深度确定性策略梯度算法在此不再赘述。基于该算法，构造两个神经网络逼近器，即评价网络 $Q(s,a\,|\,\omega)$ 和策略网络 $\mu(s\,|\,\theta)$ 。评价网络 $Q(s,a\,|\,\omega)$ 的输入为状态 s 和动作 a ，输出为动作值函数。策略网络 $\mu(s\,|\,\theta)$ 的输入为状态 s ，输出为动作 a 。评价网络和策略网络均包含 3 个隐藏层，3 个隐藏层均分别包含 200 个、100 个和 20 个神经单元。由于自主潜航器的控制信号有限，因此策略网络采用 tanh(·) 函数作为输出层的激活函数。评价网络的输出值表征状态动作对 (s,a) 的价值，因此采用线性函数作为其输出层的激活函数。此外，两条神经网络的隐藏层的激活函数均采用 relu(·) 函数。

8.3.4　仿真验证

由于水下环境的动态性以及复杂性，障碍物的分布难以预测，因此自主潜航器在追踪期望轨迹时必须考虑障碍物的干扰。为了模拟该场景，本仿真随机生成期望轨迹，同时设置相应的障碍物。期望轨迹的长度设置为 1.6 km，障碍物的数量设置为 15 个，其半径随机设置在 7～15 m 之间。自主潜航器的运动受限于其动力学特性，自主潜航器的动力学特性已在第 2 章详细描述，在此不再赘述。为了探测障碍物信息，自主潜航器的声呐探测半径设置为 40 m。自主潜航器的安全距离设置为 5 m。自主潜航器的初始位置随机设置在期望轨迹起点±25 m 的矩形范围内。此外，自主潜航器的推力设置为[0,1]，舵机的位置设置为[-1,1]。

在训练深度神经网络时，采用 Adam 优化器，学习率设置为 0.002，批处理大小设置为 128，自主潜航器与环境的交互次数设置为 100。任务开始后，自主潜航器根据自身位置以及观测到的期望轨迹，计算期望航向以及横向轨迹误差，并采用声呐传感器探测周围的障碍物信息，从而决策输出下一步的控制信号，当到达期望轨迹的终点或与障碍物发生碰撞时，交互终止。由于基于强化学习技术的轨迹追踪算法采用确定性策略，为了增加探索多样性，本算法为自主潜航器的控制信号叠加了均值为零的高斯噪声，并在训练过程中逐渐减小噪声信号的大小。

首先分析自主潜航器在没有障碍物干扰的理想情况下的追踪控制能力。图 8-11 所示为自主潜航器对随机生成的期望轨迹的追踪控制情况，其中深色线条表示期望轨迹，浅色线条表示自主潜航器的实际航线。期望轨迹的起点位置为（0，0），自主潜航器的初始位置为(-1.4, 0.8)，初始航向设置为 0°。可以看到，自主潜航器能够精确地追踪随机生成的期望轨迹。图 8-11（b）所示为任务开始时自主潜航器的调整情况，可以看到，任务开始后，自主潜航器不断调整自身航向，在经过短暂的调整后，自主潜航器的实际航线基本收敛至期望轨迹。图 8-11（c）所示为自主潜航器对直线的追踪控制能力，可以看到，自主潜航器能够精确地追踪直线轨迹。图 8-11（d）所示为期望轨迹在连续进行两次急转弯变换时，自主潜航器的追踪控制情况，可以看到，自主潜航器能够连续、迅速地大角度调整航向，从而成功地追踪弧形轨迹。

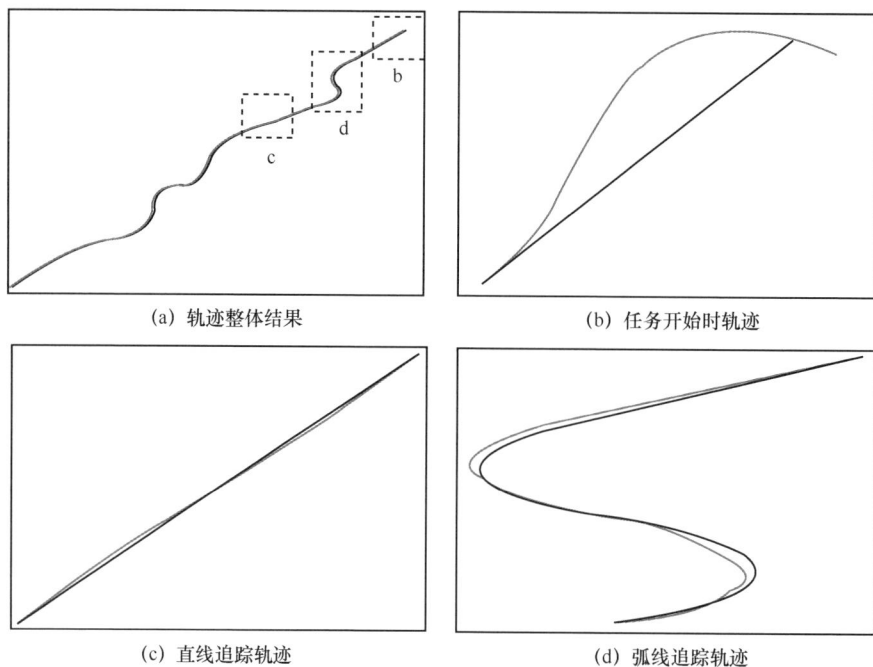

(a) 轨迹整体结果　　　　　　　　　　　(b) 任务开始时轨迹

(c) 直线追踪轨迹　　　　　　　　　　　(d) 弧线追踪轨迹

图 8-11　自主潜航器对随机生成的期望轨迹的追踪控制情况

自主潜航器的实际航线与期望轨迹之间的误差如图 8-12 所示。可以看到，自主潜航器在追踪期望轨迹的过程中，误差基本稳定在 1 m 左右；在任务刚开始时，误差最大约为 3.5 m；在进行两次急转弯调整时，误差也略有增加，最大约为 2.5 m。对于半径为 5 m，动力学特性高度耦合并且非线性的自主潜航器而言，其追踪误差始终稳定在非常小的范围内，这证明了强化学习算法强大的追踪控制能力。

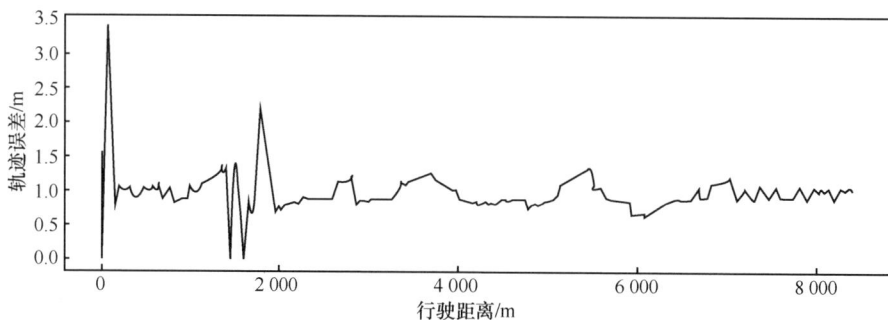

图 8-12　自主潜航器的实际航线与期望轨迹之间的误差

下面分析在障碍物干扰下，自主潜航器的追踪控制能力。为了进行对比，本节的期望轨迹与上一节相同，但是随机设置了障碍物，并且有两处障碍物明显阻塞了期望轨迹。图 8-13 所示为障碍物干扰下自主潜航器的追踪控制情况，其中深色线条表示期望轨迹，浅色线条表示自主潜航器的实际航线。可以看到，自主潜航器即使在障碍物干扰下也能够精确地追踪期望轨迹。当障碍物没有阻塞期望轨迹时，只要保持足够的追踪精度，自主潜航器的实际航线不会受到影响，如图 8-13（b）所示。当障碍物阻塞期望轨迹时，为了避免发生碰撞，自主潜航器不能再继续追踪期望轨迹，而应当优先躲避障碍物。

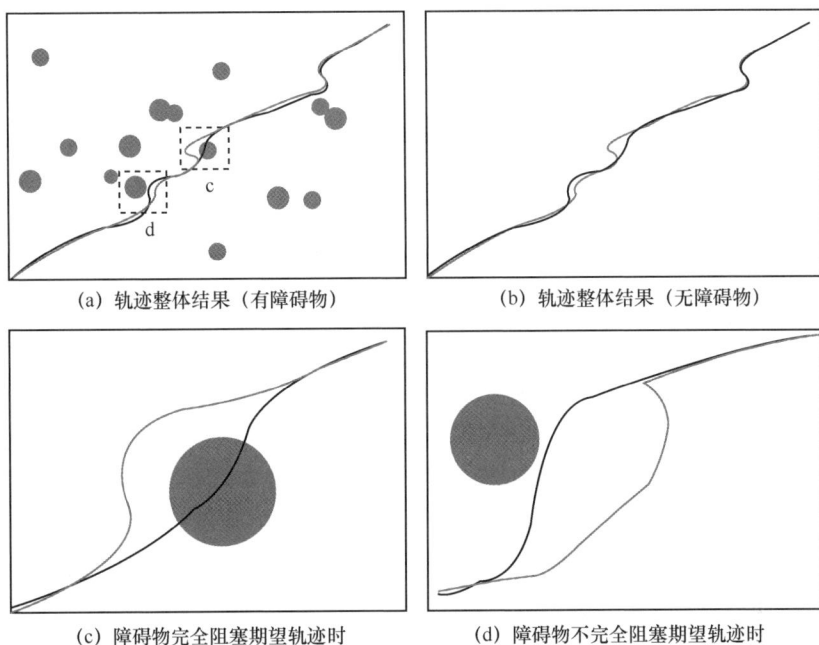

(a) 轨迹整体结果（有障碍物）　　　　　(b) 轨迹整体结果（无障碍物）

(c) 障碍物完全阻塞期望轨迹时　　　　(d) 障碍物不完全阻塞期望轨迹时

图 8-13　障碍物干扰下自主潜航器的追踪控制情况

本节将障碍物阻塞期望轨迹的方式分为两种：一种为完全阻塞，即障碍物覆盖了期望轨迹；另一种为不完全阻塞，即障碍物没有覆盖期望轨迹，但是当自主潜航器沿着期望轨迹行进时，自主潜航器和障碍物之间的距离小于自主潜航器的安全距离，因此仍然会发生碰撞。相比较而言，自主潜航器躲避不完全阻塞的障碍物比躲避完全阻塞的障碍物难度更高，因为躲避不完全阻塞的障碍物时，自主潜航器需要提前预判是否会发生碰撞。图 8-13（c）所示为障碍物完全阻塞期望轨迹时，自主潜航器的追踪控制情况，可以看到，自主潜航器成功地躲避了障碍物。图 8-13（d）所示为障碍物不完全阻塞期望轨迹时，自主潜航器的追踪控制情况，可以看到，自主潜航器成功地预判并躲避了不完全阻塞的障碍物，并在成功避障后，继续精确地追踪期望轨迹。

图 8-14 所示为障碍物干扰下自主潜航器的实际航线与期望轨迹之间的误差。可以看到，在障碍物没有阻塞期望轨迹时，并不会对追踪误差产生影响，追踪误差和上一节基本保持一致。在障碍物阻塞期望轨迹时，自主潜航器为躲避障碍物导致追踪误差增加，但在成功避开障碍物并继续追踪期望轨迹后，追踪误差迅速下降，这表明基于强化学习技术的轨迹追踪算法即使在障碍物干扰的情况下，仍然能够精确地追踪期望轨迹。

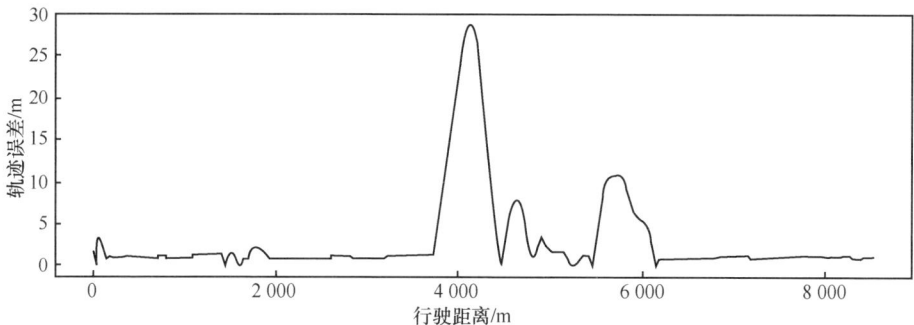

图 8-14　障碍物干扰下自主潜航器的实际航线与期望轨迹之间的误差

参考文献

[1] 谭民, 王硕, 曹志强. 多机器人系统[M]. 北京: 清华大学出版社, 2005: 14-15.

[2] 张昆玉. 基于优化理论的多 AUV 协同任务规划方法研究[D]. 哈尔滨: 哈尔滨工程大学, 2018.

[3] 余琨, 徐国华, 肖治琥, 等. 多 AUV 协作系统研究现状与发展综述[J]. 船海工程, 2009, 38(5): 134-137.

[4] 张纯刚, 席裕庚. 基于滚动窗口的多机器人路径协调规划[J]. 模式识别与人工智能, 2002, 15(1): 1-5.

[5] FANG Z R, WANG J J, JIANG C X, et al. AoI inspired collaborative information collection for AUV assisted internet of underwater things[J]. IEEE Internet of Things Journal, 2021.

[6] FANG Z R, WANG J J, JIANG C X, et al. QLACO: Q-learning aided ant colony routing protocol for underwater acoustic sensor networks[C]//2020 IEEE Wireless Communications and Networking Conference (WCNC). Piscataway: IEEE Press, 2020.

[7] ZHU D, HUANG H, YANG S X. Dynamic task assignment and path planning of multi-AUV system based on an improved self-organizing map and velocity synthesis method in three-dimensional underwater workspace[J]. IEEE Transactions on Cybernetics, 2013, 43(2):

504-514.

[8]　FRATER M R, RYAN M J, DUNBAR R M. Electromagnetic communications within swarms of autonomous underwater vehicles[C]//Proceedings of the 1st ACM international workshop on Underwater networks. New York: ACM Press, 2006: 64-70.

[9]　WYNN R B, HUVENNE V A I, LE BAS T P, et al. Autonomous underwater vehicles (AUVs): their past, present and future contributions to the advancement of marine geoscience[J]. Marine Geology, 2014, 352: 451-468.

[10]　STOJANOVIC M, PREISIG J. Underwater acoustic communication channels: propagation models and statistical characterization[J]. IEEE Communications Magazine, 2009, 47(1): 84-89.

[11]　SOZER E. M, STOJANOVIC M, PROAKIS J G. Underwater acoustic networks[J]. IEEE Journal of Oceanic Engineering, 2000, 25(1): 72-83.

[12]　LUCANI D E, MÉDARD M, STOJANOVIC M. Underwater acoustic networks: channel models and network coding based lower bound to transmission power for multicast[J]. IEEE Journal on Selected Areas in Communications, 2008, 26(9): 1708-1719.

[13]　PEREIRA F L, DE SOUSA J B, GOMES R, et al. A model predictive control approach to AUVs motion coordination[M]. Switzerland: Springer International Publishing, 2015: 9-18.

[14]　MAYNE D Q, RAWLINGS J B, RAO C V, et al. Constrained model predictive control: stability and optimality[J]. Automatica, 2000, 36(6): 789-814.

[15]　MAYNE D Q, RAKOVIĆ S V, FINDEISEN R, et al. Robust output feedback model predictive control of constrained linear systems[J]. Automatica, 2006, 42(7): 1217-1222.

[16]　TERZIMEHIC T, SILAJDZIC S, VAJNBERGER V, et al. Path finding simulator for mobile robot navigation[C]//2011 XXIII International Symposium on Information, Communication and Automation Technologies. Piscataway: IEEE Press, 2011.

[17]　KUFFNER J J J, LAVALLE S M. RRT-connect: an efficient approach to single-query path planning[C]//Proceedings of 2000 IEEE International Conference on Robotics and Automation. Piscataway: IEEE Press, 2000: 995-1001.

[18]　LEE M C, PARK M G. Artificial potential field based path planning for mobile robots using a vir-tual obstacle concept[C]//Proceedings of 2003 IEEE/ASME International Conference on Advanced Intelligent Mechatronics (AIM 2003). Piscataway: IEEE Press, 2003: 735-740.

[19]　ZHANG K, DU J, WANG J, et al. Distributed hierarchical information acquisition systems based on auv enabled sensor networks[C]//2019 IEEE International Conference on Communications (ICC). Piscataway: IEEE Press, 2019.

[20]　PFEIFFER M, SCHAEUBLE M, NIETO J, et al. From perception to decision: a data-driven approach to end-to-end motion planning for autonomous ground robots[C]//2017 IEEE International Conference on Robotics and Automation (ICRA). Piscataway: IEEE Press, 2017: 1527-1533.

[21]　GARAU B, ALVAREZ A, OLIVER G. Path planning of autonomous underwater vehicles in current fields with complex spatial variability: an A* approach[C]//Proceedings of the 2005

IEEE International Conference on Robotics and Automation. Piscataway: IEEE Press, 2005: 194-198.

[22] LEE T H, CHUNG H, MYUNG H. Multi-resolution path planning for marine surface vehicle considering environmental effects[C]//IEEE OCEANS Conference. Piscataway: IEEE Press, 2011.

[23] HEO Y J, CHUNG W K. RRT-based path planning with kinematic constraints of AUV in underwater structured environment[C]//2013 10th International Conference on Ubiquitous Robots and Ambient Intelligence (URAI). Piscataway: IEEE Press, 2013: 523-525.

[24] WILLIAMS S, WANG X, ANGLEY D, et al. Dynamic target driven trajectory planning using RRT*[C]//International Conference on Information Fusion (FUSION). Piscataway: IEEE Press, 2019.

[25] WANG X, WILLIANMS S, ANGLEY D, et al. RRT* trajectory scheduling using angles-only measurements for AUV recovery[C]//International Conference on Information Fusion (FUSION). Piscataway: IEEE Press, 2019.

[26] CHENG C, ZHU D, SUN B, et al. Path planning for autonomous underwater vehicle based on artificial potential field and velocity synthesis[C]//IEEE 28th Canadian Conference on Electrical and Computer Engineering (CCECE). Piscataway: IEEE Press, 2015: 717-721.

[27] NOGUCHI Y, MAKI T. Path planning method based on artificial potential field and reinforcement learning for intervention AUVs[C]//IEEE Underwater Technology (UT) Conference. Piscataway: IEEE Press, 2019.

[28] SASKA M, MACAS M, PREUCIL L, et al. Robot path planning using particle swarm optimization of ferguson splines[C]//IEEE International Conference on Emerging Technologies and Factory Automation. Piscataway: IEEE Press, 2006: 833-839.

[29] YANG G, ZHANG R. Path planning of AUV in turbulent ocean environments used adapted inertia-weight PSO[C]//The Fifth International Conference on Natural Computation. Piscataway: IEEE Press, 2009: 299-302.

[30] ZHU D, YANG Y, YAN M. Path planning algorithm for AUV based on a fuzzy-PSO in dynamic environments[C]//2011 8th International Conference on Fuzzy Systems and Knowledge Discovery. Piscataway: IEEE Press, 2011: 525-530.

[31] YU X, CHEN W N, GU T L, et al. ACO-A*: ant colony optimization plus A* for 3D traveling in environments with dense obstacles[J]. IEEE Transactions on Evolutionary Computation, 2019, 23(4): 617-631.

[32] ZHANG T, YU C, ZHANG Y, et al. Ant colony system based on the asrank and mmas for the vrpspd[C]//2007 International Conference on Wireless Communications, Networking and Mobile Computing. Piscataway: IEEE Press, 2007: 3728-3731.

[33] LIU B, LU Z. AUV path planning under ocean current based on reinforcement learning in electronic chart[C]//International Conference on Computational and Information Sciences. Piscataway: IEEE Press, 2013: 1939-1942.

[34] KAWANO H, URA T. Dynamics control algorithm of autonomous underwater vehicle by

reinforcement learning and teaching method considering thruster failure under severe distur-bance[C]//IEEE/RSJ International Conference on Intelligent Robots and Systems. Piscataway: IEEE Press, 2001: 974-979.

[35] WANG J J, JIANG C X, ZHANG H, et al. Thirty years of machine learning: the road to pareto-optimal wireless networks[J]. IEEE Communications Surveys and Tutorials, 2019, 22(3): 1472-1514.

[36] TAMAR A, WU Y, THOMAS G, et al. Value iteration networks[C]//30th Annual Conference on Neural Information Processing Systems. Spain: NIPS, 2016: 2154-2162

[37] 段瑞洋, 王景璟, 杜军, 等. 面向 "三全" 信息覆盖的新型海洋信息网络[J]. 通信学报, 2019, 40(4): 10-20.

[38] WAN J, LIU W, DING X, et al. Fractional order PID motion control based on seeker optimi-zation algorithm for AUV[C]//OCEANS 2018 MTS. Piscataway: IEEE Press, 2018.

[39] LIU W Q, DING X, WAN J H, et al. An effective motion control based on 2-DOF PID and ELM for AUV[C]//OCEANS 2018 MTS. Piscataway: IEEE Press, 2018.

[40] TANG Z D, ZHOU J J, BIAN X Q, et al. Simulation of optimal integral sliding mode con-troller for the depth control of AUV[C]//IEEE International Conference on Information and Automation. Piscataway: IEEE Press, 2010: 2379-2383.

[41] SHEN J, ZHOU X, ZHANG H. Research on sliding mode control for near-surface AUV depth regulation in waves circumstance[C]//2010 IEEE International Conference on Informa-tion and Automation. Piscataway: IEEE Press, 2010.

[42] ZHANG Y Y, GAO L, LE W D, et al. Research on control method of AUV terminal sliding mode variable structure[C]//2017 International Conference on Robotics and Automation Sciences (ICRAS). Piscataway: IEEE Press, 2017: 88-93.

[43] WANG H J, CHEN Z Y, BIAN X Q, et al. Robust adaptive path following control for auto-nomous underwater vehicles with virtual guidance[C]//The 31st Chinese Control Conference. Piscataway: IEEE Press, 2012: 4283-4288.

[44] LEBEDEV A. The multi-dimensional adaptive control system with reference model for the AUV[C]//2010 International Conference on Mechatronics and Automation. Piscataway: IEEE Press, 2010: 1837-1841.

[45] LI Y, GUO H D, GONG H, et al. The improved adaptive hybrid fuzzy control of AUV hori-zontal motion[C]//2016 13th International Computer Conference on Wavelet Active Media Technology and Information Processing (ICCWAMTIP). Piscataway: IEEE Press, 2016: 408-414.

[46] XU M, SMITH S M. Adaptive fuzzy logic depth controller for variable buoyancy system of autonomous underwater vehicles[C]//IEEE Conference on Fuzzy Systems, IEEE World Con-gress on Computational Intelligence. Piscataway: IEEE Press, 1994: 493-498.

[47] HU Y Q, YU J P, YU H S, et al. Adaptive fuzzy command filtered control with error com-pensation mechanism for AUVs via backstepping[C]//Proceedings of the 30th Chinese Con-trol and Decision Conference, CCDC 2018. Piscataway: IEEE Press, 2018: 1226-1230.

[48] WU J Y, HAN J, YIN Y X, et al. Variable universe based fuzzy control system design for AUV[C]// OCEANS 2016. Piscataway: IEEE Press, 2016.

[49] WU H, SONG, S J, YOU, K Y, et al. Depth control of model-free AUVs via reinforcement learning[J]. IEEE Transactions on Systems Man and Cybernetics Systems, 2019, 49(12): 2499-2510.

[50] ZHANG Q, LIN J, SHA Q, et al. Deep interactive reinforcement learning for path following of autonomous underwater vehicle[J]. IEEE Access, 2020, 8: 24258-24268.

[51] HU H K, SONG S J, CHEN C L P, et al. Plume tracing via model-free reinforcement learning method[J]. IEEE Transactions on Neural Networks and Learning Systems, 2019, 30(8): 2515-2527.

第9章
无人潜航器发展现状与趋势

9.1 无人潜航器发展历程

　　无人潜航器的研制工作始于 20 世纪 50 年代，并于 20 世纪 60 年代正式下水。民用领域是早期无人潜航器的主要应用领域，如代替潜水员进行深水勘探、沉船打捞以及水下电缆铺设等作业和施工。直到 20 世纪 90 年代，无人潜航器的相关技术发展相对成熟，其在军事领域的重要价值才日渐被人们重视。在各类无人潜航器中，具备自主航行性能的自主潜航器因其成本低、功能多样、隐蔽性强等特点，得到各国海军的青睐，近年来因其军事优势明显，越来越多地被用于执行水下探测、信息搜集、特情处置、通信中继等任务，成为各国海军的重要水下武器平台和后勤支持平台[1]。

　　无人潜航器体积小、隐蔽性强，可以更高效地搜集情报，以及在敏感水域执行任务。虽然可以用声呐探测无人潜航器的活动，但在如嘈杂近海港口等区域对潜航器进行准确定位还是较为困难的。无人潜航器不仅可以隐藏在声呐探测系统中，使用声波干扰、声学诱饵等破坏性干扰手段逃避定位，还可以模拟海洋生物减少噪音航迹，提高隐形能力。无人潜航器易于运输和部署，更容易靠近目标港口，并攻击水下基础设施。近年来，美国、俄罗斯等都在争相研发最新一代的自主潜航器，试图在未来水下战争中占据主导地位、先发制人。

　　1987 年美国海军研究生院就开始了无人潜航器的研究工作。1988 年，美国海军和美国国防高级研究计划局（Defense Advanced Research Projects Agency，DARPA）制定了无人潜航器的发展规划，并于 1994 年制定了无人潜航器的科学发展规划。1999 年，美国海军研制出了第一代搜索鱼雷的无人潜航器侦察系统，当年提出了第一个无人潜航器的发展计划。美国海军在 2002 年的"21 世纪海上力量"和 2003 年的"海军转型路线图"中都特别强调了发展无人潜航器的重要性。

2000 年，美国海军发布了第一版《无人潜航器总体计划》。2004 年，美国海军又发布了第二版《无人潜航器总体计划》，这份计划以 2000 年公布的版本为基础，结合美国海军在军事转型、技术研发和平台建设等方面的理论探索成果与实践经验，阐述了无人潜航器新的任务使命、实现途径、技术目标与发展建议。2011 年美国海军又发布了第三版《无人潜航器总体计划》，为无人潜航器的发展确定了多层次、全方位、体系性的基本框架。2005 年，在美国、英国等的推动下，世界无人潜航器的发展取得了重要进展。具体来说，美国海军调整了无人潜航器的发展计划，由于在伊拉克战争中表现良好，英国海军也开始从美国进口这类装备；德国还研制了新型无人潜航器，并开始了示范试验活动；澳大利亚、挪威等也在积极开发无人潜航器的相关技术。澳大利亚研制的"塞拉菲纳"反雷无人潜航器、德国研制的"长尾鲨"攻击型水下潜航器、挪威研制的"水下扫雷艇"和法国研制的"雷德莫"水下无人扫雷艇在技术上相当成熟。2007 年，美国协调了空中、地面和水下无人系统，发布了《2007—2032 年无人系统发展路线图》，并每两年修订一次。2010 年，欧洲防务局（Europeam Defence Agency，EDA）发布了《海上无人系统方法与协调路线图》，提出协调欧洲各国力量，共同推动无人潜航器等系统的发展。2011 年 7 月，美国发布《水下作战方案》，提出加强大直径无人潜航器、特种部队车辆、分布式水下网络和全球快速打击系统等有效载荷的利用。2013 年，美国发布了《无人系统集成路线图（2013—2038）》。2017 年 1 月，美国发布了《下一代无人水下系统》[2]报告，提出了近中期无人水下系统的概念，并建议使用商用无人潜航器来扩大水下竞争优势。2017 年 9 月，美国著名智库发布《恢复美国制海权》报告，要求美国海军未来装备更先进的装备和大型无人潜航器。近年来，美国国防部高级研究计划局重点关注水下无人系统、水下态势感知、水下及跨域通信等领域，目标是推动发展先进自主的无人潜航器系统。

9.2 国外无人潜航器发展现状[3-5]

1. 美国无人潜航器发展现状[6]

美国与世界上其他十几个研制无人潜航器的国家相比处于领先地位。在美国国防部《2007—2032 年无人系统发展路线图》的指导下，美国海军先后颁布了包括《无人潜航器总体计划》在内的大力发展各种无人系统的一系列纲领性计划，用于指导不同类型无人装备的发展。2015 年，美国在对原有项目进行试验、测试和部署的同时，发布多个新项目计划，加大对该领域的研发力度。2016 年美国海军在政府国防预算中获得了大量的资金支持，用于扩大无人潜航器编队的规模。美国现有在研、在役的多种水下无人潜航器，覆盖各种排水量和动力类型，用途涵盖海洋环境调查、侦察与反水雷、察打一体化等多项任务。

（1）反潜战持续追踪无人艇

反潜战持续追踪无人艇（Anti-Submarine Warfare Continuous Trail Unmanned Vessel，ACTUV）[7]项目是美国科学应用国际公司为美国国防高级研究计划局研制的无人潜艇探测器，该项目旨在应对未来安静型柴电潜艇的威胁。该无人艇搭载光电传感器、远程/近程雷达，以及光探测/测距设备，利用人工智能与艇载传感器进行导航，具有探测、跟踪、告警、规避功能，能够进行无线和卫星等多种通信。艇体采用复合材料，具有隐身性能；该艇暴露在水面以上的部分体积不大，雷达反射截面积较小，其主体潜行在 10 m 以下，整艘艇的隐蔽性和浅海航行能力均较好；机动性能较强，具有极佳的前沿部署能力及大范围反潜能力。

第一艘正式的 ACTUV 原型艇于 2015 年在 Leidos 公司的维格船坞开工建造，于 2016 年 1 月下水，被命名为"海上猎人"（Sea Hunter）号，其外观如图 9-1 所示。

图 9-1　"海上猎人"号外观

（2）大直径无人潜航器

大直径无人潜航器（Large Displacement Unmanned Underwater Vehicle，LDUUV）[8]能够搭载不同传感器和任务模块，可灵活配置，自动控制能力更高，能够长达数月、远距离执行任务。具有扫雷、跟踪、情报侦察、自主工作、智能化攻击的能力，可搭载多种类型的导弹、炸弹甚至核弹进行自主攻击；既可独立使用，也可在包括巡航导弹核潜艇、弗吉尼亚级攻击核潜艇和水面舰艇等多种平台上部署。LDUUV 是察打一体化大直径重型无人潜航器，美军将其作为未来多项作战概念的核心节点。

图 9-2 所示为美国海军研究局研制的"创新型海军原型样机"（Large Displacement Unmanned Underwater Vehicle-Innovative Navy Prototype，LDUUV-INP）[8]，于 2015 年 4 月中旬在"2015 海空天博览会"首次展出。LDUUV-INP 直径约为 1.5 m，采用新型燃料电池，可续航 60 天以上，具有 3 种使用模式，即潜在模式、舰载模式和自主模式。在潜在模式下，LDUUV-INP 可由俄亥俄级潜艇垂发单元、加装干式遮蔽舱或弗吉尼亚级潜艇艇艏发射管发射；在舰载模式下，可由濒海战斗舰或登陆舰船坞进行布放。

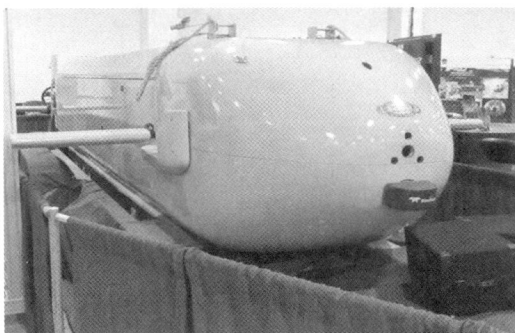

图 9-2 美国海军研究局研制的"创新型海军原型样机"

（3）远程环境监测单元系列自主潜航器

远程环境监测单元（Remote Environmental Monitoring Units，REMUS）是由康士伯海事公司旗下子公司水螅虫（Hydroid）公司研制生产的一种外形像鱼雷的低成本自主潜航器，主要包括 REMUS 100、REMUS 600 和 REMUS 6000 3 种型号及衍生产品，REMUS 系列自主潜航器如图 9-3 所示。

图 9-3 REMUS 系列自主潜航器

（4）曼塔无人潜航器[9]

曼塔（MANTA）无人潜航器是美国 21 世纪初就开始研制的一种巨型无人潜航器，如图 9-4 所示，其于 2002 年完成样机研制。MANTA 无人潜航器平时安装在潜艇的艏部，与潜艇共形，此时潜艇可直接利用 MANTA 无人潜航器的武器和传感器。MANTA 无人潜航器也可离开潜艇独立完成作战任务，完成任务后可返回母艇接受新任务。当 MANTA 无人潜航器离开母艇独立完成任务时，要对原来 MANTA 无人潜航器的位置进行填补，以保证潜艇的流体动力学特征和噪声特性不受大的影响。MANTA 无人潜航器采用模块化设计，可根据不同任务随时改变其配置。美国海军计划未来在潜艇上装载 4 具 MANTA 无人潜航器，每具 MANTA 无人潜航器上可装载鱼雷、导弹、水雷等武器。

图 9-4　MANTA 无人潜航器

（5）"蓝鳍"系列自主潜航器[10]

"蓝鳍"（Bluefin）机器人公司已经生产了 Bluefin 系列的约 50 个自主潜航器平台，包括装载在美国海军水面舰上的 21 英寸（合约 533 mm）的战场准备自主潜航器（Battlespace-Preparation AUV，BPAUV），以极浅海和反水雷战为目的的 9 英寸（合约 229 mm）便携式 Bluefin-9 自主潜航器系统，和兼顾灵活使用和操作的 Bluefin-12 和 Bluefin-21 系统。

① Bluefin-9 自主潜航器是一种双人便携式自主潜航器，可从各种平台进行部署和回收，例如桥墩、刚性充气艇等平台。Bluefin-9 自主潜航器可执行多种任务，如近海测量、水文测绘、快速环境评估、环境保护和监测等民事任务，也可用于港口安全、搜索和恢复、情报/监视/侦察和水雷反制等军事任务。

② Bluefin-12 自主潜航器是一款轻量中型自主潜航器，旨在用于传输关键数据任务和完成多样化的任务。Bluefin-12 自主潜航器采用和 Bluefin-9 自主潜航器相同的传感器和测量设备，包括多口径侧扫声呐、浊度计、荧光计以及声速、温度和压力传感器等。Bluefin-12 自主潜航器采用与轻型鱼雷结构类似的

带有尖端技术的智能包装，实现了有效载荷最大化和高性能，具有同类产品无法比拟的载荷灵活性和能力。Bluefin-12 自主潜航器具有模块化、智能化、数据处理和可扩展作业范围的特点，其扩展模块支持集成用户指令的传感器和有效载荷，拥有标准有效载荷接口，开放架构兼容性和超过 4 000 cm^3 的有效载荷体积，保证了传感器和有效载荷的快速集成。

③ Bluefin-21 自主潜航器采用模块化设计，能够一次携带多个传感器和有效载荷，具有很高的能量容量，即使在最大深度也能进行扩展操作。Bluefin-21 自主潜航器的特点包括：可重构能力、可定制性、可靠性、灵活性、分辨率高和精确导航等。Bulefin-21 自主潜航器非常适合各种应用，如海上勘测、搜索和打捞、考古和勘探、海洋学、水雷反制和未爆炸弹药清除等。

④ BPAUV 是 Bluefin 机器人公司研制的小型快速无人潜航器，能为反水雷作战和其他使命提供重要的情报、监视和侦察能力。BPAUV 一旦从水雷战舰艇布放后就完全自主根据预先设计的程序路线进行航行。具有灵活性、精确导航、作业范围广等特点。

（6）"刀鱼"自主潜航器

2012 年，通用动力公司在 Bluefin-12D 自主潜航器的基础上，用 5 年时间研制了一种名为"刀鱼"（Knifefish）的自主潜航器，作为濒海战斗舰水雷战任务包的重要组成部分，主要用于探测和识别水雷。该潜航器于 2017 年 8 月底完成承包商试航，2017 年 10 月进行承包商主导的最后的海上接收试航，后续由美国海军实施独立的发展测试和作战评估。

Knifefish 自主潜航器如图 9-5 所示，其工作时，搭载的合成孔径声呐能够发出低频电磁波，探测浮动或深埋的水雷，并使用内置的数据库和计算机进行分析比对，然后把数据发回母舰。美国海军计划在 2034 年装备 30 艘 Knifefish 自主潜航器，将把它们作为舰外传感器布放在雷区作业，使母舰远离雷区，从而大幅降低海军人员和舰艇风险。

图 9-5　Knifefish 自主潜航器

（7）远程水雷侦察系统[11]

远程水雷侦察系统（Long-Term Mine Reconnaissance System，LMRS）是由近程水雷侦察系统改进而成的自主潜航器，由美国海军水下作战中心和波音公司于 2000 年联合开发。LMRS 如图 9-6 所示。LMRS 包括两个自主潜航器、一个长 18 m 的机械回收臂、一套处理设备和一套任务规划/分析计算机。该系统装有用于搜索和避障的前视声呐、用于对目标定位和分类的侧扫声呐、先进的GPS、通过卫星通信的甚高频系统和专用于与舰船联系的传感器。LMRS 采用双鱼雷管发射和回收，主要用于雷区情报收集和水雷识别与定位，其导航精度高、虚警概率低，对目标的定位误差仅为十几米，接近目标时也不会发生任何有可能使水雷爆炸的信号特征。

图 9-6　LMRS

（8）"海神"无人潜航器[12]

"海神"（Proteus）无人潜航器是由亨廷顿·英戈尔斯工业公司、巴特尔公司和蓝鳍机器人公司联合研制的世界首款有人/无人通用型双模大直径无人潜航器。"双模"是指潜航器既可以完全自主运作，也可以由人来驾驶行动。Proteus无人潜航器如图 9-7 所示。

Proteus 无人潜航器配备了水声和数据声学通信系统、铱卫星通信系统、语音和无线电系统以及完全一体化的导航系统，使用 GPS 进行基础定位。该潜航器可以执行多种任务：从预定水域巡逻到隐蔽跟踪弹道导弹核潜艇；配置货舱可搭载各种传感器、通信设备、爆炸装置等；携带 MK67 水下机动水雷或 MK54鱼雷实施打击任务。

图 9-7　Proteus 无人潜航器

（9）"海马"自主潜航器[13]

"海马"（Seahorse）自主潜航器是宾夕法尼亚大学为美国海军研制的一种军事海底测绘的自主潜航器，旨在执行《无人潜航器总体计划》中设定的情报、监视、侦察任务。Seahorse 自主潜航器如图 9-8 所示。

图 9-8　Seahorse 自主潜航器

Seahorse 自主潜航器能够在水深 10～300 m 的濒海水域按照预先编制的程序独立作业，采集高质量的、精确的军事海洋环境数据，为美国海军执行深海探测，在水下完成远程情报、监视和侦察任务，还可以完成反水雷和跟踪潜艇的监视任务。Seahorse 自主潜航器采用模块化结构，具有任务可重构能力，可以根据不同需求装备不同的传感器，以执行赋予它的新任务。

（10）"回声旅行者"无人潜航器[14]

"回声旅行者"（Echo Voyager）无人潜航器是波音公司为美军开发的一款

全自动的无人潜航器。Echo Voyager 无人潜航器如图 9-9 所示。Echo Voyager 无人潜航器于 2017 年完成海试，重点考核了其通信系统、自主控制系统、推进系统以及系统集成性能。

图 9-9　Echo Voyager 无人潜航器

（11）"虎鲸"超大型无人潜航器

2017 年 10 月，美国海军分别与波音公司、洛克希德•马丁空间系统公司签署"虎鲸"（Orca）超大型无人潜航器的设计阶段合同。根据美国海军的作战需求，Orca 超大型无人潜航器具有如下特点。一是可扩展性强。沿用 Echo Voyager 无人潜航器的箱型艇身，中段增加长约 10 m 的有效载荷模块，提供约 57 m^3 的内部有效载荷体积，并支持开发跨域应用的通用标准、接口和系统，未来可快速实现技术升级，以应对威胁变化。二是高效的推进效率和隐身性。改用泵喷推进器取代螺旋桨推进方式，以提高推进效率并降低水流绕流噪声，在进一步提升机动性和隐身性的同时，增强"潜伏"能力。三是具有自主水平高、多功能的特点。配置可重构多任务载荷舱，岸基布放，可自主航行至指定区域后执行巡逻、建立通信系统、部署载荷等任务，完成任务后自主返回基地，其发射、回收、操作和通信仅在基地即可完成，大幅降低危险。四是操作简易，集群作战优势明显。通过开发研制新型指控方式，建立远程控制系统，提升了指挥系统链路的集成性能，保证了无人系统与母舰之间无缝实时的连接。载人母船上的一名技术船员可同时操控数艘 Orca 超大型无人潜航器，在一定程度上可实现常规潜航器难以企及的火力打击效果。

（12）"幽灵泳者"新型仿生无人潜航器[15]

"幽灵泳者"（Ghost Swimmer）新型仿生无人潜航器是美国海军作战部快速创新单位计划 Silent NEMO 项目所开发的一系列成果。该项目主要是为了探索在舰队中应用仿生技术研制测试无人潜航器。美国海军于 2014 年 12 月 11 日在小溪-斯多利堡联合远征基地完成了 Ghost Swimmer 新型仿生无人潜航器的水中测试。

Ghost Swimmer 新型仿生无人潜航器如图 9-10 所示，Ghost Swimmer 新型仿生无人潜航器的设计重点在于加速快、高速巡游时效率高；但反过来，缺点是低速、转弯时性能较低。

图 9-10　Ghost Swimmer 新型仿生无人潜航器

2. 俄罗斯无人潜航器发展现状

苏联是世界上最早研制无人潜航器的国家，下潜深度达 6 000 m 的 L-2 无人潜航器的影响力几乎与第一颗人造地球卫星相当。苏联解体后，俄罗斯受经费和技术等限制，无人潜航器发展相对缓慢，仅有个别型号服役。当前在俄罗斯强化新概念武器研发的背景下，无人潜航器的研发呈现活跃状态，相关设计机构同步研发多型潜航器，且体现出目标性强、自主性强等特点。

（1）苏联时期无人潜航器发展情况

1976—1979 年，苏联科学院远东分院技术控制部研发了一系列无人潜航器，其中包括下潜深度达 2 000 m 的 L-1 无人潜航器和下潜深度达 6 000 m 的 L-2 无人潜航器样机，为后续研发奠定了基础。1980—1981 年，L-1 和 L-2 无人潜航器完成海试后交付海军。苏联科学院远东分院一直持续进行无人潜航器研发，苏联解体致研发受阻后，研究团队将很多技术转售国外，因此许多国外的无人潜航器都是基于 L-1 和 L-2 无人潜航器而研发。

（2）"大键琴 Klavesin" 无人潜航器

图 9-11 所示为"大键琴 Klavesin-1R"无人潜航器，该潜航器由俄罗斯科学院远东分院海洋技术问题研究所研制和生产，配有自动化控制系统，可从外部控制台通过水声通信频道接收命令。"大键琴 Klavesin-1R"无人潜航器可在低频和高频模式下作业，配有数字视频摄像机、电磁探测器、声学分析器、温度传感器和海水导电性传感器。

图 9-11　"大键琴 Klavesin-1R"无人潜航器

（3）"比拉鱼"超大型无人潜航器

2013 年，俄罗斯联合造船集团公司表示正在研发 865 计划中的"比拉鱼"（Piranha）超大型无人潜航器，这是俄罗斯第一次宣布开发有人/无人共享无人潜航器，该无人潜航器将用于特种作战，其维护成本极低。

（4）"替代者"超大型无人潜航器[16]

2017 年，俄罗斯红宝石设计局宣布研制成功用于模拟替代人操作潜航器的"替代者"超大型无人潜航器。"替代者"超大型无人潜航器的模块化设计可使其改变功能，除用于训练目的外，还可用于海底测绘和侦查，因其尺寸较大，还可作为摧毁敌方潜航器的工具。

（5）"波塞冬"核动力自主潜航器[17]

2018 年 3 月，俄罗斯总统普京在发表国情咨文时首次提到了"波塞冬"（Kanyon）核动力自主潜航器，2018 年 5 月，俄罗斯宣布 Kanyon 核动力自主潜航器被列入 2027 年前的国家武装计划，它由北方机械制造厂制造，其核动力装置已通过测试。Kanyon 核动力自主潜航器由战斗部、核动力系统、推进器、电子设备等舱段组成。Kanyon 核动力自主潜航器的战略意义在于将有可能挫败美国在全球导弹防御系统的所有努力。Kanyon 核动力自主潜航器被列入俄罗斯 2018—2027 年国家武器计划，第 1 艘预计将在 21 世纪 20 年代末交付给俄罗斯海军。

3. 欧洲国家无人潜航器发展现状

欧洲主要有挪威、英国、法国、德国以及瑞典等研究无人潜航器，并在锂电池、导航等相关技术领域与美国水平相当或接近。欧洲各国研发的一系列无人潜航器产品包括：法国的 Alister 系列无人潜航器，其中 Alister-9 型为军用无人潜航器；德国的 3 种型号无人潜航器（海獭 MK-I、海獭 MK-II、Deep C）；

挪威先后研发的"休金"（HUGIN）系列无人潜航器等。

（1）法国无人潜航器发展情况

① Alister 300 无人潜航器。Alister 300 无人潜航器如图 9-12 所示。该型潜航器主要担负军事和民用方面的水下管线监视，水下设备和失事沉船、飞机的检查等任务。

图 9-12　Alister 300 无人潜航器

该潜航器由法国 ECA 公司于 2000 年开始研发，2002 年完成了首次海上试验，验证了其很好的机动性和轨迹跟踪性能。2003 年，该潜航器进行了检查水下管线任务的演示试验，按照预编程接近管线拍下数据，自动跟踪管线。

② Alister 3000 潜航器。Alister 3000 潜航器如图 9-13 所示。法国 ECA 公司在 2001 年 4 月开始研发该潜航器，2002 年年底完成研制，并在地中海首次对其进行了海上试验。2003 年，该潜航器携带任务载荷按照预编程序进行了采集数据的科学试验。任务载荷由法国海洋开发研究院提供，包括 CTD 传感器、海流测量仪。采集的数据存储在潜航器内，潜航器回收后，通过其上的以太网下载数据并处理数据。回收前按照完全自主控制模式在水下以 4～5 节速度航行。

图 9-13　Alister 3000 潜航器

（2）德国无人潜航器发展情况

德国有 3 种型号的无人潜航器，分别是"海獭 MK-Ⅰ"型自主潜航器"海獭 MK-Ⅱ"型自主潜航器和 Deep C 型自主潜航器。"海獭 MK-Ⅰ"型自主潜航器由丹麦早期的"马瑞丹-600"型民用自主潜航器升级而来，有试验性质，已交付使用；"海獭 MK-Ⅱ"型自主潜航器是德国先进的无人潜航器，采用模块化设计，目前尚处于在研阶段；Deep C 型自主潜航器已交付德国海军用于试验。这 3 款自主潜航器均可用于反水雷，Deep C 型自主潜航器还可执行侦察、通信任务。

"海獭 MK-Ⅱ"型自主潜航器如图 9-14 所示。在军事上，该潜航器主要担负反水雷、反潜战、情报/监视和侦察、快速环境评估、检查、救生、水面情报收集、反恐和部队保护海上安全以及特种部队支持等任务。在民用上，该潜航器主要担负海上石油和天然气田调查、海底矿物勘察、海底通信电缆线路勘察和敷设后检查、海底管线预敷设线路勘察、搜索和救援以及海洋学调查作业等任务。

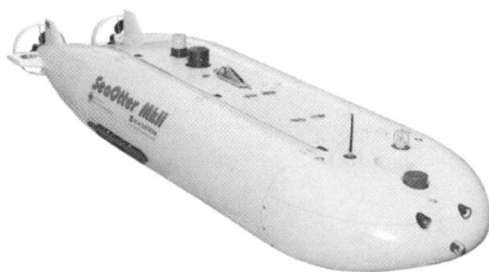

图 9-14　"海獭 MK-Ⅱ"型自主潜航器

（3）瑞典无人潜航器发展情况

近年来，瑞典萨博（Saab）公司致力于无人潜航器的研究，在 2015 年的英国防务展上，该公司展出了该领域的多项研发成果。其中包括：AUV62-MR（AUV62-Mine Recognition）水雷识别系统、水下遥控式无人潜航器（Subsea ROV，SubROV）、多点水雷中和系统（Multi Mine Neutralization System，MuMNS）、海黄蜂（Sea Wasp）无人潜航器等。

① AUV62-MR 水雷识别系统[18]具有水雷探测、反水雷、远程作业与高阶自主能力，采用模块化设计，可执行多种任务。其载荷包括：各独立载荷模块、合成孔径声呐、前视声呐、声呐阵列、图像传感器、环境传感器，发射机与应答机等。

② SubROV[19]是一种新型的水下遥控式无人潜航器。SubROV 采用模块化

设计，可执行多种任务，具有侦察/干扰、扫雷、通信/监视等功能。其载荷包括：高清照相机、避障声呐、分析器、无刷推进器、用于导航的超短基线定位系统/多普勒计程仪/惯性导航系统等。

③ MuMNS 具有现场清除水雷、水雷探测和水下破坏等多种功能，模块化使 MuMNS 无人潜航器具有天生的灵活性，载荷包括：导航传感器、各类照相机、声呐和水雷破坏器。

④ 海黄蜂无人潜航器是一种水下非常规爆炸处理装置，采用模块化设计，具有优异的适航性，可执行多任务，重要设计包括无人潜航器的传感器和导航组件，亦可整合成一个完整的系统。其载荷包括：可灵活配置的传感器装置、宽频声呐、LED 灯和视频摄像机、智能控制系统、多普勒计程仪、内部测量单元等。

（4）挪威无人潜航器发展情况

挪威主要发展了"休金"——高精度无缆地形测量和检查系统（High Precision Untethered Geosurvey and Inspection System，HUGIN）系列自主潜航器。HUGIN 3000 自主潜航器主要用于民用领域，HUGIN 1000 自主潜航器主要用于军事领域，主要研发单位是挪威国防研究机构和 Kongsberg 公司。

① HUGIN 3000 自主潜航器如图 9-15 所示。该型潜航器的主要任务是海底管线调查、环境监视、海洋渔业开发和反水雷研究等。该潜航器由自 1997 年以来进行了多次海上试验，完成了海底管道、沉船探查、航行试验和导航精度试验等；1998 年，HUGIN 3000 自主潜航器装备了 EM-3000 多波束测深声呐，对一系列反水雷作业进行了试验评估，首套系统于 2000 年交付。

图 9-15　HUGIN 3000 自主潜航器

② HUGIN 1000 自主潜航器如图 9-16 所示。在军事应用方面，主要执行反水雷、快速环境评估、反潜战等任务；在民用方面，主要执行港口及海上石油设施、海底电缆管线的监视及检查等任务。

图 9-16　HUGIN 1000 自主潜航器

该潜航器由挪威国防研究机构和 Kongsberg 公司联合研制。2001 年开始，挪威海军将 HUGIN 1000 自主潜航器引入执行反水雷任务，用于探测锚雷和沉底雷。在 2001 年探雷演习中，HUGIN 1000 自主潜航器像割草机一样以 3 节航速和距海底 15 m 的高度，对长 1 000 m、宽 300 m、深 200 m 的雷区来回进行搜索，演习验证了其具有探雷功能。装备拖曳阵声呐和大功率低频换能器后，它还能模拟大型潜艇声场特征，甚至在作业训练中，实时模拟潜航器的战术机动，这增加了它的军事使用价值，首套系统于 2005 年交付挪威海军。

4. 日本无人潜航器发展现状

日本在 20 世纪 90 年代前后，已为发展无人潜航器技术进行了相应的投资，在过去十几年中，日本已经为无人潜航器的研制投入了数亿美元的资金，其无人潜航器技术已达到世界领先水平，但日本的无人潜航器目前主要用于民用的深海开发，极少用于军事领域。主要的研究领域包括：高性能电池、无污染的推进系统、高效的热机技术、高数据率水声通信技术、低成本的地形匹配和精密导航技术、低噪声和低电磁的传感器技术、涂层隐身技术、控制无人潜航器的人工智能/神经网络和模糊逻辑等技术、高可靠性和低维护技术等[20]。

① R-one 无人潜航器[21]。R-one 无人潜航器有一个整舱耐压圆柱段，容纳任务载荷；一个四叶主推进器，主推进电机布置在耐压舱内，两个垂直辅助推进器布置在耐压舱前后部位。导航采用环形激光陀螺惯性导航和多普勒计程仪组合方式，并可采用超短基线阵声学定位系统，装备有侧扫声呐、前视声呐、CTD传感器、重力计等设备。主要担负中海深度海底山脉调查等任务。

该潜航器由日本东京大学研究和开发，三井工程和造船公司制造。1992 年，项目开始启动；1995 年交付；1999 年 7 月和 9 月进行了多次海上试验。

② r2D4 无人潜航器[22]如图 9-17 所示。该型潜航器继承了 R-one 无人潜航

器技术，为紧凑和轻型潜航器。r2D4 无人潜航器主要用于民用领域，担负三维海底地形构造观察、海水层大范围监测等任务。

图 9-17 r2D4 无人潜航器

该潜航器由日本东京大学研究和开发，由三井工程和造船公司完成硬件制造。2003 年 7 月完成硬件制造和软件组装并下水；2005 年 8 月，进行了海底测量试验，应用侧扫声呐拍摄了大量照片。

③ URASHIMA 无人潜航器[23]如图 9-18 所示。URASHIMA 无人潜航器为双层结构，非耐压外壳采用纤维增强复合材料（Fiber Reinforced Plastics，FRP）强化塑料制成，具有浮力大、强度高、耐腐蚀及防生物黏附等特点，耐压内壳为钛合金结构，电子仪器等放置在耐压壳结构内。外壳与内壳间有一层浮力物填充层，在水中可以起到平衡重力与浮力的作用。动力源采用锂离子电池或燃料电池，导航采用环形激光陀螺、多普勒计程仪、GPS 和水下声基线阵方式，装备有海水取样器、CTD 传感器、高灵敏度照相机、水下摄像机、海流剖面测量仪、前视声呐、侧扫声呐、多波束回波测深仪和浅层剖面仪。航行控制采用预编程、船位推算或声遥控方式，具有远距离声控、远距离无线电遥控和光纤遥控等功能。主要用于民用领域，担负海水采样和海底地形、海底构造等调查和测量任务。

图 9-18 URASHIMA 无人潜航器

9.3　国内无人潜航器发展现状

中国无人潜航器的研究工作从 20 世纪 80 年代开始，随后在国家高技术研究发展计划（863 计划）项目支持下取得了突破性进展，经过 6 年的艰苦努力研制出两台先进的自主潜航器。从 1992 年 6 月起，我国与俄罗斯科学院海洋技术研究所合作，开始研制 6 000 m 自主潜航器。1994 年"探索者"号自主潜航器研制成功，其工作深度达到 1 000 m，甩掉了与母船间联系的电缆，实现了从有缆向无缆的飞跃。1995 年 8 月，CR-01 6 000 m 自主潜航器研制成功，使我国无人潜航器的总体技术水平跻身于世界先进列，成为世界上拥有下潜深度 6 000 m 自主潜航器的少数国家之一。

目前国内潜航器以高校科研为主，依靠国家项目牵引支持，民用需求尚未全面打开，核心传感器需从国外进口，智能化程度较国外低。技术上参差不齐，以非标定制为主，未实现标准化量产。

1. "潜龙"系列自主潜航器[24]

中国科学院沈阳自动化研究所等单位 2013 年自主研制的"潜龙一号"自主潜航器如图 9-19（a）所示，它是中国国际海域资源调查与开发"十二五"规划重点项目之一，是中国自主研发、研制的服务于深海资源勘察的实用化深海装备。该项目于 2011 年 11 月正式启动，2013 年 3 月完成湖上试验及湖试验收。"潜龙一号"自主潜航器配有浅地层剖面仪等探测设备，可完成海底微地形地貌精细探测、底质判断、海底水文参数测量和海底多金属结核丰度测定等任务。

2015 年 12 月中国科学院沈阳自动化研究所等单位在"潜龙一号"自主潜航器的基础上，针对多金属硫化物矿区需求，又研制出"潜龙二号"自主潜航器，如图 9-19（b）所示，它在机动性、避碰能力、快速三维地形地貌成图、浮力材料国产化等方面均有较大提高。"潜龙二号"自主潜航器在国际上首次采用非回转体立扁鱼形设计，有利于减少垂直面的阻力，便于它在复杂海底地形中垂直爬升，也可以增强水面航行能力。"潜龙二号"自主潜航器除了能探测多金属硫化物，还能探测多金属结壳资源，获得同时间同位置的声学微地貌、温盐深、浊度、甲烷、氧化还原电位、磁力等多种数据，进而圈定矿化区。

2018 年 4 月，中国科学院沈阳自动化研究所进一步推出功能更加齐备、国产化率更高的"潜龙三号"自主潜航器，如图 9-19（c）所示。与"潜龙一号"和"潜龙二号"自主潜航器相比，"潜龙三号"自主潜航器展现了出色的稳定性和可靠性，各项技术指标都有了新的突破，并具备各类水下工作模式。

(a) "潜龙一号"自主潜航器

(b) "潜龙二号"自主潜航器

(c) "潜龙三号"自主潜航器

图 9-19 "潜龙"系列自主潜航器

2. "海马号"遥控式无人潜航器[25]

"海马号"遥控式无人潜航器如图 9-20 所示。该项目是我国 863 计划支持的重点项目，由上海交通大学、浙江大学、青岛海洋化工研究院有限公司、同济大学和哈尔滨工程大学等单位共同研制，以上海交通大学海洋水下工程科学研究院的水下环境条件模拟实验室为研究建造基地实施完成。

图 9-20 "海马号"遥控式无人潜航器

　　该潜航器装备有水下摄像/照相系统、声呐、作业工具、多功能机械手，并有可更换的、不同功能的水下作业底盘，除了具有水下摄像/照相、定位和取样等功能外，还具有辅助海底观测网布放维护的功能。相关技术和装备国产化率达到 90% 以上，是我国迄今为止自主研制的下潜深度最大、国产化率最高的大型遥控式无人潜航器作业系统。经过近 6 年的研发，突破了本体结构、浮力材料、液压动力和推进、作业机械手和工具、观通导航、控制软硬件、升沉补偿装置和升降装置等关键技术。"海马号"遥控式无人潜航器的研制成功标志着我国全面掌握了大深度遥控式无人潜航器的各项关键技术，并在关键技术国产化方面取得实质性的进展，是我国深海高技术领域继"蛟龙号"载人潜航器之后又一标志性成果，实现了我国在大深度遥控式无人潜航器自主研发领域"零的突破"，对我国深海大型 ROV 技术的工程化和产业化起到示范作用，也将有力推动我国深海科学研究的进程。

　　2014 年 2 月至 4 月，"海马号"遥控式无人潜航器搭乘"海洋六号"综合科学考察船分 3 个航段在南海进行海上试验。试验期间，"海马号"遥控式无人潜航器共完成 17 次下潜，3 次到达南海中央海盆底部进行作业试验，最大下潜深度 4 502 m；完成水下布缆、沉积物取样、热流探针试验、海底地震仪布放等任务，成功实现与水下升降装置联合作业。

3. "海龙"系列无人潜航器

（1）"海龙 2 号"遥控式无人潜航器

　　"海龙 2 号"遥控式无人潜航器是我国自主研制的无人潜航器，由无人潜航器本体、中继器、脐带缆、脐带绞车、A 字架、止荡器、操纵控制台以及动力站等多个子系统组成。

　　"海龙 2 号"遥控式无人潜航器除了在下潜深度上的优势之外，还在国际上首次采用了一些我国自主研发的先进技术，包括虚拟控制系统和动力定位系统等。该潜航器的灵活性也是国内其他潜航器难以企及的，它的 7 个推进器被设置为矢量分布，其中 4 个水平推进器用于加大前后和侧向推力，3 个垂向推进器则用于少量调节潜航器的纵横倾，这样该潜航器就可以自如地前进后退、上下运动和侧移。同时，研究人员还首次尝试安装了我国拥有自主知识产权的动力定位系统，成功地解决了对大地的定位精度技术难题。

　　该潜航器配备了 5 台多功能摄像机和 1 台静物照相机，并装有 6 个泛光照明灯和 2 个高亮度高压气体放电（High Intensity Discharge，HID）灯，画质更加清晰，可为海洋科考提供丰富而翔实的录像资料。其主要用于 3 500 m 深度以内的大洋海底调查活动，包括海底热液矿物取样、大洋深海生物基因和极端微生物的研究以及探索人类起源的秘密等。

（2）"海龙Ⅲ"遥控式无人潜航器[26]

"海龙Ⅲ"遥控式无人潜航器如图 9-21 所示，它是由上海交通大学水下工程研究所开发的勘查作业型无人缆控潜航器，也是中国"蛟龙探海"工程重点装备。"海龙Ⅲ"遥控式无人潜航器是国内首台 6 000 m 级通用作业型遥控式无人潜航器，配备虹吸式取样器、岩石切割机、沉积物保压取样器等设备，并搭载前视声呐等特种工具，具备自动避让障碍物、深海定位能力。另装有 11 个高清摄像头满足深海观测、拍摄像功能。它具备海底自主巡线能力和重型设备作业能力，可搭载多种调查设备和重型取样工具。

图 9-21 "海龙Ⅲ"遥控式无人潜航器

"海龙Ⅲ"遥控式无人潜航器有两大优势：一是可以实现大跨度、长距离近底观测取样；二是具备定点、精细化作业能力。在"大洋一号"母船的配合下，"海龙Ⅲ"遥控式无人潜航器在水下完成了海山区功能测试、定点取样、标识物投放、母船与 ROV 联动配合、近底长距离观测、拍照摄像等功能目标任务。

（3）"海龙 11000"遥控式无人潜航器

"海龙 11000"遥控式无人潜航器如图 9-22 所示，它是由上海交通大学研制的万米级深海遥控式无人潜航器，设计最大工作深度为 11 000 m。其系统方案、总体方案、控制方案突破了传统缆控无人潜航器模式，大量采用创新技术。其中可加工浮力材料、多芯贯穿件等部件均为我国自主创新成果。

图 9-22 "海龙 11000"遥控式无人潜航器

4. "海翼-7000" 水下滑翔机

"海翼-7000"水下滑翔机如图 9-23 所示，它是中国科学院沈阳自动化所针对深渊海域的垂直剖面连续观测需求自主研制的深海滑翔机。针对不同海上观测任务需求，"海翼-7000"水下滑翔机已经发展形成最大作业深度从 300～7 000 m 不等的系列水下滑翔机。"海翼-7000"水下滑翔机可以搭载温度、盐度、溶解氧、浊度、叶绿素、硝酸盐、声学多普勒流速剖面仪（Acoustic Doppler Current Profiler，ADCP）、水听器等海洋探测传感器，满足中国海洋观测应用需求。

图 9-23　"海翼-7000"水下滑翔机

5. "海斗一号" 自主遥控潜航器

"海斗一号"自主遥控潜航器（Autonomous and Remotely-operated Vehicle，ARV）由科技部"十三五"国家重点研发计划"深海关键技术与装备"重点专项支持，是中国科学院沈阳自动化研究所联合国内十余家科研单位共同研制的中国首台作业型全海深自主遥控潜航器，如图 9-24 所示。"海斗一号"自主遥控潜航器在中国国内首次采用全海深高精度声学定位技术和机载多传感器信息融合技术[27]，搭载的具有完全中国自主知识产权的七功能全海深电动机械手，能完成深渊海底样品抓取、沉积物取样、标志物布放、水样采集等科考作业。该潜航器同时搭载高清摄像系统，可获取不同作业点的深渊海底地质环境、深渊底栖生物运动、海沟典型地质环境变化等影像资料。

图 9-24　"海斗一号"自主遥控潜航器

6. HSU001 无人潜航器

我国在国庆 70 周年阅兵无人作战方队中，首次展示了 HSU001 无人潜航器，如图 9-25 所示。HSU001 无人潜航器采用双螺旋桨推进，可以由水面舰船/潜艇运载部署。HSU001 无人潜航器体积不算大，但做到了在有限的空间内，集成了声呐系统、光电系统，达到了较高的设计层次。该无人潜航器集战场环境侦察、敌情监视等多种功能于一身，是我国海军智能化平台中的典型装备。

图 9-25 HSU001 无人潜航器

9.4 无人潜航器发展趋势

近年来，无人潜航器性能稳步提升，作战应用范围和下潜深度不断拓展，开始登上战争舞台，受到越来越高的关注和重视。无人潜航器在水下作战中的应用，将改变传统水下作战模式，催生新型作战力量，模糊战争与非战争界限，对未来战争产生深远影响。未来无人潜航器的发展趋势主要集中在以下几个方面。

1. 向大型化、综合型、多任务作战能力方向发展

随着未来水下战场的需要，无人潜航器现正向具备执行侦察和探测移动目标（如对方潜艇）、快速环境评估、区域控制、中继通信/中继导航甚至火力打击等综合型、多任务能力方向发展。多任务需求使无人潜航器成为水下信息交换、指控中心，大型化是无人潜航器发展的必然趋势。

2. 向"体系化""模块化"和"通用化"方向发展

未来无人潜航器将寻求体系化、模块化和通用化。体系化，即针对不同的

水下环境和作战需求，根据人机结合的基本原则，发展成体系的无人潜航器，涵盖多种类型的作战任务，匹配相应的水面舰船、潜艇乃至航空平台。模块化，即强调无人潜航器"可搭载多种负载"，既可以提升执行任务的灵活性，也可以减少维修保养的复杂度，降低总体成本。通用化，即最大程度地减少无人潜航器的种类。这三大趋势是一个前后相继、循序渐进的过程。目前美国海军发展的重点还只是打造完备的无人潜航器作战体系，模块化已经有所起步，通用化还只是远期目标。

3. 向分布式组网、跨域集群编队和协同作战方向发展

发展无人系统同类型平台间、不同类型平台间相互协同作战能力。多个无人潜航器编队、无人潜航器和无人机之间协同作战技术成为研究重点，依托人工智能理论、数据融合与数据管理技术、高续航力的先进推进技术、水下自主导航通信等相关理论技术支撑，由海底声呐节点、无人潜航器和无人机进行分布式组网，实现无人潜航器集群作战，形成广域监察能力，使敌方潜艇失去作战效能[28-32]。

4. 指挥控制系统将日趋完善

过去大多数无人潜航器都需要操作人员进行实时控制，执行比较单一的任务，但随着无人潜航器的种类和数量越来越多，执行的任务越来越复杂，其指挥控制问题日渐成为难题。一方面无人潜航器要实现长时间自主独立行动，能够和环境发生交互作用，以便在水中执行任务时，能有效地探测和识别水下物体、取样，或完成各种人力无法胜任的水下工作，必须实现更高的智能化水平。另一方面，未来无人潜航器之间、无人潜航器和有人平台之间，都将实现行动的高度协同，共享传感器和地图信息，形成无缝对接的作战系统。美国在不断加强水下无人作战系统的通用性，使水下无人作战系统在系统控制、通信、数据处理和数据链等方面具备更广泛的互操作性，包括为水下无人作战系统建立安全可靠的通用数据链通信系统。2015 年 5 月，美国海军研究局提出了可服务于各军种的军用地面、空中以及水下无人系统的远程控制主计划。该数据模型软件可促进由许多通用控制服务构成的通用控制系统的发展。

5. 进一步提高水下导航定位能力

使用 GPS 修正惯性导航误差，发展声波定位及水下环境地形导航技术。美国国防高级研究计划局于 2015 年已开展了"深水导航定位系统"项目的研发，要求工业部门研制发展可靠、精确、经济可承受的水下导航技术，目的是为潜航器稳定航行提供全天候的精确定位、导航和授时能力。

6. 开发新能源，提高无人潜航器续航能力

安全性好、能量密度高的新型蓄电池、燃料电池是未来发展的重点。目前正在研发的锂硫电池、锂空气电池等，未来将可能取代锂离子电池。新型铝-海水燃料电池、氢燃料电池等高能量密度电池有望为无人潜航器及其他平台提供更加持久、安全的能源。

7. 重点开发水下通信网络技术

开发研制采用水声通信方式搭建水下多节点通信网络的技术和工程实现方式，可以建设稳定可靠的大带宽高速率水下通信网络，保障指挥和协调大量无人潜航器实施协同作战[33]。

参考文献

[1] FANG Z R, WANG J J, JIANG C X, et al. AoI inspired collaborative information collection for AUV assisted internet of underwater things[J]. IEEE Internet of Things Journal, 2021.

[2] Defense Science Board. Next generation unmanned undersea systems[R]. USA: Office of the Secretary of Defense, 2017.

[3] 国外舰船装备与技术发展报告编写组. 国外舰船装备与技术发展报告 2017：海上无人系统（无人航行器）[R]. 北京: 中国船舶重工集团公司, 2018.

[4] 国外舰船装备与技术发展报告编写组. 国外舰船装备与技术发展报告 2014：海上无人系统（无人航行器）[R]. 北京:中国船舶重工集团公司, 2015.

[5] 国外舰船装备与技术发展报告编写组. 国外舰船装备与技术发展报告 2016：海上无人系统（无人航行器）[R]. 北京:中国船舶重工集团公司, 2017.

[6] 伍尚慧. 国外无人潜航器的发展现状与趋势分析[J]. 军事文摘, 2018, 413(5): 20-22.

[7] ANONYMOUS. DARPA's autonomous unmanned antisubmarine vessel aces sea trials[J]. Signal, 2015, 69(5): 10.

[8] 赵林. 美军为何成为人工智能"最强王者"[J]. 军事文摘, 2019, 443(11): 24-27.

[9] LEE S K, SOHN K H, BYUN J Y, et al. Modeling and controller design of manta-type unmanned underwater test vehicle[J]. Journal of Mechanical Science and Technology, 2009, 23(4): 987-990.

[10] 何希盈, 蔡祥. 蓝鳍水下机器人公司及其 Bluefin 系列 AUV[J]. 水雷战与舰船防护, 2014, 22(3): 83-84.

[11] 王永寿. 先进海洋机器人开发现状与动向[J]. 飞航导弹, 2002(3): 28-33.

[12] 刘奎, 晓山. "海神"核动力无人潜航器是怎样一种"大杀器"[N]. 中国青年报, 2019-03-21(011).

[13] 刘淮. 美国海军"海马"级自主式无人潜航器[J]. 船艇, 2006(8): 16-20.

[14] 钟宏伟, 李国良, 宋林桦, 等. 国外大型无人水下潜航器发展综述[J]. 水下无人系统学

报, 2018(4): 273-282.

[15] TADJDEH Y. Navy's long-endurance underwater drone to begin deep-ocean navigation[J]. National Defense, 2016, 100(746): 24-25.

[16] 佚名. 俄罗斯红宝石设计局正在研制"替代者"无人潜航器[J]. 船电技术, 2017, 37(7): 20-21.

[17] 佚名. 俄罗斯首艘搭载"波塞冬"核动力无人潜航器的特种潜艇下水[J]. 军民两用技术与产品, 2019(5): 63.

[18] 傅金祝, 陶一然. 无人化反水雷尖端武器——瑞典 AUV62MR 型自主水下航行器与反水雷作战[J]. 现代舰船, 2010(12): 44-47.

[19] 佚名. SubROV 水下航行器工作示意图[J]. 水雷战与舰船防护, 2009, 17(2): 2.

[20] WANG J J, JIANG C X, ZHANG H, et al. Thirty years of machine learning: the road to pareto-optimal wireless networks[J]. IEEE Communications Surveys and Tutorials, 2019, 22(3): 1472-1514.

[21] URA T, OBARA T, TAKAGAWA S, et al. Exploration of Teisi Knoll by autonomous underwater vehicle R-one robot[C]//Annual Conference of the Marine-Technology-Society. Piscataway: IEEE Press, 2001: 456-461.

[22] 小原 敬史. 3.1 アールワン・ロボットから r2D4 へ(第 3 章 AUV)(<特集>日本の水中ビークル技術の技術史)[J]. Techno Marine 日本造船学会誌, 2005, 883: 42-47.

[23] DANIEL J G. Tsubouchi shóyó's shinkyoku urashima and the wagnerian moment in meiji Japan[M]. Lewiston: Edwin Mellen Press, 2016.

[24] 杨舒. "三龙"探海刷新"中国深度"[J]. 晚霞, 2017(8): 28.

[25] 平伟, 马厦飞, 张金华, 等. "海马"号无人遥控潜航器[J]. 舰船科学技术, 2017, 39(15): 138-141, 145.

[26] 任峰, 张莹, 张丽婷, 等. "海龙Ⅲ"号 ROV 系统深海试验与应用研究[J]. 海洋技术学报, 2019, 38(2): 30-35.

[27] FANG Z R, WANG J J, JIANG C X, et al. QLACO: Q-learning aided ant colony routing protocol for underwater acoustic sensor networks[C]//2020 IEEE Wireless Communications and Networking Conference (WCNC). Piscataway: IEEE Press, 2020.

[28] WANG J J, JIANG C X, HAN Z, et al. Taking drones to the next level: cooperative distributed unmanned-aerial-vehicular networks for small and mini drones[J]. IEEE Vehicular Technology Magazine, 2017, 12(3): 73-82.

[29] WANG J J, JIANG C X, WEI Z X, et al. Joint UAV hovering altitude and power control for space-air-ground IoT networks[J]. IEEE Internet of Things Journal, 2019, 6(2): 1741-1753.

[30] WANG J J, JIANG C X, QUEK T Q S, et al. The value strength aided information diffusion in socially-aware mobile networks[J]. IEEE Access, 2016, 4: 3907-3919.

[31] LI X W, YAO H P, WANG J J, et al. A near-optimal UAV-Aided radio coverage strategy for dense urban areas[J]. IEEE Transactions on Vehicular Technology, 2019, 68(9): 9098-9109.

[32] LI X W, YAO H P, WANG J J, et al. Rechargeable multi-UAV aided seamless coverage for QoS-guaranteed IoT networks[J]. IEEE Internet of Things Journal, 2019, 6(6): 10902-10914.

[33] 段瑞洋, 王景璟, 杜军, 等. 面向"三全"信息覆盖的新型海洋信息网络[J]. 通信学报, 2019, 40(4): 10-20.

名词索引